하나를 더하는
전인교육

하나를 더하는
전인교육

지은이 | 조만제
발행인 | 조형래
펴낸이 | 원성삼
책임편집 | 홍순원
본문 및 표지디자인 | 한영애
펴낸곳 | 예영커뮤니케이션
초판 1쇄 발행 | 2017년 12월 2일
등록일 | 1992년 3월 1일 제 2-1349호
주소 | 04018 서울시 마포구 동교로 55 2층(망원동, 남양빌딩)
전화 | (02)766-8931
팩스 | (02)766-8934
홈페이지 | www.jeyoung.com
ISBN 978-89-8350-978-9 (03370)

값 16,500원

이 도서의 국립중앙도서관 출판예정도서목록(CIP)은 서지정보유통지원시스템 홈페이지
(http://seoji.nl.go.kr)와 국가자료공동목록시스템(http://www.nl.go.kr/kolisnet)
에서 이용하실 수 있습니다.(CIP제어번호: CIP2017031232)

모든 인간은 하나님의 형상을 닮은 존귀한 존재입니다. 사람은 인종, 민족, 피
부색, 문화, 언어에 관계없이 모두 다 존귀합니다. 예영커뮤니케이션은 이러한
정신에 근거해 모든 인간이 존귀한 삶을 사는 데 필요한 지식과 문화를 예수 그리스도의
사랑으로 보급함으로써 우리가 속한 사회에 기여하고자 합니다.

하나를 더하는

전인교육

조만제 지음

예영커뮤니케이션

강준민 목사

L.A. 새생명비전교회 담임

　조만제 교수님은 하나님의 마음으로 글을 쓰는 분입니다. 저는 교수님이 쓰신 책을 통해 먼저 교수님을 만났습니다. 그 후로 교수님을 인격적으로 만나 소중한 교훈을 배우는 은혜를 누렸습니다. 교수님은 저의 멘토이십니다. 저의 삶의 모범이십니다. 아름답게 나이 드는 어른의 모습으로 단연 으뜸이십니다. 교수님은 은퇴 후에 더욱 아름다운 삶을 살고 계십니다.

　교수님은 머리로만 글을 쓰는 분이 아닙니다. 오히려 가슴으로 글을 쓰는 분입니다. 삶을 통해 글을 쓰는 분입니다. 수많은 책들을 읽고 깨달은 깊은 진리들을 쉬운 언어로 글을 쓰는 분입니다. 교수님의 글은 영혼 깊은 샘에서 끌어올린 생수와 같습니다. 그래서 상처 입은 영혼들을 치유하고 회복시킵니다. 절망 중에 있는 사람에게 소망을 줍니다.

이 책은 교수님이 일평생 동안 쌓아 오신 지식과 지혜와 덕성과 영성이 조화를 이룬 입체적 작품입니다. 가장 소중한 보배들을 후세들에게 남겨 주는 글입니다. 그런 까닭에 모든 문장이 지혜로 가득 차 있습니다.

이 책은 교육의 참된 목적을 고취시켜 주는 책입니다. 특별히 전인교육에 초점을 맞춘 책입니다. 현대 교육은 가슴 없이 머리만 큰 사람을 만들어 내었습니다. 인성과 영성이 상실된 사람을 양산했습니다. 우리는 다시 성경으로 돌아가야 합니다. 하나님의 형상을 닮은 인간으로 회복되어야 합니다. 이 책은 바로 우리와 우리 자녀들이 하나님의 형상을 닮은 천국 인재가 되도록 도와 줍니다.

저는 이 책을 글로벌 드림을 넘어 킹덤 드림을 꿈꾸는 청년들에게 추천하고 싶습니다. 꿈 너머 꿈을 꾸는 어른들에게 추천하고 싶습니다. 평생 학습을 꿈꾸는 리더들에게 추천하고 싶습니다. 자녀를 키우는 부모님들과 제자를 양육하고 있는 선생님들에게 추천하고 싶습니다.

장경철 교수
서울여자대학교

　미국의 청교도 신학자 조나단 에드워즈는 하나님의 은혜가
이 세상에서 가장 활동적인 원리라고 주장했습니다. 은혜가 없
으면 온갖 자원과 경험이 있어도 과거의 반복이나 허무함으로
그치지만, 하나님의 은혜가 한 인격 안에 주입되면 그의 삶 속
에 새로운 날들이 펼쳐지기 때문입니다.

　이 책의 저자는 하나님의 은혜를 한 인격 안에 적용시키는
가운데, 진정한 교육을 추구해 오신 분입니다. 저자가 강조하
는 진정한 교육이란 무엇일까요?
　진정한 교육이란 단순한 지식이 아니라 참된 지혜를 탐구하
는 지성 교육입니다.
　진정한 교육이란 말초적 느낌이 아니라 진한 감동을 불러일

으키는 감성 교육입니다.

진정한 교육이란 건조한 노동만이 아니라 따뜻한 관계를 형성하는 덕성 교육입니다.

진정한 교육이란 육신의 필요만이 아니라 영혼과 마음을 치유하는 영성 교육입니다.

조만제 장로님이 저술하신 책은 지적인 교육만이 아니라 전인적인 교육을 강조합니다.

제가 조만제 장로님의 책을 추천하는 것은 또 다른 이유를 갖고 있습니다. 어떤 사람이 강의를 잘한다고 해서 그가 훌륭한 인격을 갖고 있다고 단정할 수 없다고 합니다. 자신이 가르치는 대로 실제로 살아가고 있는가에 대한 확인이 필요하기 때문입니다. 우리는 그것을 어떻게 확인할 수 있을까요? 우리가 어떤 지도자의 공동체 모임을 방문했을 때, 그 모임의 구성원들이 살아 있고 행복한 모습을 보인다면, 우리는 그 모임의 지도자가 훌륭한 인격을 갖춘 지도자라고 간주할 수 있을 것입니다. 저는 개인적으로 장로님을 가까이 만나며, 장로님이 이끄시는 모임을 여러 차례 방문하는 행복을 누렸습니다. 저는 그 모임 안에서 은혜에 기초한 전인교육이 일으킨 기적들을 많이 볼 수 있었습니다. 그렇기에 저는 장로님의 인격에 기초한 강의 내용을 더욱 확신 있게 추천할 수 있습니다.

오늘날 우리의 교육은 입시 위주의 교육, 곧 지식습득에 치중하는 교육에 기울어져 있습니다. 그 결과 고등 교육을 받은 사람이라 하더라도 스스로도 행복하지 못하며, 아울러 동료들이나 지역 사회에 해를 입히는 결과를 낳고 있습니다. 현재 교육 상황에 대해서 회의를 느끼는 가운데 진정한 교육을 위한 새로운 방향을 모색하는 분들에게 조만제 장로님의 책을 기꺼이 추천합니다.

| 차례 |

1부 | 모든 교육의 기초는 신앙교육

2부 | 모든 학습의 기초는 책 읽기

3부 | 전인교육의 성경적 원리
– 한국기독청소년교육원의 교육 철학

내가 만난 조만제

명동클럽 이영란

교육원 태동기

외롭게 불 밝힌 언덕 위 십자가

꿈 많은 청춘들 밤새워 꿈꾸며

믿음의 용사로 자라나길 소망했네

명문대학 성공보장 출세하는 길이라고

세상 사람 다 그런 줄 생각하니

기독청년 독서교육 집에 가면 허사로다

부모에게 자식 사랑 이 길 밖에 없다던가

대학 입시 병든 자녀 무엇으로 보상하리

부모부터 시작하라

주님께서 보여 주신 환상으로 세워졌네

믿음으로 열정으로 주님 말씀 순종하고 비전센터 문을 열다

부모로부터 독서교육 시작!

부모독서클럽 탄생 수난기

한 클럽 태동에 10년의 세월이여

쥬스 들고 찾아 나선 발걸음은 한 영혼이 천하보다 귀하다네

하나님의 걸작품이 나라는 걸, 책 읽기는 깨달음의 시작이야

독서력은 국력이다. 이것보다 애국 있나

광야의 외침

독서기가지본(讀書起家之本)!

독서기국지본(讀書起國之本)!

교육원 목표

인생은 무언가 문제를 푸는 것

문제가 있으면 해답은 어디 있나

우리를 만드신 이, 그분만이 해답이지

지(知), 정(情), 의(意)를 아우르는, 영성으로 세워지는 지도자는

하나 더하기,

하나님 더하기!

독서하는 이유

성경은 책 중의 책이요

독서는 성경을 깨닫기 위함이라

머리로만 쌓아 두는 지식으론 쓸모없고

깨달아서 행동하는 지성인이 되게 하여

어둔 곳을 밝혀 주고 무너진 곳 찾아내어 보수(補修)하고

일으켜라

사랑 없이 무엇 하나 이루어질까

그분의 사랑에 의지할 수밖에

예수 그리스도

인생을 대하는 자세

우리는 read로 lead하는 Leader라네

세상 풍조 따라가다 소망 잃고 낙심 말고

탄탄대로 고속질주 부럽다고 추종 말고

좁은 길도 한 걸음씩 가다 보면 지름길이라

하나님보다 앞서 가는 길, 고단한 인생길(0.000001)

하나님 앞세워 뒤따라가는 길, 기적의 인생길(1,000,000)

광야 학교

애들아 모여라 광야학교 시작한다

부모 자녀 함께 모여 오손도손 정겨웁게

지(知), 정(情), 의(意)로 훈련받고 영성으로 무장하는

하나를 더하는 전인교육

모두는 하나, 하나는 모두

주님이 내 안에, 나는 주님 안에

체험하는 축제

교육원의 미래

세계를 품어 갈 글로컬 리더(Glocal leader)로

일어나라 빛을 내라

인문학의 시대 요청 인공지능 두렴 없다

자연 사랑 인간 사랑 세상 만물 존귀한데

전쟁으로 고통 받는 기아 난민 어쩔 건가

예수 사랑 품은 제자 열방으로 흩어져서

그리스도의 생명력으로 영혼을 깨우는

한국기독청소년교육원

• 민조시 형식의 글입니다. 민조시는 우리의 고유의 정서와 운율을 담을
수 있는 3, 4, 5, 6조의 자수를 지닌 시조의 한 형태로 자수 반복에 제한
이 없습니다(마지막 자수만 부득이 자수를 지키지 못함).

인생에 '하나를 더하는 전인교육'을 통해
천재적 삶을 살아가라

조형래 목사

한국기독청소년교육원 2대 원장, 전인기독학교장

오늘날 기독교뿐 아니라 모든 영역과 분야에서 총체적 위기 가운데 돌파구를 찾지 못한 채 어려운 현실에 처해 있다. 무엇이 문제일까? 문제에 대한 원인을 다양하게 찾을 수 있지만 많은 사람들이 혼란 속에서 언급하는 대안은 공통되게 '교육'이라고 한다. 거꾸로 생각하면 교육이 잘못되어 세계 경제와 문화와 삶의 질이 점점 힘들어졌다는 것이다. 그런 이유로 본다면 이 세상의 타락은 교육의 본질을 상실한 타락이고 변질이고 왜곡이다. 교육의 중심인 가정이 그 책임을 다하지 못하고, 교회의 교육은 변질되었고, 학교 교육은 왜곡되었다.

교육은 지식을 전수하고 품성과 체력을 기를 수 있도록 가르치는 것이다. 예수님도 세례를 주고 가르쳐 지키게 하며 제자를 만들라고 하셨다. 이것이 우리가 해야 할 교육이다. 이 교육의 중심은 가정이고 마을이고 교회인데 정치적 수단으로 국가 중심의 학교 교육이 되면서 이 세상에서 가장 존귀한 '나'는 없고 국가가 원하는 '국민'만 있다. 정치인들이 제일 많이 언급하는 '국민'이라는 말 속에는 자신들이 원하는 '무리'만 있을 뿐 '나'라는 '한 사람'은 없다. 그래서 그들이 이끄는 이 세상의 '국민'은 피곤하고 불행할 뿐이다. 그런 '국민'을 만드는 공장과 같은 곳이 공교육이고 사교육의 현장이다.

하나님은 한 사람을 사랑하시고, 한 사람을 주목하시고, 한 사람을 통해 일하신다. 이 땅에 하나님을 전적으로 의지하며 순종하며 하나님의 마음과 생각으로 사는 온전한 한 사람만 있으면 이 세상은 변할 것이다. 교육은 이 한 사람을 하나님의 생각과 방법으로 하나님의 온전한 사람으로 만들기 위해 최선과 최고의 사랑과 정성으로 가르쳐 지키게 하는 것이다. 우리가 알고 있는 모든 신앙의 위인은 가정이나 마을이나 교회나 하나님의 학교를 통해 온전한 하나님의 사람으로 교육을 받았다.

* * *

　저자는 이 '한 사람'의 소중함을 너무나도 잘 알고 있고 체험한 분이다. 그는 삶의 여정 가운데 '나의 하나님'을 만나기 위해 씨름하였고 그 씨름 속에 하나님을 만났다. 내 인생에 하나님을 만나고, 그 하나님을 내 인생에 더하니 생각이 변하고 삶이 변했다. 변화된 내 삶은 너무나 가치 있고 존귀한 '천재'라는 진리를 찾아낸 것이다. 그래서 '천재는 하나를 더하는 것이다.'라는 정의를 내렸다.

　그 '하나'의 의미는 자신이 만난 '하나님을 삶에 더하는 것'이다. 저자는 '내가 만난 하나님'을 전하고자 청춘의 시간대 속에 준비하고 계획한 자신의 꿈과 야망을 배설물로 내려놓고 하나님이 이끄시는 대로 순종하며 평생을 그 하나님을 가르치며 먼저 그의 나라와 의를 위한 삶을 살아가고 있다.

　그러나 그 길은 쉽지 않았다. 아무리 좋은 뜻을 가지고 있고 교회의 성도들을 깨우는 일이라 할지라도 가는 길은 외로웠고 평신도로 목회자와 개교회의 벽을 넘는 일은 어려웠다. 하지만 멈출 수 없는 하나님의 온전한 교육, 즉 전인교육을 통한 가정, 교회, 나라의 회복을 향한 확고한 비전은 포기하고 싶을 때도 많았지만 반세기에 가까운 역사를 가진 '한국기독청소년교육원'을 존재하게 하였다.

저자는 교육원을 통해 이 땅의 청소년들에게 하나님이 주신 꿈과 비전을 알려 주며 자신들이 얼마나 소중한 이 땅의 천재들임을 가르쳐 주고 싶었다. 하지만 타락한 교육의 영향으로 부모들의 생각이 굳어 있었다. 그런 부모가 변하지 않으면 자녀의 변화를 기대할 수 없음에 '부모 교육 과정'을 개설하여 오늘까지 100회가 넘게 진행해 왔다. 교육원의 교육 철학은 '모든 교육의 기초는 신앙교육'과 '모든 학습의 기초는 책 읽기'라는 교육의 두 기둥을 통해 지성, 감성, 덕성, 영성이라는 성경적 전인교육의 패러다임을 형성하게 한다. 이러한 전인교육을 통해 하나님이 원하시는 목표적, 적극적, 긍정적 사고방식을 소유하게 된다. 그리고 이 사고방식이 믿음의 역사와 사랑의 수고와 인내의 소망을 가지고 가장 성경적인 온전한 그리스도인의 삶을 살게 하는 것이다.

전인은 온전한 사람이다. 하나님은 우리가 온전한 그리스도인으로 살기를 원하신다.

그러므로 하늘에 계신 너희 아버지의 온전하심과 같이 너희도 온전하라(마 5:48).

성경이 기록된 이유도 우리를 온전한 사람으로 교육하기 위한 것이다.

> 모든 성경은 하나님의 감동으로 된 것으로 교훈과 책망과 바르게
> 함과 의로 교육하기에 유익하니 이는 하나님의 사람으로 온전하
> 게 하며 모든 선한 일을 행할 능력을 갖추게 하려 함이라(딤후 3:16-
> 17).

온전한 하나님의 한 사람으로 살아가는 것, 이것이 그리스도인의 삶이다. 이런 삶이 가능하도록 가르치는 것이 교육이다. 이것을 가정에서 가르치고 교회에서 학교에서 가르쳐야 한다. 그런데 오늘날 현대 교육에 하나님은 없다. 그래서 교육의 근간이 흔들리는 것이다. 창조주 하나님 여호와를 경외하는 것이 지식의 근본이다. 이 땅의 모든 지식과 지혜는 여호와께 있다. 그렇기 때문에 교육의 기초와 기본은 신앙이고 성경이다. 그래서 모든 교육의 기초는 신앙교육이고 모든 학습의 기초는 책 읽기다. 저자는 이 진리를 깨닫고 각 사람을 가르쳐 각 사람을 그리스도 안에서 온전한 자로 세우기 위해 성령이 주시는 지혜와 능력으로 힘을 다하여 교육자로서 평생을 헌신했다.

* * *

많은 사람이 인생의 성공을 이야기할 때 부와 명예와 권력을 얼마나 소유하고 누렸는지를 기준으로 이야기할 것이다. 하지만 그런 사람 중에 실패하고 불행한 사람들을 우리는 어렵지 않게 만나고 있다. '그렇다면 진정 성공한 인생은 무엇으로 이야기할 수 있겠는가?'라는 질문에 '아마도 얼마나 많은 사람들에게 영향력을 주었는가?'라는 것으로 가름할 수 있을 것이다. 화려한 인생의 스토리가 없고 유명인이 아닐지라도 한 영혼, 한 영혼 속에 있는 하나님의 생각과 마음을 깨우며 내가 누구인지, 무엇을 위해 어떻게 살아야 할지를 알게 하는 스승으로 살아간다면 그가 아마 가장 위대하고 영향력 있는 인생을 살았다고 할 수 있을 것이다. 저자는 그런 삶을 살아온 대표적인 이 시대의 스승으로 인정받고 존경받는 분이다. 특별히 한국 사회에서 여성들이 엄마로, 아내로 살아가면서 그들 안에 잠재된 가능성과 능력을 깨우며 행복한 삶을 살도록 이끄는 스승이다.

이 귀한 스승을 만날 수 있는 시대에 살고 있음이 행복이고 자랑이다. 저자를 통해 하나님의 마음과 생각, 그리스도인으로 어떻게 살아야 한다는 것을 그의 삶으로 배울 수 있는 것 자체가 축복이다. 이제 우리 인생에 하나를 더하는 전인교육을 통해 온전한 그리스도인들이 이 땅에 많이 배출되기를 희망해 본다. 우리 가정에 하나를 더하고, 우리 교회에 하나를 더하고, 교육에 하나를 더하는 축복이 있기를 원한다. 그 하나를 더함으로 능력 있고 선한 영향력 있는 그리스도인의 삶을 가능하게 하는 것이 저자가 가르치는 '하나를 더하는 전인교육'이다. 바라기는 이 책을 통해 많은 분들이 저자가 만난 하나님의 교육인 전인교육을 인생에 더하여 천재적 삶을 살아가기를 기대해 본다.

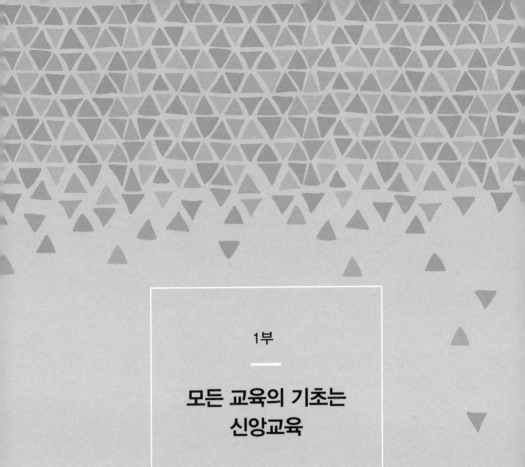

1부

—

모든 교육의 기초는
신앙교육

왜 모든 교육의 기초가
신앙교육인가?

★ ★ ★

모든 교육의 기초는 신앙교육이다. 신앙교육이란 한마디로 '하나님을 더하는 교육'이라고 할 수 있다. 인간의 의지와 능력으로 발전을 더해 가도 더는 발전할 수 없는 한계상황이 찾아오기 마련이다. 이러한 한계상황을 극복하기 위해 하나님의 은혜에 감사하며 하나님을 더하는 것이 신앙교육이다.

내가 청소년 사역을 하게 된 것은 중학교 2학년 때 주일학교 보조 교사를 하게 된 것이 동기가 되었다. 중학교 3학년 때는 정식 교사가 되었다. 이때 나는 어떤 직업을 갖게 되든지 주일학교 선생님을 평생 하겠다고 생각했다. 교회 교육에 관심이 많아졌고, '교회 교육을 나라도 열심히 해야겠다.'는 결심은 대학교 때 굳어졌다.

서울에 와 보니 서울도 시설, 제도 등이 황막(荒漠, 아무 쓸모 없이 거칠고 을씨년스럽다)했다. 대학원을 졸업하고 간 군대를 제대하기 1년 전, 기도 중에 '교육이 정치를 낳는다. 교육이 정치, 경제, 문화, 사회를 튼실하게 한다.'는 깨달음을 얻었다.

왜 교육이 무너질까? 공교육도, 교회 교육도. 교육은 흔한데, 변화와 발전도 없고 정체 의식도 없었다. '왜 그럴까? 왜 사람은 안 바뀔까? 왜 사는 게 더 어려워지는가?' 고민했다. '기초가 무너졌구나! 부실하면 오래 가지 못하는구나! 제 구실을 못하는구나! 그 기초가 뭘까?' 가만히 생각해 보니, 영어도 과학도 아니었다. 기도 중에 그 기초가 신앙교육임을 발견하게 되었다. 신앙 위에 모든 교육과 정치, 경제, 문화 그리고 사회를 세워야 한다. 이럴 때 튼실하고 건전하고 가치 있게 서게 되는 것이다.

때마다 필요한 것을 하나님께 기도하며 구했더니, '모든 교육의 기초는 신앙교육이다.'라는 생각이 하나님께로부터 나왔다. 믿음의 주체는 하나님이다. 창조자이고 삼위일체의 하나님이다. 신앙의 성품은 사랑이다. 하나님이 사랑이시기 때문이다. 얼마나 든든한가. 본질은 바뀌지 않는다. 믿는 사람의 믿음은 하나님과의 관계이기에 변하지 않는다. 하나님의 은혜로 여기까지 왔다.

배움이 너무 추상화되어 있다. 학위를 가지면, 돈을 가지면, 직위를 가지면 무엇이 되는가? 막연하다. 믿는 사람은 여기에 하나님을 더해야 한다. 섬기기 위해 가지는 것이다. 이웃을 사랑하기 위해 학위로, 돈으로, 직위로 섬기는 것이다. 왜 가지려고 하는가? 바로 하나님을 더하기 위해서다.

도산 안창호 선생의 책을 읽고 "사람이 없다고 불평하지 말고 사람을 키우라. 지도자가 없다고 불평하는 네가 지도자가 되라."는 말에 도전을 받았다. 나의 사명은 정치, 경제, 문화, 사회가 제대로 설 수 있도록 돕는 일이라고 생각했다.

하나님은 인간이 할 수 없는 것을 요구하지 않으신다. 우리는 예수님이 그리스도임을 믿고 목숨을 걸고 살아야 한다. 어정쩡하게 알지 말고 '제대로' 알아야 한다. 인문학도 성경에서 나온 것이다. 생각은 깨달음의 시작이다. 불경을 읽으면 불경 안에서 내가 누구인지 알게 되고, 니체를 읽으면 무신론으로 가게 된다. 어떤 책을 읽느냐에 따라 생각이 달라지고 질문이 나오게 된다. 철학은 끝없는 질문이다. 어떤 책을 읽든 성경적으로 관조해야 한다.

크게 보면 인생은 세상 중심으로 사느냐, 아니면 하나님 중심으로 사느냐로 나눌 수 있다. 사후에는 천국에 갈 것이냐, 지옥에 갈 것이냐로 나눌 수 있다. 그 외에는 쓸 데 없는 것이다. 가지에 불과하다.

세상적으로 살아도 힘들고 신앙을 가져도 힘든 게 인생이다. 어느 쪽으로 갈 것인가? 하나님 앞에 가치 있게 살게 해 달라고 기도해야 한다. 완벽하라는 것이 아니다. '오직 예수님 안에서 변하여 새로운 삶을 살자.' 삶을 즐길 수 있어야 한다. 하나님도 7일째는 쉬시면서 즐기셨다. 이런 것이 신앙이다. 하나님의 말씀을 듣고 그대로 사는 것이다. 신앙이란 하나님을 더하는 것이다.

> 네게서 날 자들이 오래 황폐된 곳들을 다시 세울 것이며 너는 역대의 파괴된 기초를 쌓으리니 너를 일컬어 무너진 데를 보수하는 자라 할 것이며 길을 수축하여 거할 곳이 되게 하는 자라 하리라(사 58:12).

신앙교육은
가정생활에서

★ ★ ★

　가정은 하나님이 가장 먼저 창조하신 인간의 기본 제도로
모든 사람들이 창조의 원리에 따라 가정을 이루어 나가야 한
다. 특히 우리 크리스천들에게 가정은 그리스도 안에서 좀 더
깊은 의미가 있다.

　사도 바울은 그의 서신 가운데, 특히 골로새서와 에베소서
에서 정상적인 크리스천 가정생활에 대해 언급하고 있다.

> 아내들아 남편에게 복종하라 이는 주 안에서 마땅하니라 남편들아
> 아내를 사랑하며 괴롭게 하지 말라 자녀들아 모든 일에 부모에게
> 순종하라 이는 주 안에서 기쁘게 하는 것이니라 아비들아 너희 자

녀를 노엽게 하지 말지니 낙심할까 함이라(골 3:18-21).

아내들이여 자기 남편에게 복종하기를 주께 하듯 하라 남편들아 아
내 사랑하기를 그리스도께서 교회를 사랑하시고 그 교회를 위하여
자신을 주심 같이 하라(엡 5:22, 25).

자녀들아 주 안에서 너희 부모에게 순종하라 이것이 옳으니라 네
아버지와 어머니를 공경하라 이것은 약속이 있는 첫 계명이니 이로
써 네가 잘되고 땅에서 장수하리라 또 아비들아 너희 자녀를 노엽
게 하지 말고 오직 주의 교훈과 훈계로 양육하라(엡 6:1-4).

이 말씀 가운데 네 가지 가족 관계(아내가 남편에게, 남편이 아
내에게, 자녀가 부모에게, 부모가 자녀에게)에 대해 말하고 있다.

자녀에게 순종을 가르치라

모든 교육의 기초는 신앙교육이다. 신앙교육이란 한마디로
'하나님을 더하는 교육'이다. 부모가 자녀들을 잘 이해한다는
것은, 자녀에게 사는 맛을 더해 주는 것이다. 이를 위해 자녀에
게 순종을 가르치라고 성경은 말하고 있다.

자녀들아 주 안에서 너희 부모에게 순종하라 이것이 옳으니라 네

아버지와 어머니를 공경하라 이것이 약속이 있는 첫 계명이니(엡 6:1-2).

자녀들아 모든 일에 부모에게 순종하라 이는 주 안에서 기쁘게 하는 것이니라(골 3:20).

순종이란 무엇인가?

'순종하라'는 말은 기꺼이 명령을 따라 잘 이행한다는 것을 뜻한다. 자녀들은 부모의 말씀을 잘 듣고 이를 실행해야 한다. 사도 바울은 자녀들이 '모든 일에' 전적으로 부모에게 순종해야 한다고 강조한 다음 "네 아버지와 어머니를 공경하라."고 하였다. 잠언 23장 25절에서는 "네 부모를 즐겁게 하며 너를 낳은 어미를 기쁘게 하라."고 하였다.

여기서 말하는 '순종'은 단지 부모의 말씀을 듣는 것에 그치지 않고 부모의 권위를 인정하고 그 아래 복종하는 것을 의미한다. 그리고 '공경하라'는 것은 '존경' 또는 '존중'을 의미한다. 바로 이것이 "부모를 공경하라."는 계명의 핵심이다. 형식적인 순종이나, 마지못해 하는 순종은 부모 공경과는 거리가 멀다. 그러한 순종은 잘못일 뿐 아니라 알맹이가 빠진 껍데기에 불과하다.

자녀들은 반드시 부모를 존경하고 존중해야 한다. 예의를 갖추어야 한다. 요즘 자녀들은 성경의 원리, 성경의 가르침에 순종하지 않고 반항적인 태도를 취한다. 부모를 무시하거나 우습게 여긴다. 오직 자기의 생각과 권리만을 주장하는 것을 도처에서 어렵지 않게 볼 수 있다. 이러한 현상은 이 시대에 가장 악한 죄와 불법 가운데 하나다. 성경의 가르침과 역사를 돌아보면 불순종의 시대에는 늘 오늘날과 같은 현상이 나타났던 것을 알 수 있다.

> 곧 모든 불의, 추악, 탐욕, 악의가 가득한 자요 시기, 살인, 분쟁, 사기, 악독이 가득한 자요 수군수군하는 자요 비방하는 자요 하나님께서 미워하시는 자요 능욕하는 자요 교만한 자요 자랑하는 자요 악을 도모하는 자요 부모를 거역하는 자요 우매한 자요 배약하는 자요 무정한 자요 무자비한 자라(롬 1:29-31).

이 말씀은 "부모에 대한 불순종"의 결과로써 세상의 근간이 송두리째 흔들려 부모에게 순종하지 않고 거역하는 모습으로, 불신앙의 시대에 나타나는 죄악들로 볼 수 있다.

오늘날의 상황은 사도 바울의 말에 진지하게 관심을 기울일 것을 촉구한다. 크리스천 부모와 자녀, 즉 크리스천 가정은 세상과는 구별되는 삶을 통해 오늘날의 상황을 복음 증거의 발판으로 삼아야 한다.

·· 하나를 더하는 전인교육

우리는 올바른 순종과 법과 질서에 근거한 부모와 자녀의 관계를 통해 크리스천 가정생활을 제대로 수행해야 할 뿐 아니라 하나님의 사람으로 쓰임을 받아야 한다. 참된 크리스천이라면 오늘의 현실을 바로 보아야 한다.

> 누구든지 자기 친족 특히 자기 가족을 돌보지 아니하면 믿음을 배반한 자요 불신자보다 더 악한 자니라(딤전 5:8).

크리스천 가정생활의 기초 훈련은 무엇보다도 생활 훈련인데 그것은 "자녀들이 부모에게 순종하고 공경하는 것"이다. 순종이란 내 마음대로 사는 것이 아니라 하나님의 말씀을 잘 듣고 따르는 것이다. 순종으로 사는 사람은 하나님의 자녀로 자유와 기쁨을 누리며 살 수 있다. 순종으로 사는 사람은 하나님이 세우신 부모님과 선생님을 공경해야 한다.

왜 자녀들은 부모에게 순종하고 공경해야 하는가?

첫째, "이것이 옳으니라."라고 했다. 사도 바울은 무엇에 근거하여 "이것이 옳으니라."고 명령하였는가? 이 말에는 "이것이 의롭다. 그 자체로나 본질적으로 선하고 옳은 말이다."라는 의미가 담겨 있다. 그래서 사도 바울은 그저 "자녀들아 너희 부모에게 순종하라."고 말했다. 누군가가 "왜 부모에게 순종해야 하는가?"라고 묻는다면 나는 "그것이 옳은 일, 선하고 의로운 행위이기 때문이다."라고 대답할 뿐이다.

"옳으니라."라는 사도 바울의 말은 태초에 정해진 창조 질서를 생각하게 한다. 그것은 창세기에서 "이러므로 남자가 부모를 떠나 그의 아내와 합하여 둘이 한 몸을 이룰지로다(창 2:24)."라는 말씀을 인용하였다. 사도 바울은 결혼 관계를 말할 때도 주저하지 않고 "근본적이고 자연적인 것, 즉 태초에 정해진 남녀 관계의 원리에 복종하라."고 권고했다.

이러한 의미에서 사도 바울은 자녀 문제와 관련해서도 태초에 정해진 원리를 제시한다. 이 원리는 태초부터 삶의 기본 원칙이자 자연의 질서 가운데 하나로 존재해 왔다. 사도 바울이 "부모에게 순종하라 이것이 옳으니라."고 말한 이유가 여기에 있다. 크리스천들 역시 바로 이러한 자연의 질서에 속해 있다.

어떻게 이런 일이 가능할까? 그 이유는 인간의 삶과 자연의 이치가 분명히 연결되어 있기 때문이다. 부모에 대해 반항과 불순종을 일삼는 자녀는 우둔한 바보가 아닐 수 없다. 자녀가 부모에게 순종하지 않는 것은 자연의 이치에 어긋나는 일이다. 그런 자녀는 인간의 본성에 깊이 뿌리박혀 있는 원리를 파괴하는 자다. 인간의 삶은 이러한 근본 원리에 기초하고 있다. 따라서 이러한 근본 원리가 무너진다면 곧 혼란이 찾아오고, 인간의 삶은 종말을 고하고 말 것이다.

"이것이 옳으니라." 성경이 삶의 근본 원리를 강조한다는 것은 참으로 놀라운 일이다. 태초에 세상을 창조하신 하나님은 처음부터 마지막까지 남자와 여자, 부모와 자녀가 자연의 질서를 따라 올바른 일을 행하도록 만드셨다.

하나님은 삶의 근본원리를 설정하셨다. 인간의 삶은 하나님이 정하신 원리에 따라 진행된다. 그러므로 사도 바울의 권고는 다음과 같이 풀이할 수 있다. "이것이 옳다. 이것이 근본이고 기본이며 자연의 질서다. 이 원리를 무시하지 말라. 이것을 무시하는 것은 곧 기독교를 부인하는 행위다. 그리고 근본 원리를 세우시고 그 원리대로 삶이 이루어지게 하시는 하나님을 부인하는 것이다. 순종은 옳은 일이다." 따라서 순종해야 한다.

둘째, "이것이 약속 있는 첫 계명이다."라고 했다. 사도 바울은 자연의 이치를 강조하는데서 그치지 않는다. 그는 "이것이 옳으니라."고 말한 뒤에 "이것은 약속이 있는 첫 계명이니(엡 6:2)"라고 덧붙였다.

사도 바울은 부모 공경이 본질적으로 옳은 행위일 뿐 아니라 하나님의 십계명 가운데 하나라는 점을 강조했다. 십계명 가운데 "네 아버지와 어머니를 공경하라."는 다섯 번째 계명에 해당한다. 이 계명은 "약속이 있는 첫 계명"이었다. 이처럼 하나님은 우리가 그 점에 관심을 기울이기를 원하신다.

"약속 있는 첫 계명"이란 무슨 의미일까? 어쩌면 다섯 번째 계명에서부터 사람들과의 관계에 관한 계명이 시작된다는 의미였는지 모른다. 마틴 로이드 존스는 이 "첫 계명"이란 "이를 무시할 경우에는 사회의 근간이 허물어질 수밖에 없는 규범"이라는 의미로 이해한다고 하였다. 우리가 원하든 원하지 않든, 가정의 붕괴는 곧 사회 전체의 붕괴로 이어진다는 뜻이다. 이것이 오늘날 사회를 가장 크게 위협하는 요소다.

가정의 개념과 가족 개념 및 가정생활의 기초가 깨어지면 우리는 삶의 질서를 잃고 만다. 이는 매우 심각한 사태가 아닐 수 없다. 하나님이 "네 부모를 공경하라."는 것을 "약속 있는 첫 계명"이라고 한 것은 바로 여기에 있는 듯하다.

아울러 이 말씀의 의미는 이에서 그치지 않고 한층 더 깊은 진리를 드러내고 있다. 부모와 자녀의 관계는 그 자체로 독특한 의미를 지니지만 그보다 한 차원 높은 관계를 암시하기도 한다. 하나님이 곧 우리의 아버지이신 까닭이다.

하나님은 직접 "아버지"라는 용어를 사용하셨다. 예수님은 "하늘에 계신 우리 아버지여."라고 기도하라고 가르치셨다. 그러므로 육신의 아버지는 하늘의 아버지를 상기시킨다. 자녀와 부모의 관계는 온 인류와 하나님의 관계를 생각나게 한다. 우리는 모두 하나님의 자녀이며 하나님은 우리의 아버지이시다.

> 우리가 그의 소생이라(행 17:28).

부모와 자녀의 관계는 크리스천들과 하나님과의 관계를 반영하는 원형이자 증거이며 또 본보기다. 사도 바울은 에베소서에서 이와 같은 사실을 언급하고 있다.

> 이러므로 내가 하늘과 땅에 있는 각 족속에게 이름을 주신 아버지 앞에 무릎을 꿇고 비노니(엡 3:14-15).

이 말씀에서 부모와 자녀의 관계가 하나님과 우리의 관계를 반영해 주고 있어 부모와 자녀의 관계는 매우 독특하다는 것이다. 여기서 가족의 관계, 즉 부모와 자녀의 관계에는 이처럼 신성한 의미가 담겨 있다. 이것이 곧 하나님이 부모 공경을 십계명에 포함시켜 "약속 있는 첫 계명"이라고 하신 이유다.

예수님은 세상에 계실 때 친히 부모에게 순종하는 본을 보여 주셨다. 열두 살 때 "예수께서 함께 내려가사 나사렛에 이르러 순종하여 받드시더라(눅 2:51)."라는 말씀대로 인간의 몸을 입으신 하나님의 아들이 육신의 부모에게 순종하신 것이다.

셋째, "주 안에서"라고 했다. 우리 크리스천들은 일반 사회의 가정생활보다 다른 더 중요한 것이 있다. 그것은 "주 안에서" 순종하고 공경하는 것이다. 사도 바울은 "자녀들아 주 안에서 너희 부모에게 순종하라."고 말했다. 우리는 여기 "주 안에서"라는 말의 위치를 올바르게 이해해야 한다. "주 안에서"라는 말의 뜻은 예수 그리스도께 순종하듯 하라는 뜻이다. 이것이야말로 순종의 궁극적인 의미다. 자연 질서가 순종을 말하고 세상의 법이 그것을 요구하지만 우리 크리스천들에게는 순종에 대한 더 크고, 더 높은 그리고 더 강력한 또 다른 의미가 존재한다.

그리고 부모를 공경해야 할 이유는 그것이 예수님의 계명이자 요구이기 때문이다. 부모에게 대한 순종은 예수님과의 관계와 예수님에 대한 순종에서부터 자연스럽게 우러나와야 한다. 사도 바울의 말은 "자녀들아 부모에게 순종하기를 예수님께 하듯 하라."는 뜻이었다. 자연 질서와 세상의 법은 보조적인 역할을 할 뿐이다. 우리는 그러한 수준에 머물지 말고 예수님을 따라 계명에 순종해야 한다. 예수님은 하나님의 율법을 지키셨고 율법에 따라 사셨다. 예수님이 우리를 구원하신 이유는 율법을 성취하게 하시기 위해서다(롬 8:4).

이와 같은 은혜는 율법을 가장 높은 수준으로 끌어 올린다. 우리는 우리를 지켜보시는 하나님을 기쁘시게 하기 위해 부모

──── ·· 하나를 더하는 전인교육

에게 순종하고 부모를 공경해야 한다. 그러므로 "주님께 하듯이" 계명에 순종하라. "주 안에서" 부모에게 순종하라. 그것이 가장 훌륭한 순종이다. 그런 순종만이 하나님을 기쁘시게 할 수 있다. 하나님의 말씀과 가르침은 우리의 삶을 통해 실천되어야 한다.

예수님이 세상에 오셔서 우리를 구원하고 깨끗하게 하신 목적은 우리에게 새로운 본성을 주셔서 새 사람으로 만드시기 위해서다. 사도 바울은 그런 사실을 행동으로 입증하고 실천을 통해 나타내라고 말한다.

크리스천 자녀들은 부모들에게 순종함으로써 새 사람이 되었다는 증거를 보여 주어야 한다. 크리스천 자녀들은 믿지 않는 자녀들과 달라야 한다. 반항하고, 거만하고, 악한 말을 하는 자녀들과 구별되어야 한다. 크리스천 자녀들은 자신이 하나님의 자녀라는 사실을 행동으로 보여 주어야 한다.

순종의 축복

> 자녀들아 주 안에서 너희 부모에게 순종하라 이것이 옳으니라 네 아버지와 어머니를 공경하라 이것은 약속이 있는 첫 계명이니 이로써 네가 잘 되고 땅에서 장수하리라(엡 6:1-3).

오늘날 크리스천 가정생활의 기초 훈련을 제대로 받으면 무엇보다 "네가 잘 되고 땅에서 장수하리라."는 축복을 받게 될 것이다. 이 약속의 말씀은 본래 이스라엘 백성에게 주어졌던 것이다. "내가 너를 인도하는 약속의 땅에서 오래 살고 싶다면 모든 계명을 지키되 특히 이 계명을 준수하라."는 뜻이다. 이것이 본래의 약속이었다.

사도 바울은 크리스천으로 개종한 유대인과 이방인을 동시에 상대해야 했기에 이 약속을 일반화시켰다. 그러므로 사도 바울의 말은 "땅에서 잘 되고 장수하며 만족을 누리고 싶으면 너희 부모를 공경하라."는 뜻을 담고 있다.

그러면 부모에 대한 의무를 잘 이행하면 반드시 잘 되고 장수한다는 뜻인가? 아니 꼭 그렇지는 않다. 오직 "주 안에서" 해야 한다는 것이다. 하나님의 축복 아래 행복을 누리며 만족스럽게 살아가기를 원한다면 이 계명을 "주 안에서" 반드시 지켜야 한다는 것이다.

하나님이 그런 사람을 모든 사람의 본으로 삼으시기 위해 잘 되게 하고 장수의 축복을 허락하신다. 물론 부모를 공경하는 사람은 언제 세상을 떠나든지 하나님의 선하신 손길과 축복 아래 행복한 삶을 누릴 수 있다.

그런데 부모 공경이 형식적이어서는 안 된다. 우리가 이 계명을 지키되 올바른 마음으로 정성껏 힘써 지킨다면 하나님은 우리를 기쁘게 여기시고 은혜와 축복을 베풀어 주실 것이다. 다음에서 어떤 축복인지 구체적으로 살펴보기로 하자.

'옳은 것'을 선택한 가정의 축복

성경은 축복 받을 사람과 저주 받을 사람을 분명히 말해 주고 있다. 그러므로 크리스천 가정의 자녀들은 하나님의 말씀을 바로 알고 그대로 순종하는 삶을 선택해야 한다.

첫째, 사람은 누구나 선택을 잘 해야 한다. 하나님은 "내가 오늘 복과 저주를 너희 앞에 두나니(신 11:26)"라고 말씀하셨다. 이 말씀은 곧 하나님이 우리에게 복과 저주 중에 하나를 선택하기를 원하신다는 것이다. 사실 이 선택은 에덴동산에서부터 시작되었다. 하나님은 하나님의 형상에 따라 사람을 만드셨기에 서로 인격적인 관계를 유지해야 한다. 그래서 아담과 하와는 하나님의 명령에 따라 선악을 알게 하는 나무의 열매를 따 먹어서는 안 되는 것이다. 그런데 하나님은 그것을 강제하지 않으셨고, 그들이 선택할 수 있는 자유의지를 남겨 두셨다. 여기서 그들은 잘못된 선택을 했고 그 결과로 오늘날까지 나쁜 영향을 미치고 있는 것은 대단히 불행한 일이다.

둘째, 크리스천 가정은 언제나 하나님의 축복을 선택해야 한다. 똑같은 하나님의 말씀을 같은 장소에서 들었는데도 은혜와 축복의 말씀으로 듣는 사람이 있는가 하면 상처와 저주로 듣는 사람이 있다. 하나님의 축복을 선택한 사람은 말씀을 들을 때마다 "내가 변해야지!"라고 하면서 변화의 기회로 삼아 그 말씀에 순종한다. 그러나 어떤 사람은 그 말씀을 들을 때마다 "왜 나를 향해 그런 말씀을 하시지?"라고 하면서 원망과 불평을 하게 된다. 이것은 바로 축복을 선택하지 않는 사람의 모습이다. 크리스천 가정의 자녀들은 상황에 따르거나 감정에 따라 움직이지 말고 오직 기도하면서 성령의 인도하심 따라 하나님의 축복을 선택할 때 후회할 일이 없다.

셋째로, 하나님의 축복을 선택했으면 축복받을 행동이 따라야 한다. 하나님은 두 가지를 분명히 갈라놓으신다. 하나는 "너희의 하나님 여호와의 명령을 들으면 복이 될 것이요(신 11:27).", 또 다른 하나는 "너희의 하나님 여호와의 명령을 듣지 아니하고 본래 알지 못하던 다른 신들을 따르면 저주를 받으리라(신 11:28)."고 했다. 이것은 하나님의 명령대로 행하고 그 규례와 법도대로 살면 반드시 축복을 주시겠다는 것이다.

'약속 있는 첫 계명'을 지킨 가정의 축복

약속 있는 첫 계명을 지킨 가정은 '번성하는 가정의 축복'을 받는다. 하나님은 우리 몸에도 물질에도 함께 축복해 주신다. 많은 자녀들의 일용할 양식으로 복을 주신다. 그리고 평화의 복을 주신다. 하나님의 자녀가 그들을 대적하여 일어나는 모든 적들에게서 승리하고 안전하게 거함을 원하신다. 우리가 가는 곳마다 하나님이 축복해 주실 것이다. 그 모든 것의 오직 한 가지 사실은 우리가 하나님께 순종하는 것이다.

> 네가 네 하나님 여호와의 말씀을 삼가 듣고 내가 오늘 네게 명령하는 그의 모든 명령을 지켜 행하면 네 하나님 여호와께서 너를 세계 모든 민족 위에 뛰어나게 하실 것이라 네가 네 하나님 여호와의 말씀을 청종하면 이 모든 복이 네게 임하며 네게 이르리니 성읍에서도 복을 받고 들에서도 복을 받을 것이며 네 몸의 자녀와 네 토지의 소산과 네 짐승의 새끼와 소와 양의 새끼가 복을 받을 것이며 네 광주리와 떡 반죽 그릇이 복을 받을 것이며 네가 들어와도 복을 받고 나가도 복을 받을 것이니라 여호와께서 너를 대적하기 위해 일어난 적군들을 네 앞에서 패하게 하시리라 그들이 한 길로 너를 치러 들어왔으나 네 앞에서 일곱 길로 도망하리라 여호와께서 명령하사 네 창고와 네 손으로 하는 모든 일에 복을 내리시고 네 하나님 여호와께서 네게 주시는 땅에서 네게 복을 주실 것이며(신 28:1-8).

약속 있는 첫 계명을 지킨 가정은 '거룩한 가정의 축복'을 받는다. 하나님은 단지 우리의 육신이나 물질에만 축복해 주시기를 원하지 않으신다. 영적으로도 축복해 주시기를 더욱 원하신다. 하나님은 우리를 하나님의 자녀로 세우기를 원하셨다. 하나님은 하나님 자신을 위하여 우리를 거룩하게 하기 원하신다. 모든 일에 조심함으로 하나님의 뜻에 순종하여 하나님의 복을 받을 가정으로 존재해야 한다.

> 여호와께서 네게 맹세하신 대로 너를 세워 자기의 성민(거룩한 백성)이 되게 하시리니 이는 네가 네 하나님 여호와의 명령을 지켜 그 길로 행할 것임이니라 땅의 모든 백성이 여호와의 이름이 너를 위하여 불리는 것을 보고 너를 두려워하리라 여호와께서 네게 주리라고 네 조상들에게 맹세하신 땅에서 네게 복을 주사 네 몸의 소생과 가축의 새끼와 토지의 소산을 많게 하시며 여호와께서 너를 위하여 하늘의 아름다운 보고를 여시사 네 땅에 때를 따라 비를 내리시고 네 손으로 하는 모든 일에 복을 주시리니 네가 많은 민족에게 꾸어줄지라도 너는 꾸지 아니할 것이요 여호와께서 너를 머리가 되고 꼬리가 되지 않게 하시며 위에만 있고 아래에 있지 않게 하시리니 오직 너는 내가 오늘 네게 명령하는 네 하나님 여호와의 명령을 듣고 지켜 행하며 내가 오늘 너희에게 명령하는 그 말씀을 떠나 좌로나 우로나 치우치지 아니하고 다른 신을 따라 섬기지 아니하면 이와 같으리라(신 28:9-14).

신앙교육의
기초 훈련
- 바르게 · 착하게 · 의롭게

★ ★ ★

모든 일에는 기초가 튼튼해야 한다. 기초가 잡혀 있지 않으면 아무리 열심히 해도 좋은 결과를 기대할 수 없다. 글로컬 크리스천 지도자의 기초는 하나님의 말씀을 가르침과 하나님의 뜻을 깨닫고, 하나님이 기뻐하실 일을 하며 사는 것이다. 하나님의 말씀으로 바르게, 착하게, 의롭게 행동해야 한다. 이것이 전인적 글로컬 크리스천 지도자가 되기 위한 삶의 기초가 되어야 한다. 그렇지 않으면 우리는 하나님을 바라보다가 세상을 보고, 하나님을 기쁘시게 하다가 자기 기쁨을 위해 돌아서게 되어 마치 갈대와 같이 흔들리게 될 것이다.

하나님의 말씀을 기초로 한다

태초에 말씀이 계시니라 이 말씀이 하나님과 함께 계셨으니 이 말씀은 곧 하나님이시니라(요 1:1).

요한복음의 시작은 요한이 헬라 철학의 기본 사상인 '로고스' 개념으로 '말씀이신 하나님'을 설명한 것이다. 이 '로고스'는 모든 것을 지배하는 힘의 기원(기초)으로서 창조주이시며, 구원자이신 예수님을 말한다. 따라서 '로고스'는 무질서하고 혼돈한 세상에 질서를 세워 그 질서를 지속시키는 힘이다. 하나님이 세상을 말씀으로 창조하심은 단순한 언어적 명령이 아니라 진리이며 지혜이며 창조의 힘이다. 말씀이신 하나님이 지으신 세상에 사는 우리는 하나님의 말씀 안에서 살아야 한다.

모든 만물은 창조주 하나님의 섭리대로 자연스럽게 흘러가고 있다. 그런데 인간은 그 섭리를 역행하며 반대로 흘러가려고 한다. 이러한 속성 때문에 인간에게는 끊임없는 교훈과 훈련이 필요하다. 그래서 하나님은 인간에게 성경을 주셨다. 하나님은 이 성경말씀을 통해 바르게, 착하게, 의롭게 살아가는 기본을 제시해 주셨다.

모든 크리스천들은 말씀으로 살기를 원한다. 따라서 말씀으로 사는 법을 알아야 한다. 우리는 성경이 살아 계신 하나님의 말씀임을 고백해야 한다. 성경에 기록된 것을 오늘 내 생활에 어떻게 적용하느냐가 매우 중요하다. 적용을 위해 우리는 성경을 읽어야 한다. 깨달아야 한다. 믿어야 한다. 행해야 한다. 이것이 성경에 대한 올바른 이해다. 곧 말씀을 읽고 깨닫고 믿고 적용하는 생활이 말씀으로 사는 것이다.

하나님은 인간을 창조하시고 보시기에 심히 좋았더라고 하셨다. 그러나 인간의 타락으로 인해 하나님은 진노하시며 한탄하시기에 이르렀다. 이렇게까지 하신 것은 하나님의 마음에는 그만큼 우리 인간을 소중하고 귀한 존재로 여기시기 때문이다. 이제 우리는 타락의 모습을 버리고 본래 모습인 '보시기에 좋았더라.'라고 하신 그 말씀대로 창조 질서를 회복해야 한다. 하나님은 지금도 우리가 "하나님의 말씀대로 바르게, 착하게, 의롭게 살기"를 바라고 기다리신다.

하나님의 말씀으로 바르게, 착하게, 의롭게 행동하도록 가르치고 연습(훈련)해야 한다(딤전 4:6-8). "육체의 훈련도 약간의 유익이 있는데 경건에 이르기를 훈련하는 것은 약간의 유익이 아니라 금생과 내세에 유익을 가져다주는 비교할 수 없는 유익"이라고 하였다. 이 유익이라는 말은 축복이라는 말씀이다. 우리가 하나님의 일꾼으로 인정받기 위해서는 바르게, 착하게, 의롭게 사는 훈련에 힘써야 한다. 하나님 보시기에 심히 좋아 보여야 한다.

하나님의 말씀에 기초한 생활 훈련

모든 가치 있는 일들은 어렵다. 쉽게 되는 것이 아니다. 그런데 사탄은 항상 쉬운 길이 있다고 유혹한다. 예수님을 향한 사탄의 세 번째 유혹은 쉬운 일이라고 제시하였다. "내게 절하기만 하면 천하만국의 모든 것을 준다."는 것이었다. 참 쉬운 일이다. 그러나 그것은 거짓말이다. 쉬운 일로 가치 있는 것을 얻을 수는 없다. 그래서 예수님은 좁은 길로 가라고 하신다. 어려운 길이다. 하나님의 말씀을 기초하여 이 세상에서 바르게, 착하게, 의롭게 행동하기는 어려운 일이다.

참으로 어려운 길이다. 그래서 진리의 길이다. 바르게 행동해야 한다. 참으로 어려운 길이다. 그래서 선한 길이다. 착하게 행동해야 한다. 참으로 어려운 길이다. 그래서 의로운 길이다. 의롭게 행동해야 한다.

하나님의 말씀으로 바르게 행동하는 것이다

'바르다'는 것은 사전적 의미로 굽은 것을 곧게 하는 것이다.

옳고, 바르고, 정확하게, 마땅히, 당연히 해야 하는 것을 말한다. 이런 의미는 정직, 정의(공의), 진실, 충실, 성실이라는 단어와 통한다. 여기서는 정직, 정의(공의), 진실에 대해 알아보자.

정직은 삶의 기본이다. '정직'이란 마음이 바르고 솔직한 것을 말한다. 이 마음은 하나님의 마음이다.

> 나의 하나님이여 주께서 마음을 감찰하시고 정직을 기뻐하시는 줄을 내가 아나이다 내가 정직한 마음으로 이 모든 것을 즐거이 드렸사오며 이제 내가 또 여기 있는 주의 백성이 주께 자원하여 드리는 것을 보오니 심히 기쁘도소이다(대상 29:17).

왜 우리는 정직하게 행동해야 하는가?

첫째, 정직한 자의 후손이 복을 받는다. 자녀들이 강성해지기를 원하는가? 먼저 자녀에게 정직을 가르치고 스스로 정직을 실천하라.

> 그 후손이 땅에서 강성함이여 정직한 자들의 후손에게 복이 있으리로다(시 112:2).

둘째, 정직한 자의 장막은 흥한다.

> 악한 자의 집은 망하겠고 정직한 자의 장막은 흥하리라(잠 14:11).

정직하지 못했던 사울의 가문은 결국 망했고 그 나라도 기울어졌다. 그러나 정직한 다윗의 가문은 흥왕했고 그 나라도 번성했다.

> 이는 다윗이 헷 사람 우리아의 일 외에는 평생에 여호와 보시기에 정직하게 행하고 자기에게 명령하신 모든 일을 어기지 아니하였음 이라(왕상 15:5).

셋째, 정직한 자가 주의 장막에 거한다.

> 여호와여 주의 장막에 머무를 자 누구오며 주의 성산에 사는 자 누구오니이까 정직하게 행하며 공의를 실천하며 그의 마음에 진실을 말하며(시 15:1-2).

하나님의 말씀으로 착하게 행동하는 것이다

'착하다'는 것은 사전적 의미로는 착실하고 어질며 선하다는 것이다. 순하고, 온순하고, 말 잘 듣는 것을 의미한다. 이러한 의미는 일상생활에서 선악, 선행, 선한 길, 선한 손, 선한 일, 선한 양심 등 여러 가지 단어로 표현하고 있다. 이 용어들은 윤리적, 도덕적으로 넓은 의미로 사용되고 있다.

선행은 모든 행동의 기본이다. '선행'이란 마음이 착해서 다른 사람의 고난에 적극 동참하여 돕는 것을 말한다. 이 마음은

—··하나를 더하는 전인교육

하나님이 주신 것이다. 사도 바울은 "믿음 안에서 참 아들 된 디모데에게(딤전 1:2)" 교회의 좋은 지도자로서 반드시 갖추어야 할 것을 부탁했다. 그것은 "믿음과 착한 양심을 가지라(딤전 1:19)."였다.

　오늘날 크리스천들이 한국 사회에서 존경과 신뢰를 받는 길은 믿음과 착한 양심을 가지는 길 외에는 없다. 한국의 교인들을 평가한다면 믿음은 좋은데 착한 양심이 크게 부족하다는 것이다. 이것은 하나님의 말씀으로 착하게 행동하는 사람이 극히 적다는 것이다.

　그 결과 지금 한국 사회가 한국 교회를 염려하게 되었다. 디모데전서를 쓰고 있던 당시 에베소 교회와 오늘날 기독교계에 가장 필요한 것은 '믿음과 착한 양심'이다. 그래서 바울이 이것을 가지라고 간곡히 부탁한 것이다.

　큰 믿음과 착한 양심을 가진 자는 언제나 믿음과 착한 양심으로 행동한다. 그래서 행복하다. 양심은 선악을 아는 기능이요 정서이다. 착한 양심을 가진 사람은 선악을 알고 구분하는 것이 착하기에 착한 생각, 착한 말과 착한 행동을 한다. 반대로 악한 양심, 더러운 양심을 가진 사람은 그 생각과 언어와 행동이 악할 수밖에 없다. 믿음은 영성, 착한 양심은 덕성이다. 영성과 덕성을 가져야 세상의 빛과 소금이 된다. 그리고 참 크리스천 지도자가 될 수 있다.

왜 우리는 착하게 행동해야 하는가? 오늘의 시대적 상황은 참으로 어렵다. 인간 삶의 자세와 환경을 어떻게 하면 고칠 수 있을까? 악한 길에서 떠나 착하게 행동해야 한다. 지금 우리나라는 정치, 경제, 사회, 문화, 교육 등 어느 하나 성한 것이 없다. 총체적으로 병들었다. 이에 대한 책임은 바로 우리 크리스천에게 있다. 우리가 세상의 빛이 되어 착하고 양심적으로 행동하지 못했기 때문이다. 따라서 우리는 모든 죄를 하나님 앞에서 철저하게 회개해야 한다. 악한 길에서 떠나야 이 땅을 고쳐 주신다고 말씀하셨다.

> 내 이름으로 일컫는 내 백성이 그들의 악한 길에서 떠나 스스로 낮추고 기도하여 내 얼굴을 찾으면 내가 하늘에서 듣고 그들의 죄를 사하고 그들의 땅을 고칠지라(대하 7:14).

나와 한국 교회 그리고 우리나라가 사는 길은 다른 데에 있지 않다. 악한 길에서 완전히 돌아서서 새롭게 출발해야 한다. 그것이 곧 바로 하나님의 말씀을 따라 착하게 행동하는 것이다. 그때에 이 땅을 고쳐 주실 것이다.

하나를 더하는 전인교육

'의롭다'는 것은 성경에서 몇 가지 의미로 사용되고 있다. 죄를 미워하고, 거룩함을 사랑하시는 하나님의 속성, 하나님이 그 자신의 거룩에 적합하도록 인간에게 요구하는 것으로서의 공의, 예수님을 믿는 믿음으로 주어지는 것으로서의 의(의인), 의롭다 함을 받은 자가 성취해 나아가야 되는 것으로서의 의, 즉 이웃 사랑으로 완성되는 예수님 안에 있는 생명 등을 의미한다.

하나님의 의가 의인의 기본이다. 성경은 인간이 하나님의 형상을 따라 의롭게 창조되었다고 언급한다.

> 하나님을 따라 의와 진리의 거룩함으로 지으심을 받은 새 사람을 입으라(엡 4:24).

성경에서 말하는 의의 개념은 윤리적, 사회적인 개념을 훨씬 초월한다. 윤리적 개념은 상대적이지만 성경의 의는 어디까지나 하나님의 의를 기준으로 하여 이루어진다.

하나님은 의로우시기 때문에 의롭게 모든 것을 성취한다(신 32:4; 시 7:9; 사 45:21). 하나님과 이스라엘의 언약 관계라든지, 율법에서까지 모두 의의 성취가 그 중심 사상으로 되어 있다(레 11:45; 신 6:20). 그러나 인간은 하나님의 그러한 의지와는 달리

불의를 자행했다(암 5:7). 그때마다 하나님은 예언자를 통해 인간의 불의를 경고하고 회개를 촉구하셨으나 인간이 불순종하여 심판을 행하시게 된 것이다(사 3:13-14; 마 2:1-3).

하나님은 의로우시기 때문에 불의한 인간에게 대하여 무서운 심판자로 군림하게 된다. 그 심판의 종국은 죄인을 죽음에 이르게 한다(롬 1:32). 그러나 율법의 행위로는 의에 이를 수가 없었다. 시편 기자도 살아 있는 자 한 사람도 하나님 앞에 의로운 자가 없다고 고백하였다(시 143:2).

인간의 힘으로는 의로울 수가 없다. 여기에서 하나님의 은혜가 나타났다. 인간의 불의에도 불구하고 하나님의 사랑은 예수님을 보내어 구원의 길을 열어 제시하였다(요 3:16). 의의 본체이신 예수님을 제물로 하여 인간의 불의를 속죄하신 것이다. 하나님은 예수님을 통해 인간을 용서하고 그를 믿는 자에게 의롭다고 말씀하신다(롬 3:21-26; 4:13). 예수님을 통해 하나님의 의는 결국 구원의 은혜가 되었다(요 1:17; 롬 1:17; 갈 2:21).

인간의 의로써가 아니라 하나님의 본체이신 예수님의 의로써만 비로소 의롭게 될 수 있다는 사실이다. 바울의 말대로 "의인은 없나니 한 사람도 없다(롬 3:10)." 인간은 의에 있어서 실패한 존재다. 율법으로서도 실패했고, 자연법으로도 실패했으며, 인간의 윤리 기준으로도 실패했다. 결국 하나님으로부터

하나를 더하는 전인교육

의롭게 되는 것은 오직 예수님을 통한 하나님의 은혜를 믿는 데서만 가능하다(빌 3:9; 롬 1:17; 갈 2:20).

의롭게 행동한다는 것은 가치의 순위를 바로 정하고 산다는 말이다. 우리에게 최고의 가치는 하나님이다. 하나님은 우리를 의롭게 다스리신다. 하나님의 의로운 통치가 우리에게 가장 중요한 가치다. 우리가 하나님의 통치를 최우선 가치로 두면 위로 하나님을 사랑하고 옆으로 사람을 사랑하고 아래로 물질을 다스리게 된다.

> 그런즉 너희는 먼저 그의 나라와 그의 의를 구하라 그리하면 이 모든 것을 너희에게 더하시리라(마 6:33).

세상 사람들은 하나님을 최우선에 두면 못 산다고 생각한다. 그러나 그렇지 않다. 하나님을 무시하고 내 욕심대로 사는 것은 정말 어리석은 것이다. 하나님의 의로운 통치대로 사는 것이 정말 지혜로운 삶, 잘 사는 것이다.

하나님의 관점에서 볼 때 두 종류의 사람이 있다. 하나는 악인이고 다른 하나는 의인이다. 의인은 성품상의 완전함이 아니라 하나님과의 관계에서 말한다. 하나님은 의인을 찾고 계신다. 그러면 크리스천은 어떤 길을 가야 하는가?

첫째, 크리스천은 악인의 길을 따라가지 말아야 한다. 여기서 악인이란 하나님의 뜻을 무시하거나 가볍게 여기고 자신의 생각으로 사는 사람을 의미한다. 이런 사람들은 자기 욕심을 따라 살기 때문에 처음에는 잘되는 것 같으나 결국은 망한다. 이런 사람들은 하나님을 두려워하지도 않고, 자신이 가장 옳다는 생각에 사로잡혀 하나님의 소리를 듣지 않는 사람들이다.

둘째, 크리스천은 의인의 길을 좇아가야 한다. 신앙은 길이 아무리 많아도 가야 할 길이 따로 있다. 바로 의인의 길이다. 세상 사람들은 다양한 가치 기준을 가지고 살아간다. 그러나 크리스천들은 한 가지 가치 기준, 즉 하나님의 말씀을 가지고 살아간다. 그러므로 크리스천들은 세상에 살고 있지만 세상의 흐름을 따라서 사는 것이 아니라 말씀에 따라 살아야 한다.

시편 1편 2절에서는 "오직 여호와의 율법을 즐거워하여 그의 율법을 주야로 묵상하는도다."라고 하였다. 크리스천들은 하나님의 말씀을 읽고 묵상하고 지켜야 한다. 요한계시록 1장 3절에는 "이 예언의 말씀을 읽는 자와 듣는 자와 그 가운데에 기록한 것을 지키는 자는 복이 있나니 때가 가까움이라."고 기록하고 있다. 진정한 복은 하나님으로부터 오는 것이다. 의인의 길이란 크리스천이 가는 길이다. 그 길은 오직 말씀을 가까

하나를 더하는 전인교육

이 할 때 가능하다.

　왜 의인 10명이 필요한가? 요즘 현대인은 세 가지 위기 속에 살고 있다.

　첫째, 이념의 위기다. 경제 침체는 다시 회복될 수 있지만 국민 의식이 무너지면 내일을 보장할 수 없게 된다.

　둘째, 양심의 위기다. 하나님이 인간에게 주신 선물인 양심을 저버릴 때 인간의 추락은 불을 보듯 뻔하다. 짐승처럼 본능적인 욕구를 좇아 선악을 분별하지 못한 채 살아가게 된다. 그런데 세상의 빛이 되어야 할 크리스천들마저도 세속에 밀려 적당히 타협하고 권력과 재물 앞에 무력해지면 오늘의 현실은 암담할 뿐이다.

　셋째, 신앙의 위기다. 하나님에 대한 믿음이 환경에 따라 밀리고 있다. 십자가의 길을 걷는 사람, 순교자적 신앙으로 살아가는 사람들을 찾아보기가 더욱 어렵다. 신앙의 본질에서 벗어나 세상 문화에 휘둘리고 있다. 지금 한국의 크리스천들은 영적 침체에 빠져들고 있다. 조지 버너가 언급한 대로 '주전자 속의 개구리'처럼 죽어 가고 있다. 이러한 위기 속에서 이를 극복할 길은 없는가? 그 길은 하나님의 말씀을 회복하는 것이다.

　이스라엘 백성이 위기에 직면했을 때 수문 앞 광장에 모여 가슴을 찢고 통회한 것처럼, 미스바에 모여 부르짖었던 것처럼 회개 운동이 일어나야 한다. 이사야서 59장 1-2절을 보면 하나님의 명확한 뜻을 알 수 있다. 이스라엘 백성이 바벨론 포로가 되어 낙심할 때 하나님은 이사야를 불러 "내가 손이 짧아 너희를 구원하지 못함도 아니고 귀가 둔해 듣지 못함도 아니라. 너희와 나 사이에 죄악의 담이 가로막고 있다."라고 말씀하셨다.

오늘 우리와 하나님 사이를 가로막고 있는 것이 무엇일까? 형식적이고 타성적인 신앙에서 벗어나 가슴을 찢는 진정한 회개에서 시작해야 한다. 그 옛날 소돔과 고모라의 비극은 그 시대의 죄악 때문만은 아니었다. 심판을 가로막을 의인 10명이 없었다는 것이 더 큰 비극이었다. 하나님은 이 시대에서도 의인을 찾고 계신다.

모세는 백성들이 죄를 범해 하나님이 멸하시겠다고 할 때 무릎을 꿇고 얼굴을 땅에 대고 울면서 손을 들고 울부짖으며 기도했다.

> 그러나 이제 그들의 죄를 사하시옵소서 그렇지 아니하시오면 원하건대 주께서 기록하신 책에서 내 이름을 지워 버려 주옵소서(출 32:32).

이러한 모세의 기도가 하나님의 진노를 돌이키고 이스라엘 백성을 구해냈다. 우리도 하나님의 마음을 움직이는 기도가 시급하다.

누가 10명의 의인이 되겠는가? 성경에서의 의인은 하나님과 인간과의 관계에서 의로움을 말한다. 하나님의 말씀으로 의롭게 행동하는 것을 말한다. 구약의 대표 인물 중 의로운 사람으로 노아, 욥, 다니엘 등을 들 수 있다. 특히 노아는 근본적으로 하나님 앞에서 의롭게 행한 사람이다(창 6:9). 의인은 그 의를 위해서 고통을 당하게 마련이다(시 34:19; 마 5:10). 그래서 하나님은 의인을 돌보시며, 사랑하고 도와주신다(시 34:15, 146:8).

의인은 의의 하나님을 절대 의존하고 있다(시 64:10; 합 2:4). 그러므로 인간은 자기 행위로 의롭게 될 생각을 하지 말고 예수님을 믿는 믿음으로 의롭게 된다는 사실을 알아야 한다(롬 3:21-28). 이런 의미에서 "의인은 믿음으로 말미암아 살리라."라는 말씀은 인간의 의로움을 바로 말해 준 말씀이다(롬 1:17).

이렇듯 우리가 하나님의 말씀대로 바르게, 착하게, 의롭게 살기 위해서는 성경적 교육을 받아야 한다. 그렇기 때문에 모든 교육의 기초는 신앙교육이다.

믿음·소망·사랑
훈련

★ ★ ★

믿음이란 무엇인가?

믿음이란 인간 생활에 있어서 근본적 태도를 말하는 것으로 인간과 인간, 인간과 자연 그리고 하나님과 인간 사이의 관계를 뜻하는 것이다. 믿음이란 히브리어로 "믿다", "믿고 의지하다", "피난하다"라는 뜻이다. 구약에서 믿음의 개념은 그 바탕이 하나님이시다. 하나님은 세계의 모든 생물의 존재를 규정하고 그들의 생명과 안녕을 좌우하는 유일하신 분이다(창 1:1; 출 20:2-3). 하나님은 확실하고 영구적이며 신뢰할 만한 존재라는 것이다. 하나님에 대한 인간의 개인적, 주관적인 감정보다 하나님의 실존을 사실로 받아들이고 하나님에 대한 자신의 의존 관계를 인정하는 것을 믿음으로 보았다.

예수님은 사람들에게 믿음을 최고 능력의 행위로 보여 주셨다. 예수님은 병을 고치실 때 병자의 믿음과 관련시키셨다(마 8:13, 9:2, 22; 막 5:36, 9:23, 24; 눅 17:19). 예수님은 믿음의 비상한 힘에 관해 말씀하셨다(마 21:21; 막 11:22-24; 마 17:20; 눅 17:5-6). 예수님은 제자들의 믿음이 적음을 책망하셨다(마 14:27, 31; 막 4:40).

하나님에 관한 교훈, 천국과의 관계는 믿음에 기초한 것이었다. 하나님을 아버지로 믿고(마 6:4, 6-15; 막 11:22-25), 우리가 하나님과의 바른 관계를 갖기 위해 회개하고 죄 사함을 바라며(막 1:15, 11-23-25; 눅 7:47-50, 8:12-15, 15:17-29), 모든 고난과 기회를 하나님의 자녀답게 대하려면(마 6:25-32) 신뢰의 행위로 최선을 삼을 것이다. 예수님이 제자들에게 자기를 메시아요, 천국의 머리이며 인류의 구주로 그들의 마음 가운데 믿게 하려 하신 것이다.

요한복음에서 예수님의 교훈은 '믿음의 행위'가 중요한 위치를 차지하고 있다. 예수님을 믿는 것은 하나님을 믿는 것을 의미한다. 예수님을 보내신 것은 하나님이시다(요 5:24, 12:44, 14:1,10, 17:8). 예수님 자신을 믿음의 대상으로 말씀하셨다. 믿음의 결과는 대개 영생으로 표시되었다(요 3:16, 5:24, 6:40,47, 20:31). 믿음은 눈으로 보는 것이거나 머리로 생각하는 것이 아니다. 믿음으로 얻는 은혜는 큰 것이다. 믿음은 은혜로 얻는 하나님의 선물이다(엡 2:8).

바울 서신에서 믿음의 대상은 여러 가지로 표시되었다. 예수님을 믿음의 대상이라 언급한 곳은 동사로 2번(딤전1:16, 3:16), 명사로 16번이다(롬 3:22; 갈 2:30; 엡 1:15; 빌 1:29). 예수님으로 말미암아 그의 구원하시는 자비를 믿는 것이다. 예수님을 믿는 것은 그가 온전한 구주시며, 인간 영혼의 절대적인 주이심을 믿는 것이다. 예수님 안에서 나타내신 하나님의 사랑의 증표인 십자가는(롬 8:24-25, 8:32; 고후 5:19) 하나님과 인간의 관계를 맺어준 것이다.

바울의 믿음은 아들을 속죄 제물로 보내신 하나님과 자기를 속죄 제물로 드리신 산 예수님을 믿는 것이다. 하나님을 믿고 의지하는 것은 그 십자가의 능력을 믿고 의지하는 것이고, 그의 피로 죄를 덮으신(롬 3:25) 예수님을 믿고 의지하는 것은 곧 하나님을 믿고 의지하는 것이다.

믿음의 효과는 믿는 자가 의롭다 하심을 얻는 것이다(롬 1:17, 3:22-27, 4:1-25; 갈 2:16; 엡 2:8; 빌 3:9). 믿음은 예수님과 연합하는 것이다(갈 2:20). 또 모든 은혜로 들어가는 유일한 관문이다. 이것이 바울이 말하는 복음의 핵심이다.

크리스천에게 있어서 가장 중요한 것은 믿음이다. 이 믿음은 예수님을 통하여 하나님은 자기를 나타내셨으며, 그로 인해 멸망할 사람이 구속함을 얻게 된다는 것이다. 이 사실은 다른 것과 비교될 수 없는 것으로 일찍이 전에도 없었고 다시 앞으로도 있을 수 없는 것이다.

사도 요한은 그의 첫 편지에서 이 역사적 사실을 강조하여 말하기를 "우리가 들은 바요 우리의 눈으로 본 바요 자세히 보고 우리의 손으로 만진 바라(요일 1:1)."고 하였다. 또한 베드로는 예수님은 곧 "그리스도시요 살아 계신 하나님의 아들이시다."라고 하였다.

예수님에 대한 이 두 가지 사실에서 우리는 예수님의 인성과 신성을 알 수 있다. 예수님도 우리와 같은 사람인 동시에 임마누엘(하나님이 우리와 함께 계시다.)이시라는 것이다.

왜 이 사실이 우리에게 중요한가? 이 문제에 대해 사도들은 예수님이 하신 일로써 대답했다. 예수님은 우리에게 하나님을 보여 주시는 일, 우리의 죄를 구속하시는 일, 우리를 사망에서 구원해 주시는 일을 하셨다. 예수님이 이러한 일을 하신 것은 믿음으로 알 수 있다고 하였다.

먼저 우리는 그 믿음과 관련한 것이 무엇인가를 밝혀야 한다. 요한복음에서 사랑이신 하나님(비록 죄가 많고, 하나님께 반역한 우리들이라도 사랑하시는 하나님)이야말로 우리에게 요구되는 하나님이요, 이 복음이야 말로 인류 역사에 새로운 전환점인 것이다. 그 전환점을 표시하기 위하여 신약성경은 구원이라는 말을 썼다. 이것은 특별히 예수님의 십자가를 말하는 것이니 이 사실에 대해서는 요한복음과 요한일이삼서, 히브리서와 베드로전후서 그리고 마태, 마가, 누가 등 공관복음에 비교적 자세히 기록하고 있다. 이 기록들은 주관적 사실로 지적한 것이 아니라 믿음의 눈으로 본 바를 역사적 사실로 기록한 것이다.

예수님의 십자가는 하나님의 사랑이 죄인을 만나는 곳이요, 죄인에게 요구되는 것은 다만 믿음으로 나가는 것뿐이다. 하나님은 인간에게 접근하려고 하신다. 새 환경과 새 지위를 주시려고 하신다는 것이다. 하나님이 예수님의 십자가를 바라보시

하나를 더하는 전인교육

며 사람들에게 이렇게 말씀하신다. "사실은 네가 저 십자가에 달릴 것이었으나 내 아들 예수가 네 대신 저 십자가에 달렸다. 그의 고난은 너의 고난이었다. 나의 사랑은 한없이 크므로 저 십자가에서 너를 만난 것이다. 십자가 밖에 다른 곳에서는 너를 만날 수 없다. 그러므로 너도 나를 만나려면 저 십자가에서 예수와 한 몸이 되어 나를 만나야 할 것이다."

예수님의 십자가만이 사람의 죄악 상태가 근본적으로 변화되어, 죄악에서 구속함을 얻고, 하나님과 화해되는 둘도 없는 절대적인 사실이다. 이 구속의 사실은 역사적일 뿐 아니라 이 역사적 사실을 뛰어넘는 영원한 것으로, 하나님 자신이 역사 속으로 들어오신 것이다. 이것은 우리의 믿음이 관련되어 있는 것이다. 이 사실과의 관계에서 기독교의 신앙이 성립되는 것이다. 기독교 신앙은 곧 십자가로 말미암은 구원이다. 우리가 믿고 섬기는 십자가의 예수님은 곧 그 제자들이 간증한 하나님의 아들 예수 그리스도이신 것이다. 이 예수님 안에서 나타나신 하나님의 계시는 믿음의 눈으로 본 예수님의 실제 곧 하나님의 아들 예수 그리스도시다.

기독교의 믿음은 다음의 세 가지 특색을 가지고 있다.

첫째, 믿음은 주님으로 말미암아 나타나신 하나님의 신비하심을 아는 지식이다.

둘째, 믿음은 예수님과 하나가 되는 신비로운 경험이다.

셋째, 믿음은 눈에 보이지 않는 것과의 접촉, 곧 살아 계신 하나님과 만나는 것이다.

믿음은 이 셋을 다 합한 것이므로 그 셋 중의 어느 하나만은 아니다. 믿음과 사랑의 밀접한 관계를 우리는 잊지 말아야 할 것이다. 믿음은 어떤 것, 어떤 교리, 어떤 신조나 어떤 사실을 믿는 것은 아니다. 곧 나와 그것과의 관계는 아니다.

믿음은 '나와 하나님'과의 관계에 속한 것으로 온전히 인격적이라고 하겠다. 우리는 사람을 믿고 의지해서는 안 될 것이다. 우리는 예수님 안에 나타나신 하나님의 무한한 사랑을 주저할 것 없이 받아들이고 의지하며 살아야 한다. 우리는 예수님의 십자가에서 나타난 그 크신 사랑을 전적으로 믿는다. 예수님의 십자가는 새로운 의미를 가지고 있다. 하나님도 우리의 죄를 우리를 불쌍히 여겨 스스로 지신 것이다. 하나님의 사랑으로 우리를 구원하시기 위해 그의 아들 예수님을 십자가에 희생시키셨다. 그러므로 예수님의 십자가는 하나님의 사랑을 나타내는 것이다. 또한 십자가는 우리가 죄인일지라도 사랑해 주시는 무조건적인 사랑을 나타내는 것이다. 믿음은 어떤 의미에서 과거에 지은 우리의 죄를 사하여 주심을 인정하고 받아들이는 것이다.

우리는 우리의 죄를 사할 수 없다. 우리가 고백할 때 죄를 용서하는 것은 하나님의 일이다. 그분은 우리의 죄를 사해 주시기 위해 그 아들의 생명을 희생하셨다. 그것은 곧 예수님의 십자가다. 그분은 우리를 대신하여 죽으셨다. 예수님의 십자가는 세계 역사에 나타난 한 사건이었을 뿐 아니라 우리 개인 역사에도 하나의 사건이 되는 것이다. 예수님은 온 세계와 나를 위하여 죽으신 것이다.

이것을 믿을 때 비로소 우리는 하나님의 사랑을 느끼게 되고 알게 된다. 믿음으로 하나님의 사랑을 볼 수 있는 사람만이 하나님의 사랑이 얼마나 큰가를 이해할 수 있는 것이다. 믿음과 사랑의 필연적 관계를 모르고서는 믿음에 대한 설명을 다 했다 할 수 없을 것이다. 하나님의 사랑 안에서 우리는 믿음으로 말미암아 지은 죄를 회개하고 성령으로 거듭날 때 변하여 새 사람이 된다. 죄인의 자리를 떠나, 예수님을 믿음으로 하나님의 자녀가 되는 것이다. 믿음으로 의인이 되고, 구원을 얻게 되고 새 사람이 되는 것이다.

소망이란 무엇인가?

소망이란 현존하지는 않지만 장래 실현될 것에 대한 기대를 뜻한다. 쉽게 말하면 소망이란 미래에 대한 어떤 기대를 의미하는 것이다. 성경에서 소망은 "인간의 정신적 욕구, 곧 인간의 참 소망은 부귀가 아니고 하나님께 있나이다(시 39:7)."라고 했다. 그런 사람만이 기쁨(시 146:5), 안전(욥 11:18), 행복(렘 17:7)을 누린다. 죽을 수 없는 소망과 하나님과의 영적 경험으로 욥은 악의 문제를 극복했다(욥 42:5). 이처럼 구약에서 소망은 현재의 아픔과 고통을 잊게 하는 하나의 구제책이 아니라 의로운 자의 삶의 근거가 되는 하나의 구원사적 표적이었다.

하나님은 의로운 자의 신뢰와 소망으로서 미래에 대해 약속을 주시는 이스라엘의 소망이었다(렘 14:8). 이스라엘 사회에 의로운 '남은 자(여호와를 기다리는 자)'에 대한 소망을 선지자들은 계속 강조했다.

너희는 악을 미워하고 선을 사랑하며 성문에서 정의를 세울지어다 만군의 하나님 여호와께서 혹시 요셉의 남은 자를 불쌍히 여기시리라(암 5:15; 렘 44:28; 겔 6:8; 미 2:12, 4:7; 욜 2:32; 사 1:9, 11:11).

이사야는 의로운 '남은 자'의 씨가 되기를 소망하여 제자들

﹒﹒﹒﹒하나를 더하는 전인교육

을 모아 가르쳤다(사 8:16). 소수의 경건한 사람들을 따로 훈련시킴으로써 후에 유대교와 기독교에서 출현한 정신적 단체의 기초를 닦은 것이다. 히브리 국가의 소망이 없어지자 그들은 메시아 소망으로 방향을 전환했다. 이사야는 그 소망을 이상적 시대로 표현했다(사 2:1-4, 9:2-7, 11:1-9, 32:1-8, 15-18).

신약에 있어서 소망은 예수님의 인격과 사역에 밀접한 관계를 맺고 있다(딤전 1:1). 신약에서 소망은 예수님의 부활로 나타난다(벧전 1:3). 이 소망은 이방 사람들의 현세에 대한 낙망에 비교하면 초대교회의 찬란한 특색이었다. 바울은 소망을 크리스천의 믿음, 소망, 사랑, 이 세 가지 기본 요소 중 하나(고전 13:13)라고 하고, 구원의 소망은 투구와도 같다고 했다(살전 5:8).

인간은 소망으로 구원을 얻으며 하나님은 소망의 하나님이시다.

> 소망의 하나님이 모든 기쁨과 평강을 믿음 안에서 너희에게 충만하게 하사 성령의 능력으로 소망이 넘치게 하시기를 원하노라(롬 15:13).

모든 시대를 통해 예수님의 재림을 가장 큰 소망으로 언급하였다. 바울은 "너희를 위하여 하늘에 쌓아 둔 소망(골 1:5)", "복음의 소망(골 1:23)", "너희 안에 계신 그리스도 곧 영광의 소망(골 1:27)"을 말했다. 그리고 복스러운 소망(딤후 2:13), 영생의 소망(딛 1:2), 의의 소망(갈 5:5) 등으로 표현하고 있다. 베드로는 "너희 속에 있는 소망에 관한 이유를 묻는 자에게는 대답할 것을 항상 준비하되(벧전 3:15)"라고 하였다. 소망은 인내와 밀접한 관계를 갖고 있다고 하였다(롬 8:25, 살전 1:3).

소망의 기초는 예수 그리스도다. 세례 요한의 메시아 소망이 얼마나 구체적이고, 인격적이고, 역사적이었던가는 그가 제자를 예수님께 보내어 물어 본 말로 알 수 있다. "오실 이가 당신이십니까? 혹은 다른 이를 기다리오리까?" 예수님의 대답은 비록 간접적이었으나 그 뜻은 분명하다. "그렇다. 너희가 기다리는 메시아와 꼭 같을지는 모르나 내가 그인 줄을 나의 하는 일을 보아 알 수 있지 않으냐?(마 11:3; 눅 7:20)" 그리고 가이사랴 빌립보에서 처음으로 제자들에게 물으신 "너희는 나를 누구라 하느냐?"는 예수님의 질문에 "주는 그리스도시요 살아 계신 하나님의 아들이시니이다."라고 한 베드로의 대답을 예수님이 시인하셨을 뿐 아니라 "바요나 시몬아 네가 복이 있도다 이것을 네게 알게 한 이는 혈육이 아니요 하늘에 계신 내 아버지시니라."고 하시며 칭찬하셨다(마 16:15; 막 8:29; 눅 9:20).
예수님은 선지자들이 기다리던 그리스도시다. 오래 기다리던
메시아가 마침내 오신 것이다.

사람들에게 미래에 대한 소망을 가르쳐 주는 것이 기독교
신앙과 어떤 관련이 있는가? 기독교 교리에 있어서 믿음과 소
망, 곧 과거의 차원과 미래의 차원이 어떠한 관계성을 가지고
있느냐 하는 것이다. 예수님은 우리 믿음의 대상인 십자가에
달리신 예수님이실 뿐 아니라 동시에 우리의 소망의 대상인 영
광을 받으실 메시아도 되는 것이다. 이것이 기독교 소망의 내
용 전부다. 우리에게 보다 중요한 것은 영광으로 오실 예수님
의 재림을 바라보고 미래를 내다보는 것이다. 예수님으로 말미
암은, 또는 예수님 안에서의 확실한 소망만이 믿을 만한 것이
니 이것이 곧 기독교의 소망인 것이다. 크리스천의 소망은 장
차 올 영광과 영생과 영원한 나라가 온전히 이루어질 하나님의
나라(천국)이다.

신약성경은 '영생'과 '하나님 나라'라는 말을 쓰고 있는데,
그것은 하나님의 사랑은 무엇보다도 개인적이고 또한 가장 세
계적이기 때문이다. 하나님은 예수님 안에서 나를 사랑하신다.
그리고 하나님은 또한 예수님 안에서 세상을 사랑하신다. 예수

님으로 말미암아 하나님을 믿고 의지하는 것은 우리가 할 수 있는 가장 개인적인 행동이다. 그러나 하나님으로 더불어 사귀며 그분과 교통한다는 것은 하나님의 세계적 사역이요, 세계적 목적인 천국에 들어가는 것이다.

우리가 믿음으로 받는 하나님의 사랑은 우리로 세계적인 생각과 원대한 세계적 안목을 갖도록 만든다. 우리가 사도들의 편지를 읽어 보면 그들은 참으로 세계적인 관점을 가졌었다. 크리스천은 자기 한 개인의 사생활만을 생각할 수 없다. 그는 하나님의 세계적 사역에 함께 참여해야 하며 하나님의 세계적 계획에 협력해야 할 것이다.

우리 크리스천은 원칙적으로 자기 개인의 구원만을 생각할 것이 아니라 하나님의 뜻을 받들어야만 하는데 그 뜻은 곧 세계의 구원인 것이다. 그러므로 크리스천의 소망은 반드시 개인적이며 또한 세계적이어야 할 것이다.

신약에서 영생은 내가 가진 것이 아니고 하나님이 주시는 것이다. 하나님이 주시는 영생도 개인적인 것이다. 우리에게 사랑으로 말씀하시는 하나님은 영원토록 계속하실 것이니 우리의 영생은 거기에 있는 것이다. 인간의 몸으로 나타나신 하나님은 우리들로 하여금 인격적인 교제를 계속시키실 것이다.

하나님과 인간 사이의 교통, 곧 친교, 이것이 성경이 말하는 영생이다.

요한복음에서는 "나를 믿는 자는 비록 죽을지라도 오히려 살리라(요 11:25)."고 하였다. 예수님은 영생의 보증인이다. 예수님 안의 믿음과 예수님 안의 소망은 서로 뗄 수 없는 관계를 가진 것이다. 예수님 안에 있는 하나님의 사랑은 죽음이라도 우리를 끊을 수 없는 큰 사랑이니 그것이 곧 영생의 근거인 것이다. 크리스천이 바라는 영생은 인간이 만든 것이 아니고 하나님이 준비하신 것이다. 인간은 예수님으로 말미암아 하나님의 거룩하신 사역에 협력할 것을 요청 받고 있다. 하나님의 나라를 위하여 동역자가 되라고 하시는 그 부르심은 인간의 모든 힘을 기울여 활동할 수 있는 충동을 일으켜 주는 것이다.

기독교 소망의 사회적, 세계적 분야는 무엇인가? 하나님의 목적은 개인을 구속하는 데에만 있는 것이 아니다. 이미 말한 바와 같이 하나님의 계획은 세계적이다. 하나님이 창조하신 온 우주를 그의 영원한 나라에서 완성시키는 것이 하나님의 궁극적인 목적인 것이다.

하나님의 사랑도 개인에게 국한되지 않았다. 하나님은 온 세상을 사랑하신다. 사랑이란 내어주는 것이요 온 우주적인 것이다. 그러므로 예수님 안에서 허락된 믿음으로 우리 앞에 보이는 소망은 세상의 구속이요 세상의 구원이다.

우리의 생각은 시간과 공간의 제한을 받고 있으므로 시간과 공간을 초월한 역사의 마지막이 어떠하리라는 것을 우리는 상상조차 할 수 없을 것이다. 우리의 생각이 제한되고 우리의 시야가 좁다고 하여 기독교의 소망(영생, 천국)을 의심할 수는 없다. 우리의 가진 소망은 하나님의 계획의 실현이요 하나님의 사랑의 통치 아래서의 개인과 세계의 완성일 것이다. 이것은 하나님이 예수님 안에서 하신 바를 믿음으로 아는 것이다. 이 사실을 믿는 자들에게 기독교의 소망은 복된 소식일 것이다.

사랑이란 무엇인가?

사랑의 정의를 내리기는 무척 어렵다. 왜냐하면 사랑은 이론보다 행동이기 때문이다. 그래서 성경은 사랑의 속성을 나열하는 것으로 사랑을 정의하고 있다.

하나님은 사랑이심이라(요일 4:8).

사랑은 오래 참고 사랑은 온유하며 시기하지 아니하며 사랑은 자랑하지 아니하며 교만하지 아니하며 무례히 행하지 아니하며 자기의

————·· 하나를 더하는 전인교육

유익을 구하지 아니하며 성내지 아니하며 악한 것을 생각하지 아니하며 불의를 기뻐하지 아니하며 진리와 함께 기뻐하고(고전 13:4-6).

헬라어에는 사랑을 나타내는 4가지 단어가 있다. 에로스(Eros, 남녀 간의 육체적 사랑), 스톨게(Stolge, 혈통적인 사랑), 필레오(Phileo, 우정 간의 사랑), 아가페(Agape, 무조건적인 사랑)다. 이 네 가지 중 기독교의 사랑은 아가페의 사랑이다. 그것은 타자 본위의 순수한 사랑으로 자기 부정적이고 자기희생적인 사랑이다(눅 6:27-31).

사랑은 성경과 기독교의 중심 사상이다. 이는 하나님과 인간과의 상호 관계를 표시하는 가장 좋은 말이다.

우리가 사랑함은 그가 먼저 우리를 사랑하셨음이라(요일 4:19)

여호와의 성격은 그 사랑에 잘 나타났으니 곧 순결, 열정, 무사(無私), 충성이다. 하나님의 사랑은 연약한 죄인에게 인자와 자비로 나타났다. 그러나 믿지 않고 완고한 죄인에게는 슬픔, 분노, 위협으로 나타났다.

누가 우리를 그리스도의 사랑에서 끊으리요 환난이나 곤고나 박해
나 기근이나 적신이나 위험이나 칼이랴(롬 8:35).

하나님의 사랑은 서로 사랑하는 자들에게서 완성된다. 사랑
하는 자들이 사랑으로 하나 된 마음속에 하나님이 계신다(요일
2:5, 3:24, 4:11). 하나님은 사랑으로 인간들을 '하나로' 완성하
신다(요 17:21-26; 마 3:17, 17:5). 사랑은 하나님께 있다. 구약의
성자들은 여호와의 인간에 대한 사랑을 말했다. 예수님은 모
든 것을 '아버지의 사랑' 위에 세웠다. 아버지께서 얼마나 어떻
게 세상을 사랑하시는가를 선포하셨다(요 3:16, 17:25; 마 5:48;
눅 15; 롬 2:4; 골 1:21; 요 1:14, 3:14-19; 롬 5:5-8, 8:32; 요일 4:9; 골
1:13). 하나님은 사랑이시니, 사랑은 하나님께로부터 오는 것
이다. 하나님의 구원하시는 사랑을 구약은 자비, 신약은 사랑
으로 표현하였다(눅 1:50; 딛 3:5; 엡 2:4).

크리스천이 하나님과 예수님을 사랑함은 예수님에게서 나
타난 아버지의 사랑에 대한 반응이다(요일 4:19). 이 사랑은 인
간의 마음속에서 자연적으로 우러나오는 것이 아니고, 모든 지
식을 초월한 예수님을 아는 데서 오는 것이다(엡 3:19, 2:3-5,
3:17-19; 롬 5:17; 요 15:16, 17:23). 하나님께 드리는 감사와 순

종의 사랑은 예수님을 믿는 믿음의 결과다(고전 13:12; 살전 1:3; 딤전 1:14). 사랑은 또한 그 안에 성령이 살아 계시다는 증거이니 성령은 속죄하심을 얻은 자녀들에게 주시는 아버지의 은사다(갈 5:22; 고전 2:12; 롬 5:5; 요일 4:13). "아바 아버지"는 새로 태어난 자녀의 사랑의 부르짖음이다(롬 8:15; 갈 4:6). 하나님과 예수님을 진정 사랑하면 사람의 마음이 깨끗하고 고상하게 되어 하나님을 볼 수 있게 된다(벧전 1:3; 엡 4:31, 5:5; 골 3:12; 요일 3:1, 4:11; 계 21:7, 22:3; 요 14:23, 17:24). 하나님을 사랑하는 것은 곧 예수님의 말씀을 배운 그대로 살며, 그 발자취를 따라 그가 계신 곳으로 가는 것이다(요 17:24, 15:8, 14:2; 엡 4:20-24). '사랑과 소망'의 바라던 면류관을 얻는다(약 1:12; 계 2:10; 롬 8:28-30).

예수님 안에 나타난 하나님의 사랑을 앎으로 하나님께 대한 사랑은 사람과 사람 사이의 사랑으로 나타난다. 이것은 예수님이 주신 가장 큰 계명이다(마 22:38). 사랑과 생명을 멸망시키는 것은 죄다. 그 죄는 미움, 정욕, 거짓을 인간들 마음속에 심었다(요 8:44; 요일 3:12; 약 1:14, 4:1). 예수님은 그의 생명을 바쳐 사랑으로 새 나라의 기초를 닦으셨다(요일 3:12; 벧전 2:21; 고후 5:15; 엡 4:31-5:5; 골 1:13; 딛 3:3). 예수님의 '새 계명'은 태초부터 있던 것이다(요일 2:7). 죄인과 선인에게 다 같이 풍성한 은혜를 내려 주시는 하나님이 그 자녀들에게 원수를 사랑하고 악한 자에게 친절히 대하라고 명하신다(고후 5:14). 참 사랑은 언제나 인자한 행동으로 나타난다(약 1:27, 2:15; 요일 3:17). 예수님의 구속을 받은 자들은 사람을 섬김으로써 예수님 안에 나타난 하나님의 은혜의 언약을 증거한다(요 1:29, 6:33; 마 10:8; 막 16:15; 눅 24:26; 행 1:8; 롬 5:12; 골 1:23; 요일 2:2; 계 5:9).

이 사랑의 본이 십자가에서 죽으신 예수님이다. 기독교는 사랑의 종교다. 기독교에 있어 사랑은 하나님의 속성이다. 사랑은 가장 큰 계명(마 22:37-40)이며, 율법의 완성(롬 13:10)이다. 그리고 예수님이 주신 새 계명(요 13:34)이며, 믿음이나 소망보다 우위에 있는 것이다(고전 13:13). 이 사랑을 크게 세 가지로 나눌 수 있다. 첫째, 인간에 대한 하나님의 사랑, 둘째, 하나님에 대한 인간의 사랑, 셋째, 인간에 대한 인간의 사랑이다(요일 4:10-11). 첫 번째 사랑이 사랑의 근본이다. 두 번째, 세 번째 사랑은 첫 번째 사랑의 응답이다. 그렇다고 하나님에 대한 사랑과 인간에 대한 사랑이 구분될 수는 없다(요일 4:20). 이웃 사랑에는 원수 사랑까지도 포함된다(눅 6:27). 결국 기독교의 사랑은 세상의 사랑과 다른 것으로 하나님의 도움 없이는 행할 수 없는 사랑이다. 기독교적인 사랑은 하나님의 사랑을 받아야 가능한 사랑이다(롬 5:5).

하나님의 사랑은 말씀이 육신이 되신 것과 예수님의 십자가의 구속으로 완성되었다.

> 하나님이 세상을 이처럼 사랑하사 독생자를 주셨으니(요 3:16).

이 하나님의 사랑은 하나님의 온전한 사랑을 나타내신 것으로 곧 십자가라 할 것이다. 그러므로 "하나님은 사랑이시라."는 말은 신약성경에서 가장 위대한 말이요 또한 가장 신비로운 말이다. 하나님의 사랑은 단순한 행동이 아니라 하나님의 본질인 것이다.

하나님의 사랑은 창조다. 하나님은 인간과 모든 생물에게 영광을 받기 원하신다. 따라서 이 사랑은 자기를 나타내시는 시작이다. 하나님은 자기의 본질을 그의 창조물인 우리들과 나누며, 우리에게 알려 주심으로 우리 안에서 영광을 받으시려 하시는 것이다. 이 사랑은 구속의 시작이다. 하나님은 그의 창조하신 바를 회복하고 온전케 하려 하시는 것이다. 이 사랑은 하나님이 나타내신 복음의 내용이다. 이러한 하나님의 사랑을 우리는 자비와 희생 그리고 십자가로 나타낸다.

하나님이 우리를 먼저 사랑하신 것이 원인이 되어 우리가 하나님을 사랑하고 모든 사람을 사랑하게 된 것이다. 하나님과 같이 온전하신 예수님, 끝까지 인간을 긍휼히 여기신 예수님, 희생의 제물이 되신 예수님의 십자가를 바라볼 때 우리는 예수님을 사랑하지 않을 수 없다. 예수님의 사랑을 생각하면 우리도 사랑할 수 있으며, 예수님의 자비하심을 바라보면 우리도 친절해 질 것이다. 사랑이 사랑을 낳는다. 쇠붙이를 자석 곁에 놓으면 자석이 되는 것처럼 우리도 예수님 곁에 있으면 그와 같아져서 사람들을 우리에게로 끌 것이다.

하나님의 뜨거운 사랑은 사람들의 사랑스럽지 못한 마음을 녹여 버린 후 참을성 많고 겸손하며 친절하고 남을 먼저 생각할 수 있는 새 사람을 만들어 주신다. 우리가 모든 사람을 사랑하되 원수까지도 사랑해야 하는 것은 하나님이 우리를 먼저 사랑하신 까닭이다.

믿음·소망·사랑의 관계성

나는 고등학교 시절 아버지의 서재에서 『신(信)·망(望)·애(愛)』라는 책을 발견하였다. 이 책 제목을 통해 고린도전서 13장 13절에 나오는 '믿음, 소망, 사랑'에 대해 깊이 묵상하게 되었다. 특히 신약성경에서 믿음, 소망, 사랑의 세 요소가 어떻게 밀접한 관계를 가지고 있으며, 예수님의 복음에서 믿음, 소망, 사랑을 왜 함께 나열해 놓았는지, 이 세 요소가 기독교인의 생활에 얼마나 중요한지 생각하였다. 믿음, 소망, 사랑은 기독교 교리에 있어서 서로 독립적이고 경쟁적인 것이 아니라 서로 협력적이고 상호 관련을 맺고 있다. 따라서 믿음, 소망, 사랑은 모두 중요할 뿐 아니라 기독교의 핵심이라 할 수 있다. 그리고 이 세 가지는 가장 높은 덕이기도 하고 저마다 기독교인의 생활 전부를 나타내는 것이기도 하다. 나는 오랫동안 이 문제에 대해 기도해 오다가 이 세 가지 전체가 인간의 생존에 있어서 근본이 되는 기준과 관련되어 있는 것을 발견하게 되었다.

바울은 "믿음, 소망, 사랑, 이 세 가지는 항상 있을 것인데 그중의 제일은 사랑이라(고전 13:13)."고 하였다. "사랑이 최고의 덕"이라는 뜻으로 사랑이 최고의 가치기준이라는 것이다. 그렇다고 믿음과 소망을 버려도 좋다는 말은 아니다. 하나님은 사랑이시다. 그 사랑은 최고이며 가치가 영원하며 믿음과 소망은 여기에 예속됨을 말한다. 사랑을 소유한 자는 교만하거나 자신의 신분을 망각하지 않는다. 예수님은 사랑의 화신이요, 제자들에게 주신 그의 명령은 "서로 사랑하라."이다. 이 진리를 우리가 실행했다면 세상의 면모는 오늘과 매우 달라졌을 것이다.

사랑은 인간의 모든 관계를 완성시킨다. 사랑 없이 이웃 간에 친절할 수는 없다. 개인, 단체, 국가, 국제 관계에 있어 예수님의 사랑 없이 협조, 공의, 평화, 안전이 있을 수 없다. 사랑의 가교가 없으면 결혼생활, 노소의 세대격차가 갈등을 빚을 우려가 많다. 인간의 모든 관계를 사랑으로 맺어야 한다. 예수님이 십자가에 달리시던 금요일은 완전히 패배의 비극으로 끝날 것 같았으나 사랑의 샘은 거기에서부터 흐르기 시작했다. 사랑은 거기에서 승리하여 오늘까지 계속되며 또 영원히 계속될 것이다. 사랑은 믿음과 소망의 완성이다.

세상에서 제일은 사랑

이 세상에서 '제일가는 것'이 무엇인가? 하는 질문은 누구나 다 한 번씩은 하게 된다. 고린도전서 13장 13절에서 "믿음, 소망, 사랑, 그중의 제일은 사랑이라."고 강조하였다. 바울은 "내가 예언하는 능력이 있어 모든 비밀과 모든 지식을 알고 또 산을 옮길 만한 모든 믿음이 있을지라도 사랑이 없으면 내가 아

무엇도 아니요(고전 13:2)."라고 하였다. 또한 바울은 "사랑은 율법을 온전히 이루느니라."고 했다.

바울이 이러한 말을 한 것을 십계명으로 예를 들어 보자. "내 앞에 다른 신을 두지 말라."고 하신 계명은 하나님을 사랑하는 사람에게는 거의 필요치 않는 계명이다. "여호와의 이름을 망령되이 일컫지 말라."고 하신 계명도 하나님을 사랑하는 사람으로서는 좀처럼 범하지 않을 계명이다. 그리고 우리가 사람을 사랑한다면 자연히 부모를 공경하게 될 것이다. 그밖에 사람을 사랑한다면 "살인하지 말라. 도적질하지 말라. 거짓증거하지 말라. 이웃의 것을 탐내지 말라."고 하신 계명은 문제가 안 되는 계명이요 율법들이다. 그러므로 사랑은 모든 율법을 완성시키며, 모든 옛 계명을 다 지키게 하는 새 계명이다. 예수님이 가르쳐 주신 새 계명은 "하나님을 사랑하고 네 이웃을 사랑하라."였다.

성경은 "내가 사람의 방언과 천사의 말을 할지라도 사랑이 없으면 소리 나는 구리와 울리는 꽹과리가 되고(고전 13:1)"라고 말한다. 사랑한다는 말은 산다는 말이다. 따라서 많이 사랑한다는 말은 풍성한 삶을 산다는 말이다. 요한은 사랑과 영생을 연관시켰다. 영생은 곧 하나님을 알고, 하나님을 사랑하는 것이라고 예수님은 가르치셨다. 하나님은 사랑이시요, 하나님은 영원하시니 사랑도 영원한 것이다. 그러므로 사랑은 세상에서 '가장 값진 것'이다. 사랑이 없는 삶은 지옥이요, 사랑 안에 사는 사람은 이미 하나님 안에 사는 것이다. 곧 천국에서 사는 것이다.

믿음, 소망, 사랑의 의미를 다시 생각해 보자.

첫째, 믿음이란 죄인이 구원을 받는 것이다. 믿음은 죄를 회개하는 것이다. 믿음은 성령으로 거듭나는 것이다. 믿음은 구원을 받는 것이다.

> 오직 너희 믿음이 자랄수록 우리의 규범을 따라 너희 가운데서 더욱 풍성하여지기를 바라노라(고후 10:15).

둘째, 소망이란 볼 수 없는 천국을 보는 것이다. 소망은 참고 기다리는 것이다. 소망은 예수님의 재림을 기다리는 것이다. 소망은 천국을 바라보는 것이다.

> 만일 우리가 보지 못하는 것을 바라면 참음으로 기다릴지니라(롬 8:25).

셋째, 사랑이란 값없이 십자가를 지는 것이다. 사랑은 긍휼

히 여기는 것이다. 사랑은 희생하는 것이다. 사랑은 십자가를
지는 것이다.

> 또 자기 십자가를 지고 나를 따르지 않는 자도 내게 합당하지 아니
> 하니라 자기 목숨을 얻는 자는 잃을 것이요 나를 위하여 자기 목숨
> 을 잃는 자는 얻으리라(마 10:38-39).

믿음과 사랑의 관계

믿음은 하나님의 사랑을 받아들이기 위해 우리의 마음을 여
는 것이다. 그러므로 믿음과 사랑은 서로 연관성이 있을 뿐만
아니라 둘은 서로 합하여 하나가 되는 것이다. 우리의 마음을
여는 것은 곧 예수님의 사랑의 십자가와의 관계에서 성취되는
것이다. 따라서 과거의 사실과 관련되는 것이 아니라 살아 있
는 현재와 관련되는 것이다.

우리 마음에 모셔 들인 십자가에 달리신 예수님은 과거에
속한 것이 아니라 지금 살아 계신 예수님이 되셔서 우리 마음
가운데 계신 것이다. 예수님은 십자가에 돌아가셨다. 그러나
예수님은 부활하셔서 살아 계신다. 우리는 죽은 예수님을 믿는
것이 아니라 살아 계신 예수님을 믿음으로 살아간다. 살아 계
신 예수님은 하나님의 사랑으로 우리 마음을 채워 주신다. 하
나님의 사랑은 또 영원부터 영원까지 변함이 없다. 그러므로

믿음은 결국 살아 계신 예수님을 믿는 것이다. 예수님은 우리의 현재시요, 또 우리에게 지금 삶을 주시는 이시다. 우리는 예수님으로 말미암아 예수님 안에서 사람들과 지금 살고 있는 것이다. 사람들과 함께 있게 하시는 이도 예수님이시고, 우리의 마음을 사랑으로 채워 주시는 이도 예수님이시다.

소망과 사랑의 관계

우리는 이제 예수님 안에서 하나님의 사랑을 가졌으며 또 그 사랑으로 채움을 받아 사랑하는 사람들이 되었다. 그래서 우리의 죄와 어둠과 죽음에서 떠나 영생과 영원한 하나님의 나라를 바라보며 산다. 이처럼 하나님의 나라가 온전히 이루어지리라는 기대가 곧 우리의 소망인 것이다. 이 소망의 내용도 믿음과 마찬가지로 예수님이시다. 이 소망의 예수님은 십자가에 달려 고통을 당하는 예수님이 아니라 하나님의 영광으로 나타나는 예수님이시다. 믿음은 소망의 바라는 바를 믿으며, 소망은 믿음의 믿는 바를 바라는 것이다. 이 믿음과 소망은 예수님 안에서 나타나는 하나님의 사랑을 그 내용으로 삼는다.

믿음과 소망은 하나님께 대한 것이요, 또한 하나님의 사랑에 대한 것이다. 따라서 믿음과 소망 그 자체는 아무 것도 아니

하나를 더하는 전인교육

다. 믿음과 소망의 가치는 사랑과의 관계에서 비로소 생긴다. 사도 바울이 "그중에 제일은 사랑이라."고 한 것은 그 때문이다. 하나님은 사랑이시다. 이 사랑은 믿음과 소망의 본질이다.

사랑은 무엇에 관해서가 아니라 사랑 그 자체가 온전한 것이며 하나님이시다. 사랑은 하나님 자신의 임재요, 지금(현재) 우리와 함께 계시는 것이다. 우리가 하나님을 모시면 우리는 지금(현재)에 있는 것이다. 그리고 온전히 사는 것이다.

하나님을 모시는 우리의 마음과 생각이 믿음이요 소망이다. 믿음, 소망, 사랑은 하나님과 예수님의 임재로 우리 마음속에 들어오는 것이다. 예수님 안에서 하나님과 화목함이 있어야만 우리 자신과 이웃 간에도 이 사랑이 있을 수 있다.

하나님의 사랑만이 우리를 참 인간으로 만들 수 있는 것이다. 원하고 요구하는 사랑이 아니라 주는 사랑, 곧 자발적이요 조건도 없고 요구도 없는 사랑, 이러한 사랑이 참 인간을 만든다. 이 사랑을 가짐으로 참 기쁨을 알 수 있는 것이다. 사랑 안에서 믿음과 소망은 서로 밀접한 연관을 가지고 늘 같이 함으로 삼위일체라 할 수 있다.

하나님의 사랑 안에 있는 사람은 사랑과 함께 믿음과 소망을 함께 누리는 것이다. 죽음도 사랑, 믿음, 소망을 끊어 버릴 수 없다. 이것은 우리가 현세에서 경험할 수 있는 영생이고 그 본원(本源)과 실재는 하나님의 사랑에 있다. 그 사랑은 믿음으로 우리에게 주어졌으며 소망 중에 완전히 이루어질 것이다. 그러므로 "믿음, 소망, 사랑, 이 세 가지는 항상 있을 것인데" 사랑을 중심으로 서로 관계를 맺으면서 일치되는 것을 알 수 있다. 황폐한 시대를 살아가는 우리에게 필요한 것은 믿음과 소망 그리고 사랑이다.

하나를 더하는 전인교육

전인
훈련

★ ★ ★

전인훈련 즉, 지성 훈련과 감성 훈련, 덕성 훈련 그리고 영성 훈련을 통해 조화와 균형을 이룬 하나님의 사람으로 성장할 수 있다(이 부분은 3부에서 자세히 다룰 것이다.).

나를 아는 지성 훈련

지성이란 알고 깨닫는 것이다. 지성을 계발하기 위해 책을 읽는 훈련이 필요하다. 생각하며 읽는 훈련이 필요하다. 우리는 알고 깨닫기 위해 질문해야 한다. 질문하면 보는 눈이 달라져 바르게 생각할 수 있게 된다.

다른 사람의 말에 마음을 모으고 귀를 기울이며 그 말 속에서 자신의 지성과 능력을 키울 수 있는 요소들을 찾아내는 경청 훈련을 한다. 독서와 사색 훈련을 통해 하나의 문장을 읽을 때에도 정신을 집중하여 저자가 들려주는 진리의 외침에 귀 기울여야 한다. 배움이 필요하다. 인간은 학습과 비례하여 성장하며 학습 내용에 대한 성찰을 통해 인격을 소유하게 된다.

나의 마음을 가꾸는 감성 훈련

감성이란 나의 마음을 잘 알고 가꾸는 것이다. 감성을 계발하기 위해 마음으로 책을 읽는 훈련이 필요하다. 나의 마음을 잘 알고 가꾸기 위해 질문해야 한다. 질문하면 보는 눈이 달라져 절제할 수 있게 된다.

배움과 일을 즐기는 훈련을 한다. 여행을 통해 편견을 버리고 할 일을 찾는 훈련을 한다. 사랑하는 훈련과 용서 훈련도 필요하다.

사랑은 허다한 죄를 덮느니라(벧전 4:8).

이것이 곧 사랑의 신비다. 용서는 사랑의 열매다.

하나를 더하는 전인교육

우리와 함께하는 덕성 훈련

덕성이란 다른 사람, 자연과 사이좋게 지내는 것이다. 책 읽기를 통해 사람과 세상과 소통하는 것을 배우게 된다. 또한 다른 사람, 자연과 소통하기 위해 질문해야 한다. 질문하면 보는 눈이 달라져 제대로 소통할 수 있게 된다.

양심은 인간이 참된 자아를 발견하고 그 자아의 지시에 따라 행동을 취하게 하는 원동력이다. 성경의 "믿음과 착한 양심을 가지라."는 말씀을 따라야 한다. 우리와 함께하는 사람에게는 의사소통과 예절 훈련이 필요하다. 함께하기 위해 성실한 태도가 필요하다. 성실은 정성스런 태도다. "여호와께서 성실한 자를 보호하신다."라고 했듯이 성실한 삶을 살아갈 때 자기의 존재감을 확고히 인식할 수 있다.

하나님을 더하는 영성 훈련

영성이란 우리의 삶에 하나님을 더하는 것이다. 영성으로 읽는 책 읽기는 기도하며 읽는 것이다. 우리는 하나님의 자녀답게 자라기 위해 질문해야 한다. 질문하면 보는 눈이 달라져 기도할 수밖에 없게 된다.

성경을 하늘의 음성을 듣는 통로로 삼을 때만이 영원한 생명을 간직할 수 있다. 기도하는 사람은 하나님의 음성으로 비밀스런 섭리를 듣게 되어 평안을 선물로 받으며 하나님과 거룩한 뜻을 함께 나누는 동역자가 된다. 예수님이 제자에게 주신 명령은 바로 "내가 너희를 사랑한 것 같이 너희도 서로 사랑하라(요 13:34)."이다.

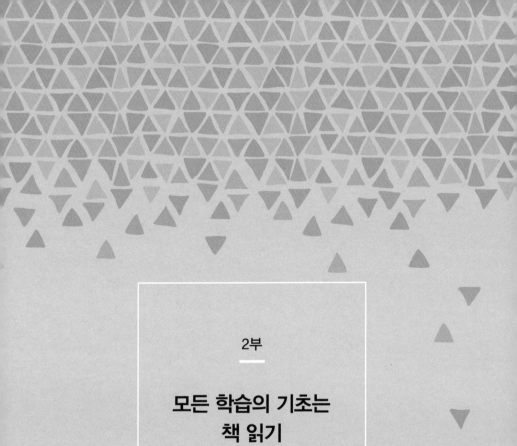

2부

모든 학습의 기초는
책 읽기

왜 모든 학습의 기초가
책 읽기인가?

★ ★ ★

책을 왜 읽는가? 생각하기 위해서 읽는 것이다. 독서는 봄에 좋은 씨앗을 많이 뿌리는 일과 같다. 책 읽기는 취미가 아니고 생활이기 때문이다. 책을 읽으므로 우리는 지성과 감성, 덕성 그리고 영성의 조화를 이룬 전인으로 자라나게 된다.

책을 읽는다는 것은 인생을 읽는 것이다. 책이란 보지 못한 것을 보고, 맛보지 못한 것을 맛보고, 모르는 것을 알게 하는 데 그 존재 가치가 있다. 더욱이 생각하지 못한 것을 생각하게 한다. 책을 읽는다는 것은 지평선을 넓히고 마음의 곳간을 채워 주는 일이다. 책 읽기는 다른 사람이 사색하고 연구하고 발견하고 경험한 것을 자기 것으로 삼는 과정이다.

내 아버지는 먹을 것이 없어도 새 책만 나오면 사서 읽으셨다. 나는 아버지의 책을 읽었다. 『프랭클린 자서전』 가운데 '잔토 클럽'이라는 독서 클럽 이야기가 나온다. 이 '잔토 클럽'을 따라서 내가 있는 곳에서 독서 운동을 일으키게 되었다. 사람은 나면서 죽을 때까지 해야 하는 것이 공부다. 공부를 하기 위해서는 읽어야 한다. 따라서 '모든 학습의 기초는 책 읽기다.'라는 생각에 이르게 되었다.

모든 학습의 기초는 책 읽기다. 책 읽기는 학업 성취 능력을 배양하고 독자의 삶을 변화시킨다. 책 읽기는 인간이 인간답게 성장하는 데 필요한 일이다. 책 읽기는 동서고금의 위대한 사상가 및 학자들과 친밀히 교제함으로써 가치 체계를 확충하며 지식을 넓혀 인격의 완성을 돕는 것이다. 독서는 금방 그 결과가 나타나는 것이 아니다. 계속해서 우리의 정신과 사상 그리고 인격에 영양분을 줄 때 오랜 시간이 지난 후에 나타난다.

책 읽기를 통해 올바른 가치관을 갖게 되고, 미래의 할 일을 발견하게 된다. 또한 잠재력을 계발하게 하여 우리로 하여금 아름답고 보람 있는 삶을 살게 한다. 성공이란 하나님이 창조하신 그대로 쓰임 받아 하나님을 기쁘시게 하는 것이다.

신앙교육과 책 읽기는 공통점이 있다. 결국엔 하나다. 신앙이란 하나님을 더하는 것이다. 하나님을 더하기 위해서는 하나님의 말씀인 성경을 읽어야 한다. 책 읽기는 성경을 제대로 읽기 위해서 필요하다. 신앙은 하나님 말씀을 읽고 제대로 사는 것이니, 결국 이 둘은 하나인 셈이다.

우리는 마태복음 28장 20절에서 "내가 너희에게 분부한 모든 것을 가르쳐 지키게 하라."는 예수님의 숭고한 교육 명령을 성취해야 한다. 예수님의 교육 명령을 실천하기 위해 기초 교육에 희망을 갖게 되었다. 무너진 교육을 다시 세우기 위해 "모든 교육의 기초는 신앙교육이다."와 "모든 학습의 기초는 책 읽기다."로 교육의 기초 철학을 정하였다.

예수는 지혜와 키가 자라가며 하나님과 사람에게 더욱 사랑스러워 가시더라(눅 2:52).

성경
읽기

★ ★ ★

모든 성경은 하나님의 감동으로 된 것으로 교훈과 책망과 바르게 함과 의로 교육하기에 유익하니 이는 하나님의 사람으로 온전하게 하며 모든 선한 일을 행할 능력을 갖추게 하려 함이라(딤후 3:16-17).

하나님을 보여 주는 책, 성경

성경은 하나님의 말씀이고, 하나님 자신이고, 하나님을 계시하고 보여 주는 책이다

성경은 삶의 길잡이로서 항상 듣고 읽고 연구하고 가르치는 습관을 갖도록 해야 한다. 하나님의 말씀을 만날 수 있는 영원

한 장소는 성경이다. 내게 들려온 하나님의 음성은 성경을 읽을 때, 설교를 들을 때, 성경을 공부할 때, 성경을 가르칠 때 가장 많이 듣게 된다.

예배에 참석하여 설교를 들을 때 하나님을 알게 되고 만나게 되고 믿게 되면 하나님의 음성을 들을 수 있다.

믿음은 들음에서 나며(롬 10:17).

자기 스스로 성경을 읽을 때 하나님의 음성을 듣게 된다. 성경을 읽을 때 물 흐르듯 전체를 연결해 읽으면 넓게 읽을 수 있다. 그리고 한 자 한 자, 한 절 한 절씩 읽을 때 깊이 있게 읽을 수 있다. 반드시 자기 손이 닿는 곳에 성경을 두고 자주 읽어야 한다. 성경공부를 통해 새로운 사실을 깨달아 알게 될 때 하나님의 음성이 들린다. 성경공부를 하기 위해서 많은 책을 읽고 연구해야 한다. 내가 이해하기 어려운 부분을 다른 사람의 연구물을 통해 배워야 한다. 선각자의 통찰을 배워야 한다.

"가르치는 것이 배우는 것이다."라는 말이 있다. 성경을 읽고 연구하려면 기회 있는 대로 성경을 가르쳐야 한다. 성경을 풀이한 주석이나 여러 가지 교재를 읽고 자기 나름대로 이론을 정리하면서 하나님의 음성을 듣게 된다.

모세는 "감추어진 일은 우리 하나님 여호와께 속하였거니와 나타난 일은 영원히 우리와 우리 자손에게 속하였나니 이는 우리에게 이 율법의 모든 말씀을 행하게 하심이니라(신 29:29)." 라고 말했다.

하나님은 모든 것을 다 아신다. 하나님은 하나님 자신과 우주와 인간계의 모든 것을 확실하게 아시고 확실한 지식의 무한한 창고를 가지고 계신다. 하나님은 모든 것을 아실뿐 아니라 절대 거짓말을 하시지 않는다(민 23:19). 성경이 제시하는 우주관, 세계관, 신관, 인간관, 구원관, 인식론, 그리고 성경이 제시하는 모든 것은 절대 확실한 것이다. 절대 확실한 진리로 우주와 인생을 걸고 믿을 수 있는 것은 성경뿐이다.

성경은 얼마나 재미있는 책일까? 그리고 얼마나 교훈이 가득 찬 책일까? 성경은 지혜의 샘이며 영원히 꺼지지 않는 삶의 등대다. 태초의 천지창조부터 예수님의 부활 승천과 재림까지의 믿음과 소망 그리고 사랑의 말씀이 가득 채워져 있다.

사랑하는 자녀가 세상에 태어나서 제일 먼저 만나야 할 책은 성경이다. 아인슈타인을 비롯해 스피노자, 프로이드, 바그너, 쇼팽, 멘델스존, 샤갈, 채플린, 록펠러, 루즈벨트, 키신저,

미테랑 등 2천년 동안 모진 박해 속에 살면서도 세계의 종교, 사상, 예술, 문화, 경제, 과학, 정치, 언론 등 모든 분야에서 엄청난 영향을 끼친 유태인을 들자면 이루 헤아릴 수조차 없다. 오늘날 노벨상 수상자의 32%를 유태인이 차지했고, 미국의 유명 대학교수의 30%를 그들이 차지하고 있다. 그 비결은 무엇인가? 그것은 유태의 어머니들이 잠자리에서 자녀에게 매일 밤 성경 이야기를 읽어 주었기 때문이다. 결코 우연이 아니다.

이 세상의 진정한 책은 성경밖에 없다. 소설 『아이반호』의 저자이며 시인인 스코틀랜드의 문호 월터 스코트는 임종을 앞두고 "나는 지금껏 후회할 것을 쓴 일이 없다. 이것은 하나님의 은혜다."라고 하면서 사위에게 "책을 읽어다오."라고 말했다.

"무슨 책을 말씀하십니까?"라고 사위가 묻자, 스코트는 "이 세상에 진정한 책은 성경밖에 없지 않느냐. 요한복음 14장을 읽어다오."라고 대답했다.

사위가 성경을 읽자 스코트는 평화로운 미소를 지으며 "이야말로 큰 위안이다. 이제 비로소 나에게로 돌아온 기분이다."라고 말했다.

최후까지 남은 한 권의 책은 성경이다. 스탠리가 아프리카 대륙을 횡단하기 시작했을 때, 세 꾸러미로 나누어진 73권의 책이 있었다. 그는 그 책을 읽으며 아프리카를 탐험할 예정이었다. 그가 한참을 갔을 때 너무 힘들어 약간의 책을 버려야 했다. 여행이 계속되면서 그의 책은 자꾸 줄어갔다. 나중에는 모든 책을 다 버리고 최후의 한 권만을 가지고 길을 떠났다. 그것은 바로 성경이었다.

하나님의 뜻을 알려 주는 책, 성경

하나님의 뜻은 무엇인가? 하나님의 뜻을 어떻게 알 수 있는가? 성경은 하나님의 뜻을 원리적으로 제시해 준다. 우리는 성경을 통해 하나님의 뜻을 알 수 있다.

예수님을 믿는 것이 하나님의 뜻이다

하나님의 뜻은 제일 먼저 우리가 예수를 믿는 것이다. 예수님을 믿지 않고는 하나님의 뜻을 알 수도 없고 실천할 수도 없고, 하나님의 뜻이 이루어지지도 않는다.

> 내가 하늘에서 내려온 것은 내 뜻을 행하려 함이 아니요 나를 보내신 이의 뜻을 행하려 함이니라 … 내 아버지의 뜻은 아들을 보고 믿는 자마다 영생을 얻는 이것이니(요 6:38-40).

————·· 하나를 더하는 전인교육

하나님의 뜻은 우리가 예수를 구주로 영접하고 그를 믿는 것이다.

변화된 생활이 하나님의 뜻이다

하나님의 뜻은 거룩하고 성결하게 변화된 생활을 하는 것이다. 사도 바울은 "형제들아 내가 하나님의 모든 자비하심으로 너희를 권하노니 너희 몸을 하나님이 기뻐하시는 거룩한 산 제물로 드리라… 너희는 이 세대를 본받지 말고 오직 마음을 새롭게 함으로 변화를 받아 하나님의 선하시고 기뻐하시고 온전하신 뜻이 무엇인지 분별하도록 하라(롬 12:1-2)."라고 하였다. 하나님의 뜻은 우리가 변화되어 하나님의 선하시고 기뻐하시고 온전하신 뜻으로 거룩한 삶을 살아가는 것이다.

지혜를 구하는 것이 하나님의 뜻이다

하나님의 뜻은 어떤 어려움에 봉착했을 때 지혜를 구하는 것이다.

너희 중에 누구든지 지혜가 부족하거든 모든 사람에게 후히 주시고 꾸짖지 아니하시는 하나님께 구하라 그리하면 주시리라(약 1:5).

솔로몬이 왕위에 올라 기브온에서 일천번제를 드렸더니 밤에 여호와가 꿈에 나타나 "내가 네게 무엇을 줄꼬 너는 구하라."고 하셨다. 솔로몬이 "듣는(지혜로운) 마음을 종에게 주사 주의 백성을 재판하여 선악을 분별하게 하옵소서."라고 구할 때 하나님은 솔로몬이 구한 지혜뿐 아니라 그 위에 부귀와 영화도 함께 주셨다(왕상 3:9-12).

하나님은 내가 오늘 친구를 만나야 하느냐 도서관에서 공부해야 하느냐 하는 문제에 대해 직접적인 답은 주시지 않지만 이 문제를 해결하기 위해 하나님의 지혜를 구할 때 그 지혜를 제공해 주신다.

인생을 위해 가장 좋은 것을 구하는 것이 하나님의 뜻이다

하나님은 우리에게 가장 좋은 것을 제공하기 원하신다. 바울 사도는 "형제들아 무엇에든지 참되며 무엇에든지 경건하며 무엇에든지 옳으며 무엇에든지 정결하며 무엇에든지 사랑 받을 만하며 무엇에든지 칭찬 받을 만하며 무슨 덕이 있든지 무슨 기림이 있든지 이것들을 생각하라(빌 4:8)."고 하였다. 이 말씀은 우리 생애를 위해 가장 좋은 것을 구하라는 말씀이다. 예수님께서는 "너희가 악한 자라도 좋은 것으로 자식에게 줄 줄 알거든 하물며 하늘에 계신 너희 아버지께서 구하는 자에게 좋

은 것으로 주시지 않겠느냐(마 7:11)."라고 하였다. 누가복음에
서는 "너희 하늘 아버지께서 구하는 자에게 성령을 주시지 않
겠느냐(눅 11:13)."라고 했다.

책
읽기

★ ★ ★

평생을 교직에 몸 담아 온 사람으로서 한 가지 안타까운 것은 공부를 잘하는 학생들 중에서도 책 읽기를 좋아하는 사람은 손가락으로 꼽을 정도로 적다는 사실이다. 중·고교 학생들은 입시를 목적으로 성적 향상에 도움이 되는 참고서들 위주로 읽는다. 대학교 학생들은 학점을 따는 데 필요한 책들을 주로 읽으면서 졸업이 가까워 오면 취직에 필요한 실용서적들 위주로만 책을 읽는다. 입시, 취직 등 실용적 목적을 위해 책을 읽기 때문에 전문적 지식과 기술을 얻는 것은 충분히 가능하지만 교양과 지성을 쌓는 것은 어려운 현실이다.

하나를 더하는 전인교육

지성 계발을 위한 책 읽기
- 지식보다 지혜를

독서는 사람을 변화시키는 힘이 있다. 조선 중기 대표적 시인인 백곡 김득신(1604-1684)은 명문 사대부가의 아들로 태어났지만 10세에 겨우 글을 배우기 시작할 정도로 평범한 아이였다. 하지만 그는 포기하지 않고 독서광이 되어 읽고 또 읽기를 거듭했다. 좋아하는 분야의 책만 읽는 것이 아니라 거의 모든 분야의 책을 다독(多讀)했다. 그리고 드디어 59세에 문과 급제, 성균관 입학, 조선시대 한학자, 최고의 명필, 오언절구와 칠언절구의 대가, 정신적 스승으로서 걸출한 이름을 남겼다. 그의 묘비에는 '어린 시절엔 둔하고 재능이 없어 보였지만 꾸준한 노력과 독서를 통하여 한 시대를 풍미하는 시대적 위인이 되었다.'라고 적혀 있다.

김득신의 일화에서 보듯이 인격과 지식을 함께 갖춘 성숙한 지도자는 어려서부터 책을 즐겨 읽어 왔던 사람이다. 그러나 '무엇을 어떻게 읽느냐?' 하는 것이 더욱 중요하다. 『기독교적 리더십이 필요한 시대』에서 존 스토트가 말한 것처럼 '전문 지식은 넘쳐 나지만 진정한 지혜는 부족'한 시대를 살아가고 있다. 예수님이 비유로 경고하셨듯이 '소경을 인도하는 눈 먼 지도자'가 되지 않으려면 '지혜'를 얻어야 한다.

그러면 '지혜'란 무엇일까? 그것은 하나님을 아는 능력이며, 우주만물의 자연법칙을 감지하는 능력이며, 역사의 흐름을 파악하여 미래를 내다볼 줄 아는 능력이다.

이 '지혜'를 어디에서 얻을 수 있는가? '지혜'는 성경, 고전, 문학, 철학, 역사학, 사회학, 지리학, 자연과학 등 다양한 분야의 책들을 골고루 읽는 것에서 얻을 수 있다. 특정한 분야의 책만 골라서 읽는 편식주의(偏食主義)적 독서가 아니라 인문과학과 자연과학 간의 경계를 넘나드는 포괄적이고 다양한 독서가 필요하다. 그것이 '지혜'를 얻는 길이다.

'읽기'는 책을 보면서 그 뜻을 이해하여 작가의 생각을 "나"만의 새로운 생각으로 변화시키는 것이다. 이 새로운 생각이 "나"의 지식과 결합하여 더 깊은 생각이 되고, 이를 논리정연하게 쓸 수 있을 때 "나"의 생각하는 능력은 "사상"으로 발전하게 된다.

'읽기'의 기초 단계는 문맥에 맞게 그 뜻을 이해하고 순서대로 아는 것이다. 이 정도는 기억력만으로도 가능하다. 그러나 제대로 읽는 것은 요점을 잡는다거나, 핵심을 파악하는 능력 등 높은 사고력을 필요로 한다. 레싱 박사는 "책을 읽을 수 있는 능력이 있으면 스스로 생각할 수 있다."라고 말했다. 읽기는 "나"의 지성 발달에 필요한 전제 조건이자 중요한 수단이다.

'읽기'의 발전 단계 중에 가장 높은 단계는 무엇일까? 그것은 사고력, 평가력, 판단력, 상상력 및 문제 해결력이다. 이런 점에서 '읽기'는 지성 계발의 출발점이자 마침표라 할 수 있다. 책을 읽을수록 생각하는 능력이 발달하고 또 생각하는 능력이 발달할수록 더 수준 높은 책을 읽을 수 있다. 즉 많이 읽을수록 지성(知性)이 높아지고 지성이 높아질수록 더 깊이 읽게 되는 것이다.

지성의 의미

지성(知性)은 지능에서부터 시작된다. 이 '지능'은 바로 'IQ(Intelligence Quotient, 지능지수)'의 약자다. 1904년 프랑스의 정신과 의사 알프레드 비네(Alfred Binet)가 창안한 용어다. 정상적인 학교와 특수학교에 보낼 아이들을 과학적으로 구분하려는 목적으로 생겨난 측정법이 지능검사인데, '지능지수(IQ)'는 이 지능검사를 통해 나온 수치다. 비네는 '지능'은 타고나는 것이므로 평생 바뀌지 않는다고 주장하였다.

영국의 수학자이자 철학자인 알프레드 화이트헤드는 지능

과 두뇌력의 구분을 주장했다. 그는 "지능은 사물을 빨리 이해하는 능력이고, 이해된 사안을 현명하게 행동에 옮기는 능력이 두뇌력"이라고 양자를 구분하여 설명했다. 총명과 지혜를 구분한 것이다.

역사적으로 IQ가 높은 사람들을 찾아보면 갈릴레이, 아인슈타인, 에디슨, 뉴턴, 다윈, 프로이드 등을 꼽을 수 있다. IQ가 높은 사람은 합리적 사고, 논리적인 사고에 능하다. 기억력, 추리력, 언어능력, 수(數) 계산능력이 높다는 뜻이다. 따라서 학교 공부를 잘하고 각종 시험에서 외우고, 풀고, 정답을 잘 찾는 능력이 있는 사람으로 이해되고 있다. 그러나 이 능력이 높다고 해서 직장의 성공, 인생의 출세가 보장되는 것은 아니다. 지능의 약 20% 정도만 인생에 영향을 미친다고 한다.

비네의 이론이 발표된 이후 일반적으로 '지능' 혹은 '지능지수'를 'IQ'라고 불러 왔지만 나는 'IQ'를 '지성 능력' 혹은 '지성'으로 부르고 있다.

그렇다면 '지능'과 '지각'과 '지성'은 어떻게 다를까? '지능'과 '지각'과 '지성'은 서로 무관하지 않지만 차원이 다른 능력이다. '지능'은 새로운 사물 현상에 부딪쳐서 그 의미를 이해하고 처리하는 방법을 알아내는 지적 활동의 능력이다. '지각'은 주위의 여러 가지 일을 제자리에 놓고, 그 후의 전체 상황을 파악해 그중 어느 것이 가장 중요한지를 알아내는 능력이다. '지각'은 사물의 속성, 이치, 원리 등을 파악하는 능력이기도 하다. '지성'은 '지각'을 바탕으로 하여 인식과 깨달음을 형성하는 정신적 '지능'이다. 인식하거나 깨달은 정신적 가치를 자신의 삶에 적용하고 인격적으로 승화시켜 나가는 힘이 곧 '지성'이다.

지성을 자라게 하는 책 읽기

생각과 책 읽기

한 권의 책을 읽어도 생각하면서 깊게 읽자. 책을 읽을 때는 '누가, 언제, 어디서, 무엇을, 왜, 어떻게 했는가?'의 육하원칙에 따라 책의 내용을 구체적으로 파악해야 한다. 저자의 의도를 명확하게 알고, 다른 사람에게 그것을 설명할 수 있어야 하며, 책에 나타난 저자의 사상에 대해 정의도 내릴 수 있어야 한다. 책에서 받은 깨달음과 메시지를 구성원들에게 전하고 싶을 때는 그 조직 사회에 필요한 내용과 필요하지 않은 내용을 잘 가려내는 분별력이 필요하다. 깊은 생각이 요구되는 것이다. 내가 속한 조직 사회를 발전시키기 위해서는 '이 책으로부터 어떤 내용을 발췌하여 전해 줄 것인가? 이 내용을 어떻게 변형시켜서 전달해야만 구성원들이 동기를 부여 받을 것인가?'를 깊이 생각해야 할 것이다.

다양한 책 읽기가 마음을 움직인다. 자신의 전문 분야에 국한된 서적만을 읽는다면 그 사회의 구성원들과 소통하는 데 어려움을 겪게 될 것이다. 다양한 분야의 책 읽기를 통해 생각의 힘을 길러야 한다. 생각의 깊이는 다양한 책 읽기에서 나온다. 책은 인간에 대한 이해의 지름길이다. 책을 다양하게 읽을 때에 다양한 성품의 사람과 다양한 환경의 사람을 만나게 되고 그들을 향한 저자의 따뜻한 이해심을 배우게 된다. 다양한 분야의 책을 읽을 때에 사람들의 갖가지 마음과 서로 다른 상황을 어루만지는 저자의 공감 능력을 배우게 된다.

언어와 책 읽기

'살아간다'는 것은 "언어 속에서 생활한다."는 것과 같다. 언어는 그것을 사용하는 사람의 삶을 대변한다. 그러므로 언어는 사람이 가진 가장 중요한 특징 중의 하나라고 할 수 있다. 언어 속에 인격, 의지, 사상, 가치관, 세계관이 들어 있기 때문이다.

부정적인 말보다는 긍정적 말을 주로 선택해야 한다. 긍정적인 언어는 다른 사람의 영혼을 세워 주기 때문이다. 긍정적인 언어는 어떤 언어일까? 정직한 말, 진실한 말, 덕을 세우는 말을 손꼽을 수 있다. 칭찬, 격려, 용기를 주는 말도 긍정적인 언어다. 진취적, 미래지향적, 적극적, 희망적 언어가 긍정적인 언어의 울타리 속에서 살아가고 있다. 지도자는 이러한 언어를 재산으로 삼아야 한다. 그렇다면 이 긍정적인 언어를 어디에서 얻을 것인가? 좋은 책에서 얻을 수 있다. 좋은 책은 긍정적인 언어의 보고(寶庫)다.

책 속엔 사람을 향한 사랑이 담겨 있기 때문에 책을 많이 읽을수록 사람을 향한 따뜻한 시선과 넉넉한 마음을 갖게 된다. 절망에 빠져 있는 사람을 위로하고 싶고, 가난으로 고통받는 사람을 도와주고 싶은 생각이 생겨난다. 이러한 마음과 생각이 책 읽는 사람의 언어를 변화시킨다. 생각은 언어를 바꾸고, 언어는 행동을 바꾸는 법이다. 긍정적인 언어를 갖춘 사람이 되려면 책을 많이 읽어야 한다.

책을 많이 읽으면 올바른 말이라도 때와 장소를 가려서 지혜롭게 말하는 능력을 갖게 된다. 지금 처해 있는 상황에 적합한 언어들을 선택할 수 있는 능력을 얻게 된다. 내가 하는 말이 정직하고 진실한 말이라 할지라도 남에게 해가 되고 사회와 나라에 해를 끼칠 수 있다고 판단되면 입밖으로 내지 말고 때를 기다려야 한다. 지금 해야 할 말인지, 아니면 다음에 해야 할 말인지, 여기서 해야 할 말인지, 다른 곳에서 해야 할 말인지, 내가 꼭 해야 할 말인지, 다른 사람을 통해서 해야 할 말인지, 이 말을 하는 것이 하나님께 영광이 되는 일인지를 지혜롭게 구별할 수 있는 사람이 되어야 한다. 이 구별의 능력을 책에서 얻을 수 있다. 그런 의미에서 "책"은 언어를 적재적소에 합당하게 사용하는 길을 열어 주는 언어 사용의 길잡이다.

책을 부지런히 지속적으로 읽는 사람은 말의 실수가 적다. 남의 두 마디 말에 귀를 기울이고 자신의 한 마디 말을 신중하게 하는 까닭에 말로 결례를 범하는 경우가 드물다. 책을 즐겨 읽는 사람은 상대방의 마음을 읽을 줄 안다. 책을 사랑하는 사람은 상대방의 삶을 이해하면서 그의 삶에 도움이 되는 말을 고를 줄 안다. 인간관계를 원만하게 가꾸어 나가는 가장 좋은 수단은 언어다. 예부터 '말의 실수가 없으면 온전한 자'라고 했다. 세치 혀가 사람을 살리기도 하고 죽이기도 하는 법이다. 특히 지도자의 말은 힘을 갖고 있기에 말 한 마디로 밝음의 질서를 세우기도 하고 어둠의 혼돈을 초래하기도 한다.

미국의 유명한 정치가요, 학자인 캘빈 쿨리지는 말이 어눌

하여 산뜻한 연설을 하지 못했다. 그래서 그는 늘 다른 사람 앞에서 말 하는 것을 꺼릴 정도로 말에 대한 두려움이 있었다. 그러나 그는 자신의 이러한 약점을 극복하고 정치가로서 성공하여 미국의 제30대 대통령이 되었다. 그가 대통령이 되었을 때 많은 기자들이 그에게 정치가로서의 성공 비결을 물었다. 쿨리지는 "나는 모든 사람의 말을 다 듣습니다. 그러고 나서 내 마음을 정하여 말합니다."라고 대답했다고 한다.

리더가 갖추어야 할 두 가지 언어 습관이 있다면 그것은 모든 사람의 말에 편견 없이 귀를 기울이는 것과 모든 의견을 수렴한 끝에 통합적으로 판단하여 단호한 결정의 언어를 상대방에게 들려주는 것이다. 이 두 가지 언어 습관을 모두 독서로부터 기를 수 있다. 바람직한 리더의 언어 습관을 얻는 길이 책 속에 열려 있다. 남의 말에 귀를 기울인다는 것은 그의 의견을 존중하고 소홀히 여기지 않음을 뜻한다. 책을 즐겨 읽을수록 우리는 저자의 말에 신경을 집중하게 되고 책 속의 인물들이 나누는 대화에 대해서도 흥미롭게 몰두하게 된다. 따라서 독서가 계속될수록 경청의 습관이 몸에 배여 남을 존중하게 되고 그의 마음을 움직이는 리더십을 향상시킬 수 있다.

남의 말에 귀를 기울인다는 것은 줏대가 없는 것을 의미하지 않는다. 남의 말을 진지하게 듣는다고 해도 자신의 분명한 의지와 목표 의식을 갖추어야만 참된 지도자가 될 수 있다. 모든 사람의 의견을 듣는다고 해도 그들의 모든 생각을 다 수용할 수는 없다. 들은 다음에는 합리적 판단을 통해 구성원들을 설득하여 단호한 결정을 내려 주어야 한다. 따라서 지도자에게는 설득의 언어와 결정의 언어가 필요하다.

공동체의 목표를 위하여 모든 구성원들의 생각을 한 가지로 조율하는 설득의 언어들이 책 속에 담겨 있다. "토황소격문"을 쓴 신라 대학자 최치원의 언어, 로마 시대의 최고 웅변가 키케로의 언어, 말 한 마디로 강동6주를 획득한 고려 시대 서희의 언어 등은 대표적인 설득의 언어였다. 이 설득의 언어들을 우리는 책 속에서 얻을 수 있다. 수많은 사람의 마음을 감동시킴으로 그들의 정신을 이끌었던 설득의 언어들을 우리는 책 속에서 만날 수 있다. 남을 설득시키지 않고서 어떻게 지도자가 될 수 있겠는가? 리더십은 설득의 언어로부터 강한 힘을 발휘한다는 것을 우리는 책 속에서 배울 수 있다. 또한, 설득의 언어는 결정의 언어를 낳는다. 지도자는 구성원들의 마음을 움직여 그들의 뜻을 하나로 모은 다음에 확고한 의지로 자신의 결정 사항을 단호하게 언급해야 한다. 결정의 언어가 지도자에게 필요한 것이다. 합리적 판단력과 확고한 의지력에서 우러나오는 단호한 결정의 언어들을 우리는 세계적인 지도자들의 전기(傳

記)와 자서전에서 만날 수 있다. 전기와 자서전을 읽어라!

참된 지도자가 되려면 경청의 언어 습관을 기르자. 진지하지 못한 열 마디의 말은 소음에 불과하지만 진지하게 듣는 것은 현명한 언어와 같다. 참된 지도자가 되려면 경청의 언어 습관 위에 설득의 언어를 보태고 결정의 언어를 "더하라!"

감성 계발을 위한 책 읽기
- 느낌보다 감동을

최근 IQ보다도 EQ에 대한 관심이 많아지고 있다. "머리 좋은 사람보다 가슴이 따뜻한 사람이 더 좋다."는 말과 함께 최근 'EQ(Emotional Quotient)'라는 말을 많이 사용하고 있다. 우리나라에서도 1995년 말부터 거론되기 시작한 'EQ' 이론에 대해 교육학자들은 인성에 바탕을 둔 'EQ' 계발이 인생에 지대한 영향을 준다고 강조하고 있다.

감성의 의미

'EQ'는 '감정지수' 혹은 '감성 능력'으로 주로 감정의 교류를 통해 사람들을 이해하는 능력을 의미한다. 'EQ'는 1990년

미국 예일대학교 심리학 교수 피터 샐로비와 뉴햄프셔대학 존 메이어 교수가 "자신과 타인의 감정과 느낌을 감지하고 그 차이를 구별하며, 이 지식을 자신의 사고와 행동의 지침으로 이용할 수 있는 능력"이라고 정의하면서 새롭게 부각된 개념이다. 한편, 하버드대학교 다니엘 골먼 교수는 1997년에 『감성지수: 왜 IQ보다 더 중요한가』를 출간했고, 최근에는 캐리 처니스와 함께 『감성지수가 높은 일터』(공저)를 발표함으로써 '감성지수(EQ)'의 개념을 학술적으로 정립했다. 다니엘 골먼과 캐리 처니스는 "감성지수" 혹은 "감성 능력"을 "자신과 타인의 감정을 인지하고 조절할 수 있는 능력"이라고 정의하였다.

다니엘 골먼이 제시한 'EQ를 측정하는 다섯 가지 기준'에 비추어 "EQ(감성 능력)"의 의미를 살펴보자.

첫째, EQ는 자기감정을 스스로 인식하는 능력이다. "내가 지금 우울하다. 내가 지금 비참하다. 내가 지금 변하지 않으면 위기이다."라는 자기감정을 스스로 인식할 수 있는 능력이 EQ이다.

둘째, EQ는 자기감정을 스스로 통제하는 능력이다. 성경적으로 말하면 '절제' 능력이 EQ와 같다고 볼 수 있다. "오직 성령의 열매는 사랑과 … 온유와 절제니(갈 5:22-23)"라는 성경말씀에 비추어 볼 때, EQ는 아홉 가지 성령의 열매 중 마지막 열매인 '절제'다.

셋째, EQ는 자신에게 동기를 부여하는 능력이다. "앞으로는 성령 충만한 생활을 해야지. 내가 지금까지 자녀에게 나의 뜻을 강요하고 살아왔는데 이제부터는 자녀의 뜻을 존중해야지." 등, 새로운 동기를 자신에게 부여하는 능력이 EQ다. '어제까지는 나태했는데 오늘부터 성실하게 살아야겠다.'라고 다짐하는 등 삶의 변화를 추구하는 능력이 EQ다.

넷째, EQ는 감정을 공유하는 능력이다. 상대방의 아픔을 같이 아파하고 상대방의 슬픔을 같이 슬퍼하는 것이 EQ다. 갈라디아서 5장 22절에 나타나는 자비의 능력이 EQ와 같은 것이다. '자'는 상대방의 기쁨을 같이 기뻐하는 것이고 '비'는 슬픔을 같이 슬퍼하는 것이다. 따라서 성경에서도 EQ의 중요성을 가르쳐 주고 있음을 알게 된다.

다섯째, EQ는 인간관계를 맺는 능력이다. 다른 사람의 마음과 "나"의 마음을 소통시킬 수 있는 능력이 EQ다. 그러므로 EQ는 정서적 소통으로부터 조화로운 인간관계를 맺을 수 있는 능력인 것이다.

다니엘 골먼, 피터 셀로비 등 전문가들의 견해를 종합해 구체적으로 풀이해 본다면, EQ는 자신의 감정과 충동을 절제하고, 남의 감정에 공감하며, 인내심을 갖고 자신의 어려운 상황을 극복해 나가고, 다른 사람으로 어려운 상황을 극복할 수 있도록 감정의 에너지를 공급해 주는 능력을 뜻한다. 학문적으로는 자신과 타인의 정서를 평가하고 표현할 줄 아는 능력, 자신과 타인의 정서를 효과적으로 조절할 줄 아는 능력, 자신의 삶을 계획하고 성취하기 위해서 그런 정서를 활용할 줄 아는 능력으로 정의된다. EQ를 높이는 것은 '감성적으로 성숙한' 인간을 만드는 것을 의미하는 것이다.

감성을 자라게 하는 책 읽기

지성, 덕성, 영성을 조화롭게 길러줄 수 있는 '감성 능력'을 책 읽기를 통해 강화시켜 보자.

책 읽기를 통한 자존감 기르기

감성은 지성의 전제 조건이다. 풍부한 감정과 감성에서 생각의 힘이 자라나기 때문이다. '감성 능력'이 부족한 사람은 적응 상에 많은 문제를 일으킨다. 자신의 감정과 정서를 조절하고 통제하는 능력을 기르자. 이것이 '감성 능력(EQ)'이다. 자신의 감정을 잘 다스리기 위해서는 우선 "나" 자신이 누구인지를 잘 알고 "나"의 자존감을 높여야 한다. 내가 누구인지를 알도록 훈련한다.

자기 자신을 잘 알고 다른 사람의 마음을 잘 이해하는 능력이 곧 '감성 능력'이다. 이 능력을 높이기 위해 날마다 자신의 감정 상태를 노트에 기록하고 감정이 어떻게 변해가는지를 체크해 보는 것도 좋은 방법이다. 감정을 처리하는 방법을 알도록 훈련한다. 때로는 화 혹은 분노가 일어나기도 한다. 이러한 감정 자체를 부인할 수는 없지만 감정을 어떻게 처리하느냐에 따라서 결과가 달라질 수 있다.

'책 읽기를 통한 자기 관리의 7가지 효과'를 소개해 본다.

첫째, 책 읽기는 "나" 자신이 누구인지 알게 해 주고, "나"의 내면으로 파고들어 진정한 "나" 자신을 만나게 해 준다.

둘째, 책 읽기는 "나"와 저자 간의 대화를 불러일으킨다. 저자의 철학을 듣고 저자의 삶을 보면서 "나"의 부족한 점들을 깨닫게 되고 저자로부터 "나"의 고쳐할 점들을 조언 받는다.

셋째, 책 읽기는 저자를 "나"의 카운슬러(상담자)로 추천해 주며 "나"는 저자로부터 문제 해결의 열쇠를 제공받는다.

넷째, 책 읽기는 저자의 시각으로 "나" 자신을 바라보게 해 준다. 따라서 책을 깊이 읽을수록 "나"는 "나" 자신을 제3자의 객관적 시각으로 바라보게 된다.

다섯째, 책 읽기는 저자의 따뜻한 마음을 느끼게 해 준다. 결점투성이인 사람들을 위해 헌신하고 희생하며 그들을 섬겼던 저자의 사랑을 만나게 해 준다. 그러므로 책 읽기는 사람에 대한 긍휼, 포용, 용서를 배우게 해 주고, 너그러운 이해심을 "나"에게 안겨 준다.

여섯째, 책 읽기는 저자가 수많은 사람과 인간관계를 맺으며 경험했던 모든 갈등의 요소를 어떻게 극복해 갔는지를 "나"에게 가르쳐 준다. 따라서 책을 읽으면 인간관계의 갈등을 해소할 수 있는 지혜를 얻는다.

일곱째, 책 읽기는 저자가 겪었던 고난과 시련을 "나"에게 보여 준다. 환난을 인내하면서 스스로를 연단하고 소망(꿈)을 잃지 않았던 저자의 인생 여정을 "나"에게 안내해 준다. 이것을 통해 "나"는 자제심과 인내력이 소망(꿈)을 이루게 하는 원동력임을 알게 된다.

책 읽기를 통한 자제심과 인내력 기르기

'감성 능력'의 높낮이는 감정을 얼마나 잘 조절하느냐에 달려 있다. 특히, 분노와 관련된 감정들은 EQ 형성에 커다란 영향을 주는 요소로 꼽히고 있다. 심리학자인 미하엘 지베르트는 화를 가장 빈번하게 일으키게 되는 관계가 '가족 간의 관계 및 이웃 간의 관계'라고 지목했다. 그렇다면 분노의 감정을 여과 없이 폭발시키는 것을 막을 수 있는 일차적이면서도 효과적인 방법은 무엇일까? 그것은 유년기부터 엄마와 아빠, 형제, 친구들 간에 일어나는 갈등을 지혜롭게 풀어나가는 행동을 습관화하는 것이다.

돈 소더퀴스트는 『위대한 리더의 조건』에서 "훌륭한 사람의 특징은 그가 성취한 것에 있지 않고 좌절을 어떻게 극복했는가에 있다."고 말했다. 나는 이 말을 "훌륭한 사람의 본받을 점은 그의 전문적 능력에 있지 않고 갈등으로 인한 고통을 인내하고 이겨내려는 굳은 의지에 있다."라고 바꿔 보고 싶다. '인내', '의지', '자제'는 삼각 주춧돌이 되어 우리의 감성을 강화시켜 준다. 자신의 내면세계 안에서 인내력과 의지력, 그리고 자제력이 삼위일체처럼 연합할 때에 자기를 다스리고 자기와의 싸움에서 이길 수 있는 '감성 능력(EQ)'이 향상된다는 사실을 깨닫게 될 것이다.

책 읽기를 통한 공감 능력 기르기

이 세상을 살아가는데 있어서 IQ보다는 EQ가 더 유용하다.

EQ가 높은 사람은 대인 관계가 원만하다. EQ는 타인의 감정을 읽는 능력까지도 포함하고 있기 때문이다. '타인의 감정을 읽는 능력'을 '공감 능력'이라고 부를 수 있다면 좁은 의미에서 EQ는 '공감 능력'과 동의어라고 해도 틀리지 않는다. '공감'은 남의 입장에 서서 그 사람의 상황과 행동을 이해하며 그때 그 장소에서 생겼던 그 사람의 감정을 나의 감정과 동일시하려는 노력이다.

앤터니 머시노는 『감성 리더십』에서 '공감 능력'을 다음과 같이 3가지로 정의하고 있다. 언어로 표현되거나 표현되지 않은 타인의 생각과 감정을 읽을 수 있는 능력, 타인의 생각과 감정을 파악하고 그들이 왜 그런 생각과 감정을 갖고 있는지를 이해할 수 있는 능력, 다양한 배경과 문화를 지닌 사람들을 이해하고 존중할 수 있는 능력이다.

문용린 교수의 저서 『EQ가 높으면 성공이 보인다』를 읽어 보면 '공감'은 "상대방의 감정을 언어 표현 이전에 목소리의 톤이라든가, 얼굴 표정, 몸짓 등을 통해 직관적으로 알게 되는 능력"으로서 'EQ'와 거의 동일시 된다. 문 교수는 "공감의 능력은 사회생활과 낭만적인 사랑, 부모의 역할, 나아가 각 직업 세계에서의 성공적인 활동에 이르기까지 삶의 광범위한 영역에서 중요한 역할을 한다."고 말하고 있다.

덕성 계발을 위한 책 읽기
- 일보다 관계를

　우리나라는 일찍부터 '동방예의지국(東方禮義之國)', '선인지
국(善人之國)', '인인지국(仁人之國)'의 나라로 불리었다. 이것은
한민족의 조상이 덕성 혹은 도덕을 인생의 근본으로 받아들여
왔음을 뜻한다. '덕성'이란 높은 정신과 올바른 행동이 조화를
이룬 상태다. '덕성'은 사람이 어떻게 살아가는 것이 가장 사
람다운 것인지를 고민하는 데서 출발한다. '사람'을 뜻하는 '인
(人)'은 두 사람이 서로 기대고 의지하며 상대방을 도울 때 온
전한 '사람'이 될 수 있음을 나타낸다. 이해하고, 포용하고 용
서하며, 섬김으로 누군가 상대방을 감싸 주고 도와줄 때 사람
다운 사람이 될 수 있음을 뜻한다. 이것을 가장 잘 나타내는 한
자(漢字)는 '인(仁)'이다.
　'인(仁)'은 한 사람을 사람다운 사람으로 성장시키는 길을 보
여 준다. 품어 주고, 감싸 주며, 도와주고, 세워 줌으로 조화로
운 인간관계를 가꾸어 나가는 삶을 곧 '인(仁)'이라고 한다. 인
(仁)은 글자 모양 그대로 한 사람과 다른 사람이 맺을 수 있는
가장 바람직한 인간관계라고 할 수 있는 것이다. 이러한 인간
관계를 가꾸어 가는 능력을 '덕성(德性)' 혹은 '도덕성'이라 할

수 있다. 서구에서는 이것을 '도덕 지수' 혹은 '도덕 지능'을 뜻하는 'MQ'라고 부른다. 동양의 '인(仁)'과 서양의 'MQ'는 가장 사람답게 살아가기 위한 정신과 행동의 하나됨을 추구한다는 점에서 공통점을 찾을 수 있다.

덕성의 의미

'MQ'는 '도덕 지수(Moral Quotient)'의 약자다. 'MQ'라는 명칭을 제시하고 그 개념을 정립한 학자는 로버트 콜 교수다. 그는 "우리가 도덕적으로 자라나는 것은 우리가 듣고 본 것을 기억하면서 다른 사람들에게 어떻게 행동해야 할 것인가에 대해 받는 자극의 결과로 생겨나는 것이다."라고 했다. 콜 교수는 'MQ를 측정하는 세 가지 기준'을 "착하고 의롭게 살아가는 능력", "참과 거짓을 판단하는 능력", "남을 배려하는 능력"으로 제시하였다. 그의 견해에 따르면 'MQ'는 진실하게 살아가는 능력, 의롭게 살아가는 능력, 섬기며 살아가는 능력이라고 할 수 있다. 나는 이 능력이 동양의 '인(仁)'과 다르지 않다고 판단하는 까닭에 'MQ'를 '덕성' 혹은 '덕성 능력'이라고 바꿔 부르고자 한다.

하나를 더하는 전인교육

덕성을 자라게 하는 책 읽기

'도덕성'이란 인생의 소금과 같아서 이것이 빠지면 인생의 가치가 저하되고 사람의 품위도 실추된다. 인간이 지닌 모든 특성들을 값지고 존귀하게 만드는 것이 바로 도덕성이다. 도덕성을 낳는 근원은 무엇일까? 도덕성은 어디에서 생겨나는가? 창세기 41장 38절은 요셉을 일컬어 "하나님의 신이 감동한 사람"이라고 기록하고 있다. 그의 엄격한 도덕적 삶은 전적으로 하나님을 향한 믿음에서 생겨난 것이다. 흔들리지 않는 반석 같은 요셉의 믿음은 의로움, 소망, 사랑을 그에게 안겨 주었다. 믿음에서 우러나는 정의와 공의를 행했다는 점에서 요셉은 도덕성이 뛰어난 사람이었다.

형들에게 버림받은 요셉은 이스마엘 상인들에게 은화 20냥의 몸값으로 팔려가서 이집트의 경호대장인 보디발의 노예로 살아가게 된다. 그의 인정을 받으며 잠시나마 안정된 삶을 누리는가 싶었지만, 보디발의 아내로부터 계속되는 유혹을 거부했던 까닭에 오히려 그녀의 모함을 받아 감옥에 갇히는 신세가 된다. 요셉은 잘 생긴 청년으로 성숙한 여인의 유혹을 거절하기란 결코 쉽지 않았을 것이다. 그럼에도 요셉은 이를 거절하였다. 하나님을 믿는 사람으로서 죄를 짓는 것을 단호히 거부하고 의로운 길을 택했을 만큼 요셉의 삶은 도덕적이었다. 형들에 의해 구덩이에 빠져 죽을 고비를 가까스로 넘기고 노예로 팔려갔을 때에도 요셉은 형들을 저주하지 않았다. 보디발의 아내로 인하여 감옥에 갇힘으로써 그의 인생이 파멸을 맞이한 것처럼 보였을 때에도 그는 결코 보디발과 그의 아내를 원망하지 않았다. 고통의 눈물을 흘릴 때에도 그는 결코 하나님을 원망하지 않았다. 그는 자신에게 향하신 하나님의 뜻을 믿었으며 하나님이 주신 꿈(소망)의 의미를 잊지 않았기 때문이다. 그런 까닭에 자신을 죽음의 위기로 몰아넣은 사람들을 용서하는 긍휼의 마음을 가질 수 있었던 것이다. 믿음의 씨앗이 소망의 줄기를 키우고 사랑의 열매를 낳음으로 '덕성'이라는 나무가 되었다.

날마다 하나님을 만나는 사람만이 건강한 도덕성과 성숙한 '덕성'을 갖출 수 있다. 요셉은 자신의 신앙적 신념에 따라 의로움, 긍휼, 소망을 온전히 지켰기 때문에 자신이 받았던 상처와 고통을 다 상쇄하고도 남을 만큼의 큰 상급을 받았다. 그 상급이란 이집트의 최고 지도자가 되어 지혜와 자애를 바탕으로 백성 전체를 다스리고 하나님의 영광을 이집트 땅에 드높인 것이었다. 하나님은 요셉을 가장 신실한 지도자로 들어 사용하신 것이다. 믿음에서 우러나는 도덕성 혹은 '덕성 능력'이 중요한 요소임을 요셉의 삶에서 깨닫게 된다.

지도자의 성품과 책 읽기

성품은 그 사람의 참 모습을 나타낸다. 능력과 실력은 단기 간에 큰 성과를 보여 줄 수 있으나 평생의 업적은 성품을 통해 이루어지기 마련이다. "그 사람에겐 덕성이 있어."라고 흔히 말하는 것은 '그 사람'의 성품이 좋다는 것을 뜻한다. 그 누구 를 만나더라도 친밀한 사귐을 가질 수 있고 조화로운 인간관계 를 형성해 나갈 능력이 있다는 것이다.

지도자의 리더십은 그의 성품에서 발휘된다. 성품은 하나님 의 말씀을 통해 잘 다듬어진 인격이라고 할 수 있다. 한 사람이 어떤 기질을 갖고 태어났든지 자기의 고유한 기질에 좋은 환경 을 더해 줄 때에 그 사람은 훌륭한 성품을 갖춘 지도자가 될 수 있다. 특히, 크리스천 지도자는 자기의 타고난 기질에 '하나님 의 말씀'이라는 절대적 환경을 더해 줄 때에 훌륭한 지도자가 될 수 있다. 하나님의 말씀이 사랑, 겸손, 온유, 자비, 양선, 절 제, 희락, 평강 등을 공급하는 환경이 되어 크리스천 지도자의 기질을 훌륭한 성품으로 성장시키기 때문이다.

하나님의 형상으로 지음 받은 사람의 가치는 성품으로 평가 될 수 있다. 모든 인간관계는 성품 때문에 원만해지기도 하고 깨어지기도 한다. 지위, 직책, 재력, 권력 등으로 상하관계나 주종관계가 형성되지만 진정한 존경과 신뢰는 성품을 통해 이루어진다.

예수님의 리더십은 그분의 성품에서 나온 것이다. 그렇다면 리더십의 여러 요소들 중 예수님의 성품 속에 간직된 것들을 살펴보자. 첫 번째로 주목해야 할 예수님의 성품은 '섬김'이다. '섬김'을 통하여 제자들을 하나님의 사람으로 키워 나가시는 예수님의 '덕성' 리더십을 여러 책에서 만나 보자.

섬김의 리더십과 책 읽기

남에게 대접을 받고자 하는 대로 너희도 남을 대접하라(눅 6:31).

섬김을 모르는 삶은 구원의 감격이 없는 삶이다. 우리가 구원 받은 것은 섬기기 위해서다. 예수님도 제자들과 우리를 섬기기 위하여 이 땅에 오셨고, 자신의 생명을 내어 놓는 '섬김'을 통하여 '구원'의 은총을 베푸셨다. 참된 리더십은 "섬김"과 "사랑"에서 나온다는 것을 증거하시는 말씀들을 성경에서 만나 보자.

누구든지 첫째가 되고자 하면 뭇 사람의 끝이 되며 뭇 사람을 섬기는 자가 되어야 하리라(막 9:35).

너희 모든 사람 중에 가장 작은 그가 큰 자니라(눅 9:48).

다스리는 자는 섬기는 자와 같을지니라(눅 22:26).

섬김은 하나님이 우리에게 맡기신 가장 중요한 하나님의 사명이다. 잘 섬기는 사람이 탁월한 리더십을 발휘할 수 있다. 인생의 성패는 얼마나 잘 섬기느냐에 달려 있다. 섬기는 일에는 은퇴가 없다. 예수님이 십자가 상에서 육신의 생명을 거두시기 전까지 하나님을 섬기고 제자들, 가난한 자들, 병자들, 소외된 자들을 아낌없이 섬기셨던 사실을 가슴에 새겨보자. 시간과 세월을 초월하는 예수님의 "섬김"의 성품이 수많은 사람을 감동시켜 자연스럽게 예수님을 따르게 하는 리더십의 힘을 나타낸 것이다.

리더십은 돈을 주고도 사지 못하는 엄청난 재산인 셈이다. 이 재산을 얻을 수 있는 정신적 화폐는 "섬김"이라는 사실을 우리는 성경에서 똑똑히 읽을 수 있다. 전기, 자서전, 인물평전 등에서 위인들의 리더십을 배울 수 있지만 무엇보다도 예수님의 행적이 기록된 성경을 읽을 때에 "섬김의 리더십"이 무엇인지를 깨닫게 된다. 이런 의미에서 성경을 읽는 것은 우리의 내부에 잠재되어 있는 섬김의 능력을 읽어 나가는 과정과 같다. 어째서 그럴까?

하나님은 예수 그리스도의 십자가 구속(救贖) 사건을 통해 우리의 생명 속에 이미 "섬김"의 정신을 심어 놓으셨기 때문이다. 우리가 예수님을 구세주로 믿는 순간부터 예수님의 "섬김"이 우리의 생명 속으로 들어와서 우리로 "섬기는" 능력을 발휘하도록 이끌어 간다. 지도자가 갖추어야 할 "섬김의 리더십"은 예수님의 구속 사역을 믿는 신앙을 통해 자연스럽게 우러나오게 된다. 그러므로 믿음을 통하여 우리 안에 심겨진 "섬김"의 능력을 발견한 후에 "적극적 사고방식"으로 "섬김"을 실천하려고 노력한다면 많은 사람들과 아름다운 인간관계를 맺게 되고 견실한 공동체를 형성하게 될 것이다. 신앙과 "적극적 사고방식"이 결합할 때 "섬김"의 능력은 "리더십"이라는 열매로 변화되어 우리에게 안겨올 것이다.

진정한 '섬김'이란 모든 사람을 '하나님의 형상을 닮은' 소중한 존재로 인정함에서부터 시작된다. 진정한 '섬김'이란 사람들을 이용의 대상으로 보지 않고 존중의 대상으로 보며, "나"

의 유익을 위해서가 아니라 그들의 "유익"을 위하여 봉사하거나 일하는 것이다. 로버트 그린리프가 말한 것처럼 '섬김'이란 "사람들의 요구사항과 관심사에 주의를 기울이고 세심한 배려를 함으로써 그들이 성장하도록 도와주는" 행위인 것이다. 예수님의 행적을 거울로 삼아 다른 사람을 먼저 섬기라! 우리의 인생을 성경을 가장 많이 닮은 "섬김"의 교과서로 새롭게 써 내려가자! 낮아지기 위하여 올라가고, 나누어 주기 위하여 가지고, 섬기기 위하여 배우는 새로운 인생의 책을 몸과 행동으로 써 나가자!

나눔의 리더십과 책 읽기

> 마음을 같이하여 같은 사랑을 가지고 뜻을 합하며 한마음을 품어(빌 2:2).

섬김의 리더십은 어떤 모습으로 나타나는가? "나눔"은 섬김의 열매다. 참된 지도자는 구성원들과 함께 시간을 나누고, 물질을 나누고, 힘을 나눈다. 정신을 나누고, 사상을 나누고, 지식과 지혜를 나누고, 희로애락을 나누고, 우정과 신뢰를 나누고, 영혼과 생명을 나눈다. 성경적인 기준과 도덕적 기준에 위배되지 않는 한 지도자는 구성원들과 모든 것을 나눈다. 지도

자가 가진 것 중 어느 것 하나라도 "나눔"이 없이는 결코 리더
십을 발휘할 수 없다. 성경의 원리는 받는 자보다 주는 자에게
복이 있다고 하였다. 베풀어야 돌아오게 된다.

물질을 나누는 것보다 더 중요한 "나눔"은 정신적 가치를 나
누는 것이다. 지식, 사상, 마음을 나누는 것이다. 상대방의 인
생에 도움을 주고 그를 발전시킬 수 있는 자원들을 나누는 것
이다. 이러한 자원들이 책 속에 담겨 있다. 정신적 가치를 나누
기 위해서는 책을 읽어야 한다. 책을 읽지 않는 지도자는 구성
원들과 나눌 수 있는 자원들이 적다. 책을 읽을 때 독자로서 저
자의 정신적 가치를 나누게 된다. 저자의 지혜, 사상, 교훈 등
을 배우고 나누게 된다. 책을 즐겨 읽는 사람은 저자로부터 얻
은 깨달음과 새로운 사고방식을 여러 사람들에게 전해 주고 그
들과 함께 비전을 나누게 된다. 새로운 패러다임, 미래를 향한
비전은 지도자가 구성원들과 함께 나누어야 할 필수적인 자원
들이다.

미국의 링컨 대통령은 책을 많이 읽기로 소문난 사람이다.
그의 마음속에는 언제나 국민을 향한 사랑이 가득 넘쳤고 나라
를 발전시킬 수 있는 새로운 생각들로 가득 차 있었다. 링컨 대

통령의 "국민에 의한, 국민을 위한, 국민의 정치" 등은 독서를 통해 얻은 깨달음을 실제의 생활로 옮겨 낸 대표적인 모본(模本)이다. 국민들의 생각과 삶을 변화시키는 데 성공한 그의 민주주의 사상의 뿌리는 책이었다. 그는 책에서 얻은 새로운 가치관을 국민의 공익을 위해 아낌없이 선용(善用)했다. 훌륭한 지도자는 책을 사랑하는 사람임을 다시 한 번 느끼게 된다. 더 나아가 훌륭한 지도자는 책에서 얻은 깨달음과 정신적 가치를 다른 사람들과 기꺼이 나눔으로써 그들의 성장과 발전을 돕는 사람이다.

양보의 리더십과 책 읽기

> 나는 너희에게 이르노니 악한 자를 대적하지 말라 누구든지 네 오른편 뺨을 치거든 왼편도 돌려 대며(마 5:39).

아버지와 어린 아들이 가끔 팔씨름을 할 때가 있다. 부자지간에 서로 붙잡고 한판 승부의 힘겨루기를 한다. 아버지는 이길 듯하다가도 결국 지고 만다. 어린 아들은 기뻐서 어쩔 줄 모르고 좋아한다. 그 모습을 아버지는 흐뭇하게 바라본다.

이 단순한 팔씨름 이야기는 놀라운 인생 게임의 원리를 상징한다. 아버지는 아들이 매사에 자신감과 용기를 가지고 씩씩

하게 살아가기를 바라는 마음에서 일부러 져 주고 양보한 것이다. 져 주고 양보함으로써 자신도 기뻐하고 아들에게는 "할 수 있다."는 자신감을 불어넣어 줌으로 두 사람 다 만족하는 "윈윈(Win Win)" 게임의 결과를 가져왔다고 볼 수 있다. 여기에 놀라운 리더십의 비밀이 숨어 있다. "지는 것이 이기는 것이다."라는 말이 있지 않는가? 때로는 질 줄도 알아야만 사람의 마음을 얻을 수 있고 두 사람 간의 연합을 이룰 수 있다. 져줌으로 이기거나 모두의 승리를 가져오는 인생의 원리를 우리는 책으로부터 얼마든지 배울 수 있다.

성경에 기록된 인물 중 '져줌'과 '양보'의 리더십으로 하나님의 인정을 받은 인물은 아브라함이다. 아브라함은 하나님으로부터 "너의 본토 친척 아비 집을 떠나 내가 네게 지시할 땅으로 가라."는 명령을 받았다. '아브라함'이 아닌 '아브람'이라는 이름으로 불리던 시절에 그는 하나님의 명령에 순종하여 조카 롯과 함께 하란을 떠났다. 이곳저곳을 유랑하다가 머물렀던 애굽(이집트)에서 재산을 키운 후에 그곳을 떠나올 때 아브람과 롯은 각각의 하인들이 땅을 놓고 다툼이 일어날 정도로 많은 재산을 소유하고 있었다. 재산이 삼촌과 조카 사이를 갈라놓을 수 있는 갈등의 요소가 되었을 때 아브람은 두 사람의 평화를

하나를 더하는 전인교육

위하여 유리한 입지를 양보하였다.

아브람은 조카를 위해 더 좋은 땅을 내어 주었다. 비옥하고 아름다운 '소알' 평원이었다. 그러나 롯이 선택한 이 땅엔 타락한 도시 소돔과 고모라가 있었다. 물질적 욕망과 성적 타락으로 하나님의 심판을 받아 멸망할 곳이었다. 롯은 하나님의 편에서 생각하지 않고 자신의 소유욕에 따라 '소알' 땅을 선택하여 '소돔'과 '고모라'의 멸망과 함께 모든 재산을 잃어버리지 않았는가? 그러나 하나님의 편에서 판단했던 아브람은 물질과 재산보다는 사람을, 다툼보다는 '평화'를 선택하였기에 기꺼이 조카에게 유익을 내어주는 "양보"의 리더십을 발휘하였다. 그 결과, 아브람은 '믿음의 조상'이 되는 축복과 함께 주변에 점점 더 사람이 많아지고 점점 더 재산이 불어나는 덤까지 받게 되었다.

나관중이 지은 『삼국지연의』에서 유비는 제갈공명을 군사(軍師)로 영입하기 위해 그의 초가집을 세 번이나 방문하였다. 두 번 거부를 당하는 수모를 겪었음에도 국가에 필요한 인재를 얻기 위해 자존심을 굽히고 지극정성으로 예의를 갖추어 마침내 그를 영입하는 데 성공하였다. 만일 유비가 '왕'이라는 권력과 지위 때문에 자존심만을 내세웠다면 제갈공명의 마음을 얻지 못했을 것이다. 자신의 인생에 꼭 필요한 사람을 얻기 위해서는 인내로 그에게 져 주고 양보하는 아량을 베풀어야 한다. 좋은 결과를 얻을 때까지 한순간의 손실과 상처에 마음이 흔들려서는 안 된다. 정신적 고통, 수모, 손실, 실패 등을 "성공에 이르는 과정"이라고 생각하면서 "양보"를 "승리"의 전제조건으로 받아들여야 한다. 이것이 인재를 자신의 편으로 삼아 성공에 이르는 지름길이다.

지도자는 구성원들이 자발적으로 아이디어와 능력을 발휘할 수 있도록 이끌어 주는 사람이다. 지도자는 그들로 하여금 창조적인 프로그램을 계발할 수 있도록 차별 없이 기회를 제공해 주는 사람이다. 그러나 이 모든 것들보다 더욱 중요한 지도자의 리더십은 무엇인가? 그것은 구성원들에게 선한 목표를 제시하여 그들의 마음을 움직이는 리더십이다. 그들의 욕구와 마음을 헤아려 줄 수 있는 리더십을 의미한다. 때로는 자존심이 상하는 것처럼 보일지라도 한 걸음 뒤로 물러서고 "양보"의 미덕을 나타냄으로써 그들을 신뢰하고 있음을 알게 해 주고 그들의 자긍심을 높여 주는 리더십을 갖추어 보자. 이 "양보"의 리더십은 다원주의 시대를 살아가고 있는 현대의 지도자들에게 필수적인 리더십의 요소다. 우리의 마음을 감동시켜서 자연

스럽게 "양보의 리더십"을 터득하도록 이끌어 주는 가이드는
역시 책이다.

희생의 리더십을 가진 지도자를 성경에서 만나 보자. 세례
요한이 가장 대표적인 인물일 것이다. 『성경 속 인물에게서 배
우는 28가지 성공 리더십』을 읽어 보면 세례 요한이 보여 준
'희생'의 의미가 가슴 뭉클하게 다가온다. 그는 예수 그리스도
의 사역의 길을 평탄하게 하기 위해 자신의 인생 전부를 내던
진 희생의 사표(師表)였다. 인간적인 행복을 포기한 채 광야에
서 낙타의 털옷을 입고 석청(꿀)과 메뚜기로 끼니를 이어가며
수많은 유대인에게 메시아를 예고하고 그분의 구원을 받아들
일 것을 선포하지 않았는가? 그는 예수 그리스도가 걸어가시
는 구속(救贖)의 길로 유대인들을 인도하기 위하여 인간적인 모
든 조건을 포기했다. 구원의 가교 역할을 하는 데 자신의 일생
을 바친 것이다.

우리는 희생의 리더십을 가진 지도자들을 책에서 수없이 만
날 수 있다. 보지 못하고 듣지 못했던 헬렌 켈러를 자신의 친딸
처럼 사랑하면서 시간, 정열, 노력을 다 바쳐서 당대 최고의 여

류 지성인으로 성장시켰던 설리번 선생의 이야기는 우리에게 진한 감동을 안겨 준다. 설리번 선생에게는 모든 교사가 본받아야 할 희생의 리더십이 있었다. 앤 설리번 메이시, 그녀는 20세에 맹인, 벙어리, 귀머거리였던 헬렌 켈러의 가정교사를 자원하였다.

6세의 유아였던 헬렌 켈러는 난폭하고 인내심이 전혀 없는 야수 같은 아이였다. 설리번 선생은 어린 헬렌 켈러의 자존감을 존중하였고, 하나님이 헬렌 켈러의 내면에 심어 놓으신 좋은 성품, 천재성, 무한한 발전 가능성을 발견하였다. 하나님이 자신에게 이 아이를 맡기셨다는 확신을 얻은 설리번 선생은 이 아이를 훌륭한 인재로 키워 보겠노라는 비전을 가슴에 품었다. 시간과 정열을 아낌없이 어린 켈러에게 쏟아 부으며 인생의 유희를 완전히 포기하였다. 한 아이를 변화시키는 데 자신의 인생을 헌납한 것이다.

조엘 오스틴 목사의 책 『긍정의 힘』에서 배울 수 있는 "긍정적 사고방식"을 설리번 선생에게서 또다시 발견할 수 있다. 그녀는 어린 헬렌 켈러에게 "너는 훌륭한 사람이 될 수 있고, 또한 무슨 일이든지 할 수 있다."는 자신감을 심어 주는 일을 잊지 않았다. 또한 릭 워렌 목사의 책 『목적이 이끄는 삶』에서 배울 수 있는 "목표적 사고방식"을 설리번 선생에게서 또다시 확인할 수 있다. 그녀는 "이 아이를 하나님의 훌륭한 인재로 키워낼 것"이라는 이타적 목표를 갖고 있었고 이러한 비전을 자신의 어린 제자에게 심어 주는 일을 잊지 않았다. 노먼 필의 책 『적극적 사고방식』에서 배울 수 있는 "적극적 사고방식"을 가장 잘 보여 주는 예화 또한 설리번 선생의 인생이다. 그녀는 "하나님이 이 아이에게 심어 놓으신 자원들을 계발시켜 이 아이를 훌륭한 사람으로 만들기까지 최선을 다하리라."라는 적극적 사고방식을 품고서 어린 제자에게 인생을 사랑하는 법을 가르쳐 주었다.

희생의 리더십에는 문제를 해결하는 힘이 있다. 하나님이 우리에게 많은 은사들을 주신 까닭은 무엇일까? 희생과 양보로 공동체의 문제를 해결하고, 구성 리더십을 발휘하라는 것이다. 버릴 수 있는 사람이 강한 사람이다. 버릴 수 있을 때 모든 싸움에서 이길 수 있다. 희생은 리더십의 중요한 자질이다. 희생 없는 지도자는 리더십의 가면을 쓴 독재자와 같고, 희생정신을 갖춘 지도자는 선한 권력의 옷을 입은 인생의 은인이다.

지도자의 '도덕 지수(MQ)' 혹은 '덕성 능력'이 높다는 것은 원만하고 조화로운 인간관계를 유지하는 능력이 높다는 것을 뜻한다. 팀 마샬의 저서『관계』를 읽어 보면 지도자의 '청지기 역할'에 관해 명확하게 알 수 있다. 지도자는 하나님이 임명하신 청지기 중에서도 가장 모범적인 청지기 역할을 부여 받은 사람이다. 청지기로서의 지도자는 자신이 통솔하는 구성원들을 지배하거나 그들과 '경쟁'하는 관계가 아니라 '연합'하는 관계를 형성한다. 그리고 이 '연합'을 위해 '사귐'을 갖는 것이 꼭 필요하다.

'사귐'이란 지속적인 대화를 통하여 상대방의 관심사, 생활 형편, 정서적 상태, 애로 사항, 희망 사항 등을 알아 나가는 과정이다. 이러한 '사귐'을 통하여 상대방의 기질, 성품, 생각, 상황 등을 잘 이해할 때 지도자와 구성원은 친밀한 '관계'를 형성할 수 있다.

근면의 리더십과 책 읽기

'비전'을 가진 지도자들은 모두 '근면'의 표상이었다. '비전'을 제시한다는 것은 생각을 깊게 하고, 계획을 면밀히 세우고, 계획한 것을 실천함을 뜻한다. 근면하지 않고서는 생각, 계획,

실천을 조화시킬 수 없다. 근면한 사람만이 생각한 것을 계획으로, 계획한 것을 실천으로 옮길 수 있다.

성경에서 만나는 신앙의 조상들은 모두 '근면'한 인물이었다. 꾀가 많아 때로는 사람을 잘 속이기도 했던 야곱은 자신이 손을 댄 일에는 정말 최선을 다하는 사람이었다. 그는 장인이자 삼촌인 라반의 가산(家産)을 맡아 7년 동안 잘 경영하고 관리하여 재물을 몇 갑절로 불어나게 할 만큼 성실했던 사람이다. 그의 신앙, 지략, 교묘한 속임수가 크게 부각되었던 까닭에 그의 '성실'이 상대적으로 가려져 있었음을 짚고 넘어갈 필요가 있다.

야곱의 아들인 요셉은 하나님으로부터 받은 '꿈'을 끝까지 믿었을 뿐 아니라 그 '꿈'을 이루기 위해 절망적인 상황에서도 언제나 최선을 다했던 사람이었다. '부전자전'이라고 할까? 형들로부터 버림받고 애굽(이집트)의 경호대장 보디발의 노예로 일하는 시련을 겪었지만 타고난 지혜와 근면한 태도로 주인의 마음을 감동시켰다. 요셉이 아무리 지혜가 탁월했다고 해도 근면하지 않았다면 '노예' 신세에서 보디발 가문의 관리 책임자로 신분이 바뀌는 것은 불가능했을 것이다.

느헤미야 또한 '성전'의 재건을 위하여 설계에서부터 건축 기법의 적용과 건축 재료의 사용에 이르기까지 모든 과정을 성실하게 감독하고 집행하였다. 그 결과로 느헤미야는 성전 재건의 영광을 하나님께 올려드릴 수 있었다. 느헤미야는 '근면'이라는 토대 위에 '성전(聖殿)'이라는 비전을 건축한 것이다.

야곱, 요셉, 느헤미야 등 성경에 등장하는 인물들은 '비전'과 '근면'의 연합을 통해 하나님의 뜻을 실현한 지도자들이었다. 그들은 캐넌 하우워드(Canon R. W. Howard)가 말한 것처럼 "창조적 상상력이 굽힐 줄 모르는 근면과 결합"함으로써 진정한 성공을 거둘 수 있었다. 그들의 '비전'은 바로 하나님이 부여하신 '창조적 상상력'이었기 때문이다. 하나님을 섬기는 지도자들의 '비전'은 현실적인 노력이 뒷받침 될 때에만 열매를 맺을 수 있다.

실천적인 노력과 '근면'이 부족한 '비전(꿈)'은 안개처럼 그저 바람과 함께 사라질 뿐이고, '비전(꿈)'이 없는 '근면'과 실천은 길을 찾지 못하는 맹인의 발걸음과 같다. 그러므로 크리스천 지도자는 자신이 속한 조직 사회의 모든 구성원들에게 분명한 '비전'의 빛을 밝혀 주고 하나님이 원하시는 정신적 가치를 공유하면서 '근면'한 행동을 결집시키는 길을 열어가야 할 것이다.

영성 계발을 위한 책 읽기

- 육안(肉眼)보다 영안(靈眼)을

인간은 '나는 왜 태어났는가? 내 인생의 궁극적인 의미는 무엇인가? 나는 왜 지치거나 우울하거나 패배감을 맛보면서도 계속 살아야 하는가?'와 같은 근본적인 또는 궁극적인 물음을 제기하지 않을 수 없다. 이는 인간이 '영적인 피조물'이라는 것을 보여 주는 것이다. 인간은 지성, 감성, 덕성뿐 아니라 영성을 가진 존재다. 여기서 '영성'이란 객관적인 상황을 초월하여 새로운 차원으로 볼 수 있는 능력을 말한다. 즉 현재의 자기 자신과 환경 너머를 보고 현실을 뛰어 넘어 의미와 가치를 찾는 능력이다. 이 '영성'이야말로 인간만이 갖는 고유한 능력이며 인간을 인간답게 하는 요소다.

영성의 의미

'영성 지수' 혹은 '영성 능력'을 'SQ(Spritual Quotient)'라고 한다. 이 능력은 '지성 능력(IQ)', '감성 능력(EQ)', '덕성 능력(MQ)'이 통합적으로 조화를 이룰 때 높아진다. '영성 능력'이 높아질수록 하나님의 성품을 잘 느낄 수 있고 하나님의 말씀을 잘 깨닫게 된다. '영성 능력(SQ)'은 성령님의 인도하심을 따라 하나님의 말씀 안에서 그리스도를 닮아 가는 능력이다. 곧 하나님을 잘 아는 능력, 하나님과 친밀하게 사귀는 능력이다.

'SQ'는 인간의 의미와 가치의 문제를 다루고 해결하려 할 때 사용하는 능력이다. 우리의 행동과 삶을 광범위하고 풍부한 차원으로 상승시키는 능력이다. 'SQ'는 인간을 창조적 존재로 변화시키는 능력이며, 부정적 습관과 저열한 상황을 극복할 수 있게 만드는 능력이다. 'SQ'가 있기 때문에 인간은 한계 자체를 인식하며 무한한 도전을 시작할 수 있는 것이다. 그러므로 'SQ'는 우리 자신을 온전케 하는 능력이다.

'SQ'가 인간에게 주는 유익을 살펴보자. SQ는 삶의 의미를 깊이 인식하게 한다. SQ는 감정을 제대로 다스리게 한다. SQ는 훨씬 더 의미 있는 삶을 살도록 돕는다. SQ는 우리의 양심이다. SQ는 인생의 궁극적인 물음에 답하게 한다.

'SQ'는 우리의 모든 생활 영역에서 '하나님을 더할 때' 높아진다. 'SQ'가 높은 사람은 지도자가 될 가능성이 높다. 지도자는 다른 사람에게 높은 이상과 가치를 제시하며 그것들을 어떻게 실현해야 하는가를 보여 주는 길잡이 역할을 한다. 이 길잡이 역할을 '리더십'이라고 한다. 이 '리더십'이 우러나오는 근

하나를 더하는 전인교육

원이 영성이다.

영성을 자라게 하는 책 읽기

나는 영성에서 우러나온 리더십을 갖춘 대표적 인물로 "다윗"을 소개하고 싶다. 다윗은 사울에게 쫓겨 다녔지만 많은 사람들이 그의 주위에 모여 들었다. 그러나 왕궁에 있는 사울에게서는 오히려 사람들이 떠나갔다. 그 차이는 무엇일까? 다윗은 사람을 모으겠다고 선동하거나 설득하지 않았다. 오로지 신앙의 힘으로 하나님께 더 가까이 나아가는 길을 택하였다. 그러나 사울은 자기중심적으로 판단하고 행동하였다. 사람을 자기중심으로 선동하고 설득한다는 것은 한계가 있다. 하나님을 더 가까이하여 그분께 겸손히 의지할 때 그분께서 많은 사람을 보내 주신다. 하나님의 힘을 통하여 사람들과 연합하고 그들을 하나님의 뜻에 따라 움직이는 것이 "영성 리더십"이다.

다윗은 모든 일을 하나님께 의뢰하여 결정하였다. 성경은 "이에 다윗이 여호와께 묻자와 이르되(삼상 23:2)", "다윗이 여호와께 다시 묻자온대(삼상 23:4)"라고 하였다. 자신의 독단적인 판단이 아니라 하나님의 뜻을 먼저 받는 지도자를 만날 때 구성원들은 지도자를 존경하며 따르게 된다. 하나님을 경외하는 지도자는 영혼과 생명의 소중함을 아는 지도자다. 하나님을 신뢰하는 지도자는 공정하고 정의롭다.

최광식이 쓴 『다윗 대통령』을 읽어 보면 다윗에게서 다양한 리더십의 자질을 발견하게 된다. 다윗은 언제나 흔들리지 않는 마음을 갖고 있었고, 틀에 박힌 방식을 벗어 던지고 새로운 패러다임을 제시하는 능력을 갖고 있었다. 흔들리지 않는 마음은 여호와 하나님을 향한 변함없는 믿음에서 우러나온 것이다. 또한 틀에 박힌 방식과 고정관념을 부수고 새로운 패러다임을 만들어 내는 능력은 하나님이 그에게 부여하신 시인 혹은 예술가의 영감(靈感)에서 우러나온 것이다. 이 두 가지 리더십의 자질은 모두 다윗의 영성에서 나온 것임을 알 수 있다.

헨리 블랙커비의 저서 『영적 리더십』을 읽어 보면, 탁월한 '영적 리더'는 '자신의 리더십이 하나님께 달려 있음을 아는' 지도자이며 '단순히 사람들을 하나님이 정해 주신 방향으로 이끄는 데 만족하지 않고, 하나님이 자신을 통해 이 세대를 향한 목표를 실제로 이루시도록 일하는' 지도자임을 알게 된다.

영성을 자라게 하는 '경청'의 읽기

영성(靈性)은 영적 센스요 하나님을 향한 감각이다. 영성은 세밀하게 들려오는 하나님의 음성을 듣는 영혼의 귀이며 어둠 속에서도 하나님의 모습을 밝게 보는 마음의 눈이다. 복잡한 시장 한 복판에서도 마음속에 묵상의 골방을 꾸미는 것이 영성이다. 영성은 오감을 넘고 육감을 지나 영감(靈感)으로 하나님과 소통하는 것이다.

상대방의 말에 귀를 기울이는 이 '경청'의 습관을 소리 나는 '대화'를 통해서만 기를 수 있는 것은 아니다. '경청'의 습관은 소리 나지 않는 대화, 즉 "독서"를 통해서도 몸에 익힐 수 있다. 책을 읽는 것은 저자와 독자가 만나서 나누는 "대화"다. 책을 읽을 때 "나"는 저자의 말에 귀를 기울이게 된다. "나"는 침묵의 언어로 저자에게 말을 걸고 질문을 던진다. 그러면 저자는 자신의 인생을 "나"에게 이야기해 준다. 자신이 겪었던 실패와 성공, 아름다운 추억, 감정과 사상에 관해 가장 솔직한 이야기를 들려준다. 책에 적혀 있는 저자의 문장들을 읽을 때 그의 마음으로부터 흘러나오는 이야기를 듣게 된다.

성경을 읽을 때에도 마찬가지가 아닐까? 우리는 신구약 66권의 책을 읽을 때 하나님의 말씀에 귀를 기울이게 된다. 성경은 하나님과 내가 만나는 신성한 대화의 전당(殿堂)이다.

너는 나 여호와의 말을 들을지어다.

하나님은 "나"에게 말씀을 들려주실 때마다 그분의 말씀을 경청하고 가슴 깊이 새겨둘 것을 강조하셨다. 경청하지 않으면 인생의 변화를 가져올 수 없기 때문이다. 하나님의 말씀 안에 살아있는 신성한 뜻을 주의 깊게 헤아려 들어야만 "나"의 부족함과 문제점을 발견할 수 있고 그것을 개선할 수 있다. 성경에 등장하는 신앙의 위인들은 대부분 "마음을 다하고 성품을 다하고 뜻을 다하여" 하나님의 말씀을 사모하고 경청하였다. 그러므로 그들은 인생의 위기에 부딪칠 때마다 환난의 장벽을 뛰어넘을 수 있었던 것이다.

야곱, 요셉, 모세, 다윗 등은 하나님의 말씀에 전폭적으로 귀를 기울인 '경청'의 모델들이다. "율법을 주야로 묵상하는" 그들의 독서 행위는 하나님의 말씀을 듣는 '경청'과 동일한 의미를 지니고 있었다. 현대를 살아가는 우리도 성경을 읽을 때마다 하나님이 직접 들려주시는 말씀을 듣고 있다는 것을 깨달아야 할 것이다. 기록된 말씀을 읽는 것은 하나님이 "나" 혹은 "우리"에게 말을 걸어오시는 것과 같다.

특히 신앙공동체 안에서 성도들을 인도할 수 있는 영적 리

하나를 더하는 전인교육

더십은 이러한 "읽기"와 "듣기"의 조화를 통해 형성된다. 성경을 읽듯이 모든 책을 읽어가면서 하나님의 뜻을 눈으로 발견해 보자. 하나님의 말씀을 경청하듯이 모든 책의 저자가 들려주는 메시지에 귀를 기울이며 하나님의 뜻을 찾아내 보자. 이것을 생활화할 때 많은 사람의 영혼을 움직이는 영적 리더십을 갖게 될 것이다.

영성을 자라게 하는 '집중'의 읽기

집중은 강한 힘을 가진다. 돋보기를 통해 집중된 빛은 종이를 태운다. 윌로크릭 교회의 빌 하이벨스 목사는 『나의 실수』라는 자기 고백적인 글에서 교회 성장을 추진하는 과정에서 범한 실수를 솔직하게 이야기해 주었다. 그는 "은혜(Grace)", "성장(Growth)", "소그룹(Groups)", "은사(Gifts)", "헌신(Giving)"을 교회의 5대 핵심가치로 삼고 여기에 자신의 역량과 성도들의 역량을 모아 각 분야마다 공평하게 성장 에너지를 20%씩 "집중"하였다. 그런데 당초 의도했던 결과는 좀처럼 나타나지 않았다. 5개의 가치가 조화롭게 균형적으로 성장하는 모범적 교회의 열매를 기대했지만, 교회는 기대와는 다른 방향으로 움직이고 있었다. 빌 하이벨스 목사는 그 원인을 면밀히 분석하고 연구하였다. 바람직한 성장이 이루어지지 않았던 것은 성도들이 "은혜"를 받지 못했기 때문임을 알게 되었다. 은혜가 없으니 성장의 줄기가 보이지 않는 것은 당연한 결과가 아닌가? 은혜가 없으니 소그룹이 움직이지 않았다. 은혜가 없으니 은사가 활용되지 않았다. 은혜가 없으니 헌신도 없었다. 그래서 빌 하이벨스 목사는 목회 역량의 40%이상을 "은혜"에 집중하였다. 그랬더니 모든 것이 원활해졌다. "은혜"를 받기 위해 예배에 "집중"하니, "성장"이 있었다. "은혜"를 키우기 위해 성경공부에 "집중"하니, "소그룹"이 활력을 얻었다. "은혜"를 나누기 위해 봉사에 "집중"하니, "은사"가 활용되었다. "은혜"를 전하기 위해 선교에 "집중"하니, "헌신"이 가능해졌다.

"성장"의 지름길은 "은혜"의 가치에 "집중"하는 것이다. 교회, 선교단체, 미션 스쿨 및 기독교 교육기관 등의 신앙공동체를 어떻게 성장시킬 것인가? 목사, 장로, 신학대 교수 등 크리스천 지도자가 먼저 하나님의 "은혜"에 "집중"해야 한다. 기독교 신앙을 갖고 있는 구성원들을 하나님의 "은혜" 속에 살게 만들고 은혜로운 일에 "집중"시키기 위해서는 크리스천 지도자가 먼저 성경을 사모해야 한다. 지도자가 성경 속에 담겨 있는 하나님의 "은혜"를 날마다 생수처럼 길어 와서 신앙공동체의 구성원들에게 공급해 주어야 한다.

생각
훈련

★ ★ ★

책은 생각하기 위해 읽는 것이다. 생각하는 시간을 가져야 한다. 생각, 묵상, 기도 시간을 갖자. 생각한다든지 묵상한다든지 기도한다든지 감사하는 삶의 깊은 경험을 할 여유를 갖지 못하고 살아가는 것이 현대인의 삶의 특징이다. 정신분석학자 칼 융은 "조급함은 마귀에게서 나온 것이 아니라 그 자체가 마귀다."라고 하였다.

살아가는 것이 고단할지라도 조용한 시간을 갖도록 힘쓰고 하나님 앞에서 생각하고 묵상하며 기도하는 시간을 갖는 일은 매우 필요하고 값진 삶이다. 더군다나 지난 일들을 되돌아보고 반성하고 뉘우치며, 그간 주 안에서 교제해 오던 고마운 분들을 생각하며 기도하며 감사하는 일은 참으로 바람직하고 필요한 일이다.

생각이란?

인간은 생각하는 실존

생각을 통해 깨달음이 태어난다. 사상은 생각의 내용을 체계화한 것이다. 하나님이 인간에게 허락하신 은총 중에 영원을 사모하는 마음이 있다(전 3:11). 생각하는 갈대로서 인간은 소우주인 자신을 포함하여 대우주인 만물, 그리고 영원한 우주이신 하나님까지 그 대상으로 삼는다. 생각하기 위해서는 바라보는 시선이 필요하다.

첫째, 가시적인 것은 원근, 고저, 장단에 의해 제한을 받으며 인간의 육안으로 본다.

둘째, 그러나 비가시적인 것은 시간의 한계를 초월하여 영원에 근거하고 공간적으로는 유한의 벽을 뛰어넘어 무한을 달리며 심안으로 본다.

셋째, 하나님은 영원한 사고자(思考者)이다. 영안으로 하나님을 볼 수 있다.

일찍이 데카르트는 "나는 생각한다. 고로 나는 존재한다."고

하였지만 합리주의에 빠지고 말았다. 오히려 인간은 존재하므로 생각한다. 인간의 실존이 먼저이고 사색은 나중이다. 생각하는 사람은 고귀하다.

바른 생각, 바른 행동

생각을 위한 생각, 묵상을 위한 묵상은 인간의 삶에 무익하다. 생각 후에는 그에 상응하는 행동이 연결되어야 한다. 바른 사색은 바른 행동이 뒤따라야 한다. 정확한 사고는 정확한 행동을 이끈다. 거룩한 사상과 거룩한 행동은 함께 간다.

파스칼은 이렇게 말한다.

> 정확하게 행동하기 위해서 정확하게 사고하려는 노력을 하지 않으면 안 된다.

그는 '잘 생각해야 함'을 강조한다. '잘 생각함'이란 곧 '바로 생각함'이요, 바로 생각함이란 '정확히 생각함'이다. 인간이 정확하게 생각할 수 있을 때 거룩한 삶과 동행이 가능하다. 파스칼은 또 말한다. "인간은 생각하도록 창조되었다. 생각이야말로 인간의 권위요 능력이다."

생각은 머리로 하는 경우와 마음으로 하는 경우로 나뉜다.

머리로 하는 생각은 두뇌(정신세계)와 관련이 있다. 이에 반하여 마음으로 하는 생각은 심령(영의 세계)과 관련이 있다. 두 개의 생각이 상극일 때 잡념이 생기고 집중이 잘 되지 않는다. 이때 공상과 망상 같은 헛된 생각에 사로잡히게 된다. 그리고 이 두 개의 생각이 근접한 거리에 있을 때 상상의 단계에 들어가게 된다.

비전은 실현화를 최고의 목표로 한다. 뜬구름 잡는 것과 같이 허황된 생각은 비전이라 할 수 없다. 현실성이 없는 생각은 현실(現失)일 뿐이다. 현실화를 추구하지 않는 이상은 이상(異常)일 뿐이다. 궁리는 사색하는 자의 것이다. 영성은 묵상하는 자의 몫이다. 하나님의 음성은 기도하는 자가 듣는다. 비상을 쉬지 않는 독수리가 높이 날고, 높이 나는 만큼 멀리 본다.

사색의 세계는 보다 풍부한 정신생활을 영위하기 위하여 생존한 인간으로서 개척해 나갈 가치가 충분히 있다. 그러므로 사색하는 사람이 인생길을 연다. 사색한다는 것은 궁극적으로 하나님의 말씀을 항상 깊이 생각하고 묵상 기도하므로 하나님의 음성을 듣는 것을 말한다. 결국 인간은 생각하는 존재(사유의 존재, 사고하는 존재)다.

묵상

기독교적 묵상은 초월자(하나님)를 만나고 우리 자신을 하나님께 드리는 데 필요한 내적 완전함으로 나아가기 위한 것이다. 구약성경의 묵상이라는 단어는 하나님의 소리를 들을 수 있는 행위를 가리킨다. 성경 인물들 중에는 묵상 훈련을 통하여 하나님의 세미한 음성을 듣고 그의 말씀에 순종한 사람이 있다. 이삭(창 24:63), 다윗(시 1:2, 63:6), 엘리야(왕상 19:9-18), 이사야(사 6:8-13), 예레미야(렘 20:11-13) 등은 묵상을 통해 하나님께 귀 기울이고 그 음성에 순종했다. 이처럼 묵상은 크리스천에게는 하나님의 음성을 들을 수 있는 좋은 통로다.

성경을 암송하는 습관을 갖자. 성경을 묵상하는 습관을 갖자. 새로운 습관을 기르고자 할 때는 도달 가능한 목표를 세워야 한다. 예를 들면 하루에 한 절씩 묵상, 암송하는 것이다. 새로운 습관을 기르기 위해서는 그것을 자주 행하는 것이다. 습관은 잦은 반복에 의해서 형성된 행동 패턴이라고 정의할 수 있다. 반복은 새로운 사고 패턴을 우리의 마음속에 재녹음시켜 줄 것이다. 실패해도 포기하지 말라. 잠언 24장 16절에 "대저 의인은 일곱 번 넘어질지라도 다시 일어나려니와 악인은 재앙으로 말미암아 엎드러지느니라."고 하였다.

성령이 주시는 마음

마음이 무엇인가?

마음이란 우리의 전인격을 지칭하는 것으로서 지, 정, 의, 성으로 이루어져 있다. 잠언 6장 21절에서 솔로몬은 자기 아들에게 자기의 말을 "항상 네 마음에 새기라."고 훈계하였다. 여기서 마음은 마음의 지적인 면을 보여 준다. 하나님의 말씀을 마음에 간직한다는 것을 또 다른 구절 신명기 6장 6절에 "오늘 내가 네게 명하는 이 말씀을 너는 마음에 새기고"라고 기록되어 있고, 시편 119편 11절에는 "주의 말씀을 내 마음에 두었나이다."라고 하였다. 이것은 곧 지적인 작용이다.

또 잠언 15장 30절에서 "눈이 밝은 것은 마음을 기쁘게 하고"라고 했다. 여기서는 마음의 감정적인 면을 보여 주고 있다. 시편 40편 8절에서 다윗은 "내가 주의 뜻 행하기를 즐기오니 주의 법이 나의 심중에 있나이다."라고 하였다. 즐거움은 감정이다. 그는 하나님의 법이 그의 마음속에 있기 때문에 즐거워했다. 이것은 곧 감정의 반응을 말해 주고 있다.

잠언 11장 20절에서는 "마음이 굽은 자는 여호와께 미움을 받아도"라고 했다. 여기서는 마음의 의지적인 면을 보여 주고 있다. 의지란 무엇인가? 의지란 선택이나 결정을 하는 능력이다. 그것은 우리의 모든 행동의 직접적인 원인이 된다.

창세기 3장 6절에 보면 하와는 그 나무를 보았고(知), 그 결과 탐이 났으며(情), 마침내 그 실과를 따서 먹었다(意). 하와의 지성과 감성은 하와의 의지에 강한 영향을 미쳤고 하와는 그 실과를 결국 따 먹은 것이다.

우리의 의지는 지성과 감성의 영향을 받기 때문에 우리 안에서 마음이 차지하는 위치를 아는 것은 매우 중요하다. 예를 들면 사탄의 유혹은 손과 발에서 오는 것이 아니라 마음으로부터 온다. 우리의 의지를 움직이는 모든 영향은 우리의 마음을 통해서 온다.

성령에 의해 지배되는 마음

우리는 무엇보다도 힘써 마음을 지켜야 한다.

> 모든 지킬 만한 것 중에 더욱 네 마음을 지키라 생명의 근원이 이에서 남이니라(잠 4:23).

마음이란 지성, 감성, 덕성, 영성을 포함하는 우리의 전인격을 의미한다. 성경은 마음에 대하여 어떻게 말하고 있는가?

자연 상태에 있는 인간의 마음은 예수 그리스도께 나아오기 전의 마음이다. 성경은 예레미야서 17장 9절에서, 우리 마음은 거짓되고 심히 부패해 있다고 말한다. 그리고 그 거짓됨으로 말미암은 희생자 제1호는 자기 자신이다. 창세기 6장 5절에서 하나님은 인간의 생각의 모든 계획이 항상 악하다고 하였다. 신약성경은 마음을 소경이요, 노예요, 죄 아래 팔렸다고 하였다. 이것이 자연 상태에 있는 인간의 마음이다.

거듭남의 새 마음은 우리가 거듭날 때, 하나님이 주시는 새 마음이다. 에스겔서 36장 26절에서 하나님은 "새 영을 너희 속에 두고 새 마음을 너희에게 주되"라고 말씀하셨다. 이 새 마음이란 무엇인가? 그것은 근본적으로 성령의 내주를 의미한다. 성령이 우리의 소경됨을 고치시며, 우리 마음을 열어 성경을 깨닫게 하시고(눅 24:45) 우리에게 새로운 깨달음을 주시며 새로운 감정을 우리 속에 창조하신다. 이처럼 성령께서는 우리에게 새 마음을 주신다.

바울은 갈라디아서 5장 16절에서 "성령을 따라 행하라."고 하였다. 성령을 좇아서 행하기 위해서는 우리의 마음을 성령에 속한 일에 고정시켜야 한다. 로마서 8장 5-6절은 "육신을 따라 사는 사람은 육신에 속한 것을 생각하나, 성령을 따라 사는 사람은 성령에 속한 것을 생각합니다. 육신에 속한 생각은 죽음입니다. 그러나 성령에 속한 생각은 생명과 평화입니다(새번역)."라고 말한다.

하나를 더하는 전인교육

여기 영을 따라 살려는 마음, 즉 성령에 의해 지배되는 마음
이 우리의 목표다. 이 목표에 이르려면 우리 마음을 성령의 일
에 고정시켜야 한다. 우리 마음을 성령의 일에 고정시킨다는
것은 우리 마음을 끊임없이 성령의 영향 아래로 이끌고 가야
한다는 것을 의미한다. 로마서 12장 2절에 우리가 마음을 새롭
게 함으로써 변화를 받아야 한다고 하였고, 에베소서 4장 23절
은 오직 심령으로 새롭게 되어야 한다고 하였다. 말하자면 우
리는 새로운 마음을 가져야 하는 것이다.

3부

—

전인교육의
성경적 원리

성경적 전인교육
– 신앙교육, 독서교육을 중심으로

★ ★ ★

오늘날 교회의 최대 다수의 구성원은 여성이다. 이들 여성은 특히 가정에서 어머니로서 자녀교육에 막중한 영향을 미치고 있다. 아무리 믿음이 좋은 집사, 권사, 장로, 심지어 목사 가정이라 하더라도 자녀교육에 관한 한 세상 사람들과 별로 다를 것이 없는 것 같다. 자녀가 일류대학 혹은 대학만이라도 들어가기를 바라며 이 과외 저 과외, 이 학원 저 학원으로 전전긍긍하며 공부 잘하는 것을 제일로 삼으며 공부만 하라고 재촉하는 것이 현실이다. 세상 부모와 다른 것이 있다면 입시를 앞두고 합격을 위한 철야기도에 열심이라는 점이다. 이러한 시점에서 크리스천 부모로서의 자녀교육관을 정립하기 위해 교회가 체계적인 교육을 실시할 필요가 있다.

크리스천 부모에게 있어서 자녀는 하나님이 은혜로 주시는 고귀한 선물이자 기업이다. 부모는 자녀를 통해 자신의 욕구를 성취하려고 하기보다 하나님이 주신 달란트가 무엇인지 발견하고 이에 대한 하나님의 뜻이 무엇인가를 발견하는 데 우선순위를 두어야 한다.

크리스천 부모는 지식 위주, 성적 위주의 교육을 탈피하여 지혜와 신체적, 영적인 성장을 교육의 중심에 두어야 한다. 이웃 사랑을 기반으로 한 사회성, 기쁨, 평화, 감사와 같은 긍정적 감정(사고)의 형성을 자녀교육의 목표로 삼아야 한다. 이를 실천하려면 부모들이 기존에 갖고 있던 자녀 양육의 태도가 변화되지 않으면 안 된다. 부모들은 실제 상황에서 적용할 수 있는 자녀교육 원리를 체득하도록 훈련받아야 한다.

이를 위해서 크리스천 부모 교육을 위한 교육 프로그램의 계발이 필요하다. 교회는 지역과 교회 사정을 고려하여 적합한 방식으로 부모 교육을 실시해야 한다. 부모의 자녀교육 태도의 변화는 가정에서 큰 변화를 가져올 뿐 아니라 교회적으로도 훌륭한 교회학교 교사의 인력뱅크 구실을 할 것이며 사회적으로는 건강한 학부모 문화를 창출할 수 있다.

한국기독청소년교육원은 1992년부터 전인교육을 목표로 '4Q 교육'과 '사고방식 교육' 그리고 '하나 더하기 교육'을 성경적 원리에 따라 실시하고 있다. 한국기독청소년교육원은 성경적 세계관으로 믿음, 소망, 사랑의 지도자를 기르는 곳이다. 한국기독청소년교육원의 교육 철학은 모든 교육의 기초는 신앙교육, 모든 학습의 기초는 책 읽기다.

오늘날 가정과 교회 그리고 학교와 사회는 물질만능과 이기주의 사상의 팽배로 공동체의 생존이 위기를 느끼고 있다. 이를 극복하기 위해 신앙교육과 독서교육을 통한 지성, 감성, 덕성, 영성을 입체적, 종합적으로 균형 있고 조화롭게 계발하여 전인교육을 이루는 것이 중요하다. 이 성경적 전인교육으로 지성, 감성, 덕성, 영성의 균형 있는 온전한 사람을 키워 믿음의 사람, 소망의 사람, 사랑의 사람을 배출하고자 한다.

전인교육(4Q 교육)의 성경적 원리

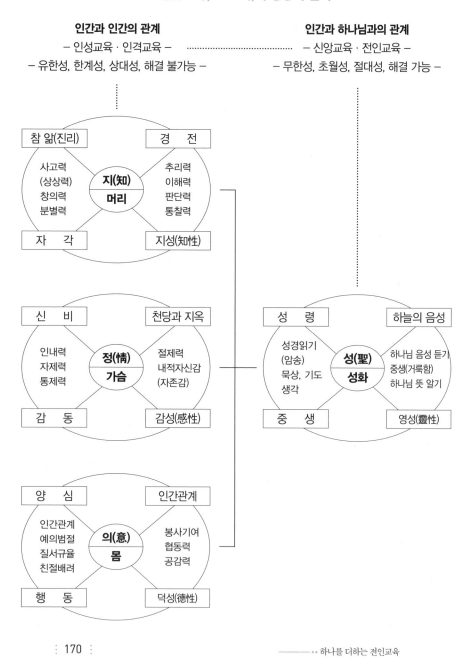

인간과 인간의 관계
– 인성교육 · 인격교육 –
– 유한성, 한계성, 상대성, 해결 불가능 –

인간과 하나님과의 관계
– 신앙교육 · 전인교육 –
– 무한성, 초월성, 절대성, 해결 가능 –

참 앎(진리)　　경 전
사고력
(상상력)　　**지(知)**　　추리력
　　　　　　머리　　이해력
창의력　　　　　　　판단력
분별력　　　　　　　통찰력
자 각　　　지성(知性)

신 비　　　천당과 지옥
인내력　　**정(情)**　　절제력
자제력　　**가슴**　　내적자신감
통제력　　　　　　　(자존감)
감 동　　　감성(感性)

성 령　　　하늘의 음성
성경읽기　　　　하나님 음성 듣기
(암송)　　**성(聖)**　　중생(거룩함)
묵상, 기도　**성화**　　하나님 뜻 알기
생각
중 생　　　영성(靈性)

양 심　　　인간관계
인간관계
예의범절　**의(意)**　　봉사기여
질서규율　**몸**　　협동력
친절배려　　　　　　공감력
행 동　　　덕성(德性)

〈인격교육〉
- ① 知 – 지 성
- ② 情 – 감 성 + 聖 – 영 성〈신앙교육〉 = 〈전인교육〉
- ③ 意 – 덕 성

성경적 전인교육이란 무엇인가?

성경적 전인교육은 지식이나 기능 따위의 교육에 치우치지 아니하고 인간이 지닌 모든 자질을 조화롭게 발달시키는 것을 목적으로 하는 교육에는 반하지 않지만 그 원리와 방법을 성경에 두었다. 왜냐하면 성경은 사람을 온전하게 하기 위해 쓰인 책이기 때문이다.

> 모든 성경은 하나님의 감동으로 된 것으로 교훈과 책망과 바르게 함과 의로 **교육하기에 유익하니 이는 하나님의 사람으로 온전하게 하며** 모든 선한 일을 행할 능력을 갖추게 하려 함이라(딤후 3:16-17).

이 말씀에서 알 수 있듯이 하나님의 말씀인 성경을 기준으로 온전한 사람을 양육하여 세상에 선한 영향력을 끼치며 살아가게 하는 것이다.

전인교육의 4가지 영역

지성 - 지식보다 지혜를

지성이란 알고 깨닫는 것이다. 하나님을 알고, 나를 알고, 우리가 살아갈 세상을 아는 것이 지식이다. 참된 지식은 모든 지식(Knowledge)의 근본이 하나님임을 알아(Knowing) 하나님이 주시는 지혜(Wisdom)에까지 이르는 것이다. 이를 위해 하나님의 관점으로 배우고(Learning), 이해하고(Understanding), 익히는(Training) 지식적 능력을 연마하며 하나님이 주시는 지혜를 구해야 한다.

> 그러므로 형제들아 내가 하나님의 모든 자비하심으로 너희를 권하노니 너희 몸을 하나님이 기뻐하시는 거룩한 산 제물로 드리라 이는 너희가 드릴 영적 예배니라 너희는 이 세대를 본받지 말고 오직 마음을 새롭게 함으로 변화를 받아 하나님의 선하시고 기뻐하시고 온전하신 뜻이 무엇인지 분별하도록 하라 내게 주신 은혜로 말미암아 너희 각 사람에게 말하노니 마땅히 생각할 그 이상의 생각을 품지 말고 오직 하나님께서 각 사람에게 나누어 주신 믿음의 분량대로 지혜롭게 생각하라(롬 12:1-3).

세상의 유행과 지식을 쫓는 것이 아니라 하나님의 선하시고 기뻐하시고 온전하신 뜻이 무엇인지 분별하는 지혜를 소유하는 것이 교육을 통해 갖추어야 할 덕목이다. 이를 위해 마땅히 생각할 바를 생각하며 믿음의 분량대로 지혜롭게 살아가는 훈련이 필요한 것이다. 그 이상의 생각을 하는 것이 교만이고 욕심이다. 하나님의 지혜로 생각하며 살아갈 때 올바른 선택과 판단을 하는 탁월한 통찰력을 소유하게 된다. 이를 위해 기초적으로 책 읽는 훈련이 필요하다. 잘 읽어야 생각하고 생각을 통해 말하고 쓰기를 통해 자신을 표현하게 된다. 또한 우리는 알고 깨닫기 위해 질문(Why)해야 한다. 'why' 질문 속에 지식이 하나님의 관점으로 변화되는 지혜를 얻게 된다.

감성 - 느낌보다 감동을

감성이란 나의 마음을 잘 알고 가꾸는 것이다. 정(情)은 다 듬어지지 않은 나의 감정의 의지를 십자가 앞에 내려놓고 나의 나 됨을 알며, 부족한 부분을 알고 잘 갈고 닦아 변화와 성장을 이끌어 하나님의 감정으로 살아가는 것을 의미한다. 내 감정, 감성이 아닌 하나님의 감정과 감성을 의미한다. 그러하기에 내 마음을 다스리지 못하면 다른 사람을 섬기고 사랑할 수 없다. 잠언 기자는 노하기를 더디 하는 자는 용사보다 낫고 자기의 마음을 다스리는 자는 성을 빼앗는 자보다 낫다고 하였다. 육신의 생각과 안목의 정욕, 이생의 자랑과 욕심으로 가득 찬 내

의지를 꺾고(Will Breaking) 예수 그리스도의 성품과 성령의 열매로 성장해 나가는 것이다.

베드로후서 1장 5-7절 "그러므로 너희가 더욱 힘써 너희 믿음에 덕을, 덕에 지식을, 지식에 절제를, 절제에 인내를, 인내에 경건을, 경건에 형제 우애를, 형제 우애에 사랑을 더하라."는 말씀처럼 날마다 내 감정을 하나님의 마음으로 더해 가며 온전한 그리스도인의 삶을 소망하는 것이다. 이를 위해 자신의 모난 감정을 스스로 다스릴 수 있도록 절제와 인내의 훈련을 하며 매일 내 안에 사는 분이 예수 그리스도임을 알고 자기와의 싸움에서 승리하게 하는 훈련이다. 히브리서 10장 36절에 "너희에게 인내가 필요함은 너희가 하나님의 뜻을 행한 후에 약속하신 것을 받기 위함이라."라는 말씀처럼 하나님의 뜻을 이루기 위하여 나를 내려놓고 나를 다스리도록 교육하는 것이다. 이러한 감성을 계발하기 위해 마음으로 책 읽는 훈련이 필요하다. 나의 마음을 잘 알고 가꾸기 위해 질문해야 한다. 질문하면 보는 눈이 달라져 절제할 수 있게 된다.

덕성 – 일보다 관계를

덕성이란 다른 사람, 자연과 사이좋게 지내는 것이다. 책 읽기를 통해 사람과 세상과 소통하는 것을 배우게 된다. 또한 다른 사람, 자연과 소통하기 위해 질문해야 한다. 질문하면 보는 눈이 달라져 제대로 소통할 수 있게 된다.

덕성이란 다른 사람, 자연과 사이좋게 지내는 것이다. 하나님은 인간을 혼자 살게 하지 않으시고 더불어 살아가는 존재로 창조하셨다. 인간은 관계적 존재다. 아름다운 관계를 형성하기 위해서는 '사랑'이 필요하다. 하나님을 사랑하고 이웃(가정, 사회, 국가, 세계)을 사랑하는 섬김과 긍휼의 마음을 통해 나 아닌 다른 사람(Not for Self)을 위한 관계적 삶을 살아야 한다. 마태복음 22장 37-39절을 통해 "예수께서 이르시되 네 마음을 다하고 목숨을 다하고 뜻을 다하여 주 너의 하나님을 사랑하라 하셨으니 이것이 크고 첫째 되는 계명이요 둘째도 그와 같으니 네 이웃을 네 자신 같이 사랑하라 하셨으니"라고 말한다.

인간은 꿈과 비전을 향한 뜻을 하나님의 비전에 두어야 한다. 왜냐하면 하나님이 존재의 목적과 뜻(비전)을 가지고 인간을 창조하셨기 때문이다. 그리고 각 사람에게 하나님의 비전을 이룰 수 있도록 하나님의 형상을 닮은 모습(Shape)과 각자의 재능(Talent)을 주셨다. 내 꿈, 내 비전이 아니라 하나님이 나를 통해 시작하신 착한 일을 비전으로 삼고 그 일을 위해 뜻을 정하는 것이 하나님과의 사랑의 관계 속에 사는 의로운 삶이다.

하나님의 비전을 이루고 다른 사람을 사랑하며 섬기기 위해

각자에게 주신 재능을 계발하고 수련하여 섬김의 영향력을 발휘하도록 지도하고 가꾸어 나가는 교육의 장이 '의(意)' 영역이다. 마태복음 6장 33절에 "그런즉 너희는 먼저 그의 나라와 그의 의를 구하라 그리하면 이 모든 것을 너희에게 더하시리라."고 말하고 있다. '의'는 '어떤 일의 가치'라는 사전적 의미가 있다. 그 기준을 하나님께 두고 자신의 재능을 찾고 계발하여 하나님과 이웃을 사랑하는 마음을 가지고 모든 관계를 해결하고 풀어가는 화해자의 삶을 살도록 교육하고 훈련한다. 책 읽기를 통해 사람과 세상과 소통하는 것을 배우게 된다. 또한 다른 사람, 자연과 소통하기 위해 질문해야 한다. 질문하면 보는 눈이 달라져 제대로 소통할 수 있게 된다.

영성 - 육적 삶보다 영적 삶으로

영성이란 우리의 삶에 하나님을 더하는 것이다. 모든 교육의 기초는 신앙교육이라는 신념 하에 교육과정 전반에 걸쳐 하나님의 주권을 인정하는 것이다. 하나님의 생각을 듣고 말하고 행동하고 살아가는 성경적 세계관의 삶을 살아가도록 교육하는 것이다. '성(聖)'에 대한 사전적 의미는 거룩함이다. 삶 속에서의 거룩하다는 것은 구별됨이다. 세상과의 구별됨을 위해 하나님을 우리 삶에 더하는 것이다.

성경은 모든 사람이 죄를 범하였다고 말한다. 소경이 소경을 인도할 수 없듯이 인간은 죄의 문제를 스스로 해결할 수 없다. 죄의 문제를 해결할 수 없는 사람은 거룩한 삶을 살아갈 수 없다. 그래서 예수 그리스도를 믿으며 구속의 은혜로 죄 사함을 받는다. 죄 사함을 받은 사람은 이제 하나님을 더하여 거룩한 삶을 살아야 한다. 세상에서 살지만, 세상과 다른 방법으로 사는 삶이 거룩한 삶이다.

하나님이 없다 하는 세상과 다른 방법으로 하나님의 말씀을 기준으로 예수님을 닮은 삶으로 사는 것이다. 우리의 삶에 하나님을 더하는 것, 이것이 거룩이다. 레위기 11장 44-45절에 "나는 여호와 너희의 하나님이라 내가 거룩하니 너희도 몸을 구별하여 거룩하게 하고 땅에 기는 길짐승으로 말미암아 스스로 더럽히지 말라 나는 너희의 하나님이 되려고 너희를 애굽 땅에서 인도하여 낸 여호와라 내가 거룩하니 너희도 거룩할지어다."라고 말씀하신다. 우리의 삶에 하나님을 더하여 거룩한 사람으로 성장하도록 교육하는 것이다. 영성으로 읽는 책 읽기는 기도하며 읽는 것이다. 우리는 하나님의 자녀답게 자라기 위해 질문해야 한다. 질문하면 보는 눈이 달라져 기도할 수밖에 없게 된다.

전인교육의 효과

자아관(삶의 본질과 목적)

나는 누구이며, 왜 사는가, 또 어떻게 살아야 하는가를 새롭게 조명하면서 삶의 본질과 목적을 확립한다.

사회관(공동체 생활 훈련)

사회란 각 개인의 상호 유기적인 공동체임을 인식하고 각 개인 간의 역할과 상호 협동을 통한 살기 좋은 사회를 만드는 데 비전을 제시한다.

신앙관(생애 최고의 가치관)

"내가 곧 길이요 진리요 생명이니(요 14:6)"라는 예수 그리스도의 말씀에 의하여 소명의식을 갖고 평생토록 즐겁고 보람 있게 살 수 있는 가치관을 정립한다.

사고방식
교육

★ ★ ★

하나님이 사람에게 주신 가장 귀한 선물은 생각이다. 사람은 이 생각을 통하여 자연을 다스리고 동식물을 지배하며 삶을 살아왔다. 생각을 잘 지키는 것이 재산을 지키는 것보다, 건강을 지키는 것보다 더 중요하다. 왜냐하면 생각은 생명의 근원이 되고 행복의 근원이기 때문이다.

하나님은 세상을 체계적으로, 계통적으로 질서 있게 창조하셨다. 광물계 위에 식물계를, 식물계 위에 동물계를, 동물계 위에 인간계를 만드셨다. 그리고 위의 세계가 아래 세계를 지배하도록 질서를 세우셨다. 인간은 무엇을 통해서 그들을 다스리고 지배할 수 있는가? 그것은 바로 하나님이 인간에게 주신 생각할 수 있는 힘이다. 이것이 하나님이 인간에게만 주신 선물이며 복이다.

생각의 힘

생각은 하나의 힘이다. 그것은 강력한 힘이다. 우리가 그것을 인식하든 못하든 생각은 우리 안에서 작용하며, 우리의 삶에 영향을 준다. 수없이 떠오르는 생각들을 우리가 잘 다스릴 수 있다면 우리는 좀 더 변화된 삶을 살 수 있을 것이다.

우리는 하나님의 피조물이다. 우리는 매우 귀하고 아름다운 존재다. 이 사실을 경험하고 누리기 위해서는 우리의 생각을 아름답게 지키기 위하여 생각 훈련을 해야 한다. 생각은 날마다 자기 자신을 어떤 모습으로든 만들어 가고 있다. 생각은 자신을 죽일 수도 있고, 살릴 수도 있다. 그것은 가장 무서운 독이 될 수도 있고, 가장 위대한 복이 될 수도 있다.

생각은 단순한 하나의 관념이 아니다. 그것은 실재하는 힘이다. 이 힘의 종류는 그 성격에 따라 두 가지로 나눌 수 있다.

첫째, 건설적인 힘이다. 좋은 생각들, 밝은 생각들은 건설적인 힘을 생산한다. 평화로운 생각, 감사하는 생각, 기뻐하는 생각 등은 몸과 마음을 부드럽고 자연스럽고 행복하게 만든다.

둘째, 파괴적인 힘이다. 두려움의 생각, 분노의 생각, 질투, 미움, 원망 등의 생각은 파괴의 힘을 발산한다. 이러한 생각을 하는 그 순간부터 파괴의 힘은 작동하기 시작하며 그 사람 자신을 불행하게 하는 작업을 시작하는 것이다.

우리는 인생을 살면서 우리의 인생이 진보되고 행복한 삶을 살 수 있도록 생각을 훈련해야 한다. 감사하고 즐거워하여야 한다. 우리의 행복은 결코 먼 곳에 있지 않다. 우리의 생각의 힘을 창조적인 힘으로 바꾸라. 하나님께 예배를 드리며 하나님이 생각을 주신 것에 대하여 기뻐하며 감사하자.

생각은 하나님의 힘이며, 하나의 인격이며, 생명이며, 영적인 힘이다. 이것을 잘 다룰 수 있을 때 우리는 많은 위험과 고통에서 자신을 지켜낼 수 있다.

생각은 행동을 지배한다

사람의 몸은 생각의 종이다. 사람의 행동은 생각의 결과다. 보이는 행동은 물질세계의 영역이지만 보이지 않는 생각은 영적인 세계의 영역이다. 따라서 정신적인 영역은 물질적인 영역을 지배하는 것이다.

많은 사람들의 행동이 잘못되어 있다. 그들은 이러한 잘못된 습관이나 행동을 고치려고 노력한다. 예를 들면 담배를 끊으려고, 술을 끊으려고, 악하고 나쁜 습관을 버리려고 노력한다. 그러나 그러한 행동의 잘못 이전에 생각이 잘못되어 있고 영이 잘못되어 있기 때문에 생각을 먼저 고치지 않는 한 결코 행동을 고칠 수 없다.

많은 사람이 맹목적이고 소극적이며 부정적인 행동을 한다. 아주 여유 없이 그냥 바쁘게 움직인다. 무례하고 이기적인 행동을 한다. 교만한 행동을 한다. 더러운 말을 한다. 사나운 말과 행동을 한다. 이 모든 것은 병든 생각, 망가진 생각에서 나온다.

생각과 영혼이 맑고 바르게 되면 자연스럽게 바른 행동이 나오게 된다. 행동을 고치려고 하면 생각을 고쳐야 한다. 진정한 바른 생각과 행동을 소유하기 위하여 나의 생각을 조사하고 분석해 보라. 그리고 생각을 바꾸어라. 생각은 행동을 바꾼다. 생각은 나를 새롭게 만든다. 그러므로 올바른 생각이 건강한 나를 만들고, 자신의 미래와 영원을 만들 것이다.

생각은 외부에서 들어온다

사람들은 일반적으로 자신이 생각을 만들어 낸다고 여긴다. 즉 생각은 자신의 내부의 작용이라고 알고 있다. 그러나 그렇지 않다. 생각은 사람의 외부에서 사람의 속으로 들어온다. 사람은 그 생각을 받아들인다. 즉 사람의 뇌는 외부 힘의 수신 기구다.

성경은 마귀가 가룟 유다에게 예수를 팔 생각을 넣었다고 하였다.

마귀가 벌써 시몬의 아들 가룟 유다의 마음에 예수를 팔려는 생각을 넣었더라(요 13:2).

가룟 유다가 마귀의 생각을 받아들인 것으로 보아 그 생각의 근원은 자신에게서 나온 것이 아니다. 육신의 생각은 육신의 욕망에서 들어온 것이며 영의 생각은 영적 갈망에서 들어온 것임을 알 수 있다.

육신을 따르는 자는 육신의 일을, 영을 따르는 자는 영의 일을 생각하나니 육신의 생각은 사망이요 영의 생각은 생명과 평안이니라(롬 8:5-6).

인간은 생각하는 존재다

사람은 생각하는 존재다. 그런데 요즘 사람들, 특히 젊은이들은 생각하기 전에 행동부터 해 버린다. 이것은 이 시대의 특징이 '생각하는 것을 싫어한다.'라고 볼 수 있다. 그래서 슈바이처는 "현대인은 사색을 단념하고 사색에서 나오는 이념과 사상을 포기했다."고 개탄했다. 이런 의미에서 볼 때 오늘날의 젊은이들은 "불행한 소크라테스가 되기보다는 만족한 돼지가 되기를 원한다."는 것이다.

인간은 누구나 똑같이 태어나지만 어떤 사람은 일생동안 훌륭한 일을 많이 하게 되고, 또 어떤 사람은 평생토록 아무런 일도 하지 못하게 되는데 그것은 그 사람이 얼마만큼 생각하면서 살았느냐에 달려 있다.

생각을 깊게 하면 내면의 세계를 열게 되고 생각이 높아질수록 꿈, 이상, 비전을 크게 갖게 되며, 생각을 넓게 하면 사랑과 평화의 세계를 이룩할 수 있다. 그러므로 인간은 생각하는 능력을 갖고 있기 때문에 오늘날의 찬란한 문화와 문명을 창조, 발전시킬 수 있었다.

생각은 자기를 반성하게 하고 스스로 깨닫게 한다

생각한다는 것은 곧 자기 자신과 이야기를 나누는 것이며 본래의 자기 일을 찾는 것이다. 생각은 결코 거짓과 허세를 용납하지 않는다. 자기의 잘못을 뉘우치게 하고 스스로 모르는 것을 깨달아 알게 한다. 몸과 마음을 닦아 자기를 키우는 것이다. 그러므로 생각을 깊이 하면 그릇된 마음을 바꾸게 되고 새 사람이 되는 것이다.

생각은 사물의 이치를 바로 깨닫게 한다

생각한다는 것은 사물에 대한 세밀한 관찰과 올바른 인식 능력, 틀림없는 기억력과 풍부한 상상력, 민감한 감수성, 냉철한 분석력 및 판단력 그리고 우수한 창의력과 독특한 아이디어를 창출하게 한다. 그러므로 생각을 높게 하면 사물의 이치를 바로 깨달아 모든 것을 바르게 이해할 수 있게 된다.

생각은 창조주의 뜻을 깨달아 알게 한다

생각한다는 것은 천지를 만드신 하나님의 섭리와 경륜, 그리고 그의 뜻을 바로 알아 그대로 살게 한다. 생각하는 사람은 하나님의 음성을 들을 수 있다. 그러므로 생각을 넓게 하면 그 속에서 사랑과 희락 그리고 평화가 넘치게 된다.

이와 같이 생각은 놀랍고도 위대하다. 마르크스 아우렐리우스는 "인간의 생애는 그 사람의 사고에 의해서 만들어지는 것이다."라고 하였다. 결코 좋은 대학을 졸업했다든가, 좋은 직장을 얻게 되었다든가, 훌륭한 가문의 출신이라는 것만으로 그 사람이 만들어지는 것이 아니다. 그 사람의 생각의 깊이와 높이, 그리고 넓이에 따라 만들어지는 것이다.

생각은 눈을 감고 가만히 있는다고 이루어지는 것이 아니다. 건전한 방향에서 목표를 정하고 그것을 이루기 위해 평소에 생각하는 훈련을 끊임없이 해야 한다. 생각하는 훈련을 하자. 인간이 위대하다는 것은 생각할 수 있기 때문이다. 이 생각을 풍부하게 하려면 생각하는 훈련을 해야 한다. 생각하는 훈련에는 여러 가지가 있다. 어떤 사람은 벽을 향하여 앉아서 하고, 어떤 사람은 깊은 산속에 들어가서 하기도 하고, 또 어떤 사람은 산책을 하면서, 책을 읽으면서, 글을 쓰면서 생각하기도 한다. 그리고 남과 열띤 토론을 통해 비판을 하면서도 생각하게 된다. 때때로 조용한 곳에서 혼자 생각해 본다. 시끄럽고 혼탁한 곳에서는 좋은 생각이 떠오르지 않는다. 그리고 매일의 생활 속에서 보고, 듣고, 느끼는 것으로 끝나지 말고 한 걸음 더 나아가 그것에 대해 생각하는 습관을 길러야 한다.

사람은 생각에 따라 태도, 행동, 인격이 달라진다. 생각은 마음을 움직이고 삶을 변화시킨다. 그러므로 생각은 그 시대의 정신과 사상을 만들어 내며 생각하는 자가 천하를 얻는다. 하나님은 처음부터 사람에게 생각할 수 있는 능력을 주셨다.

성경적 사고방식의 기본 패러다임

성공하는 사람들의 한 가지 공통점은 무엇일까? 그것은 바로 생각이 뛰어나다는 것이다. 뛰어난 사고를 일상생활의 영역으로 받아들이는 사람은 삶을 바꾸기 위해서 생각이 달라져야 한다는 것이다. 나는 평생 살아오면서 생각을 잘하는 방법에 관해 연구해 왔다. 우리가 발전하려면 생각이 얼마나 중요한지 잘 알고 있다.

우리의 오늘은 어제 생각한 결과다. 우리의 내일은 우리가 오늘 무슨 생각을 하느냐에 달려 있다. 나는 대학 시절부터 생각이 바뀌면 인생이 바뀐다는 것을 알고 사고방식 정립을 위하여 여러 가지 사고방식에 관한 책을 읽으면서 노력해 왔다. 그 결과 성공했다는 사람들의 공통점이 무엇인지를 깨닫게 되었다. 그들은 다음의 두 가지 사고방식으로 열심히 살았다는 것을 알 수 있었다.

그것은 소극적인 생각을 적극적인 생각으로, 부정적인 생각을 긍정적인 생각으로 바꾼 것이다. 사실 사고방식을 바꾼다는 것은 쉬운 일이 아니다. 특히 변화를 꺼려하는 사람에게는 더욱 그렇다. 어떤 사람에게는 평생 노력해야 하는 일이다.

그런데 적극적 사고방식과 긍정적 사고방식을 가지고는 일정한 시기까지는 열심히 달려가지만 여기에 큰 함정이 있음을 알고 나는 새로운 사고방식으로 '목표적 사고방식'을 하나 더 설정하여 '성경적 사고방식의 기본 패러다임'을 창안하였다.

목표적 사고방식

목표적 사고방식은 '누가 뭐래도 자나 깨나 오직 이 길을 간다.'는 생각과 태도다. 목표적 사고방식을 갖고 살아가기 위해 갖추어야 할 것이 있다.

첫째, 큰 꿈을 가져라. 목표적인 생각이 쌓이면 꿈은 이루어진다. 꿈 중에 가장 큰 꿈은 하나님이 주신 꿈이다. 다음 말씀은 엘리야가 갈멜산 꼭대기에서 하나님께 비를 달라고 기도하는 장면이다. 이 말씀에서 처음에 아주 작은 희망이 보이지만 그것은 점점 커지며 마침내 큰 꿈이 이루어지는 장면으로 바뀌는 것을 볼 수 있다.

아합이 먹고 마시러 올라가니라 엘리야가 갈멜산 꼭대기로 올라가
서 땅에 꿇어 엎드려 그의 얼굴을 무릎 사이에 넣고 그의 사환에게
이르되 올라가 바다쪽을 바라보라 그가 올라가 바라보고 말하되 아
무것도 없나이다 이르되 일곱 번까지 다시 가라 일곱 번째 이르러
서는 그가 말하되 바다에서 사람의 손 3.만한 작은 구름이 일어나
나이다 이르되 올라가 아합에게 말하기를 비에 막히지 아니하도록
마차를 갖추고 내려가소서 하라 하니라 조금 후에 구름과 바람이
일어나서 하늘이 캄캄해지며 큰 비가 내리는지라 아합이 마차를 타
고 이스르엘로 가니(왕상 18:42-45).

목표 달성을 위해 최선을 다해야 한다. 최선을 다한다는 것
은 최우선을 위하여 차선을 포기하는 것이다. 하나님의 도우심
으로 분명히 최선의 것을 얻게 될 것이다. 목표달성과 성장, 성
숙 등을 위하여 "누가 뭐라고 하더라도 자나 깨나 꿈속에서라
도 생각을 해야 한다."

내가 주 안에서 크게 기뻐함은 너희가 나를 생각하던 것이 이제 다
시 싹이 남이니 너희가 또한 이를 위하여 생각은 하였으나 기회가
없었느니라 내가 궁핍하므로 말하는 것이 아니니라 어떠한 형편에
든지 나는 자족하기를 배웠노니 나는 비천에 처할 줄도 알고 풍부
에 처할 줄도 알아 모든 일 곧 배부름과 배고픔과 풍부와 궁핍에도
처할 줄 아는 일체의 비결을 배웠노라 내게 능력 주시는 자 안에서
내가 모든 것을 할 수 있느니라(빌 4:10-13).

둘째, 설계도(자화상)를 그려라. 본질적인 것이 아닌 것으로 씨름하지 말아야 한다. 우리는 모든 일에 대해서 정확하고 꼼꼼해야 한다. 대충 대충 넘어가는 일이 없어야 하고 모든 일을 세밀하게 계획하고 이루어 나가야 한다. 우리가 바라는 상황을 마음속에 그림으로 그려 보자. 그리고 10년, 30년, 50년 후의 모습을 생각해 보라.

우리는 가끔 본질이 아닌 것을 가지고 그렇게 씨름하고 있을 때가 있다. 땅에 속한 모든 것은 다 썩는 것이니 영원하지 않는 것을 가지고 씨름하지 말아야 한다. 그런 것은 아무래도 상관이 없는 일이다. 본질이 아닌 것은 그냥 감사하고 누리면 된다. 설계도를 그리면서 본질적인 것이 아니라면 그것에 둔감해지는 훈련을 하라.

> 위의 것을 생각하고 땅의 것을 생각하지 말라(골 3:2).

> 그러므로 땅에 있는 지체를 죽이라 곧 음란과 부정과 사욕과 악한 정욕과 탐심이니 탐심은 우상 숭배니라 이것들로 말미암아 하나님의 진노가 임하느니라(골 3:5-6).

셋째, 초월정신을 발휘하라. 생각이 바뀌면 삶이 즐겁다. 이 시대는 물질중심 시대, 영적으로는 아주 낙후된 시대다. 사람

── •• 하나를 더하는 전인교육

들은 영적 사고, 내면의 사고에 서투르다. 그들은 보이는 것에만 민감하고, 보이지 않는 세계를 잘 이해하지 못한다. 그러나 영의 세계에서는 눈에 보이는 것보다 눈에 보이지 않는 생각의 상태가 더 중요하다.

초월정신은 멀리 바라보는 것이다. 오늘보다 내일을, 나보다 남을 더 생각하는 것이다. 넘어다 보는 세계다. 이기적이며 받기를 좋아하는 사람이 이타적이며 주는 것을 좋아하는 것이다. 항상 자기 문제, 자기 가족, 자기 고민으로 씨름하는 사람이 다른 사람의 고통으로 아파하고 중보하는 것이다. 이러한 생각의 변화를 초월정신의 발휘라고 말한다.

하나님의 기쁨을 위해서, 다른 사람의 즐거움을 위해서 사는 사람은 항상 모든 곳에서 행복하다. 우리는 섬기기 위해서 결혼하고, 직장에 출근한다. 우리가 하는 한 가지 한 가지의 일은 모두 섬기고 베풀고 나누기 위함이다. 이것이 장차 천국의 모형이다.

초월정신은 사고방식의 변화이다. 생각을 변화시킬 수 있을 때 우리의 삶은 언제나 행복할 것이다.

적극적 사고방식

적극적 사고방식은 '내가 안 하면 누가 하랴!'는 생각과 태도다. 적극적 사고방식을 위해 생각해야 할 것이 있다.

첫째, 문제의식을 가져라. 인간에게는 선택권이 있다. 우리에게는 하나님이 허락하신 자유의지를 가지고 있다. 우리는 사고방식, 감정을 선택할 수 있다. 어떤 사람을 도저히 용서할 수 없다고 되뇌일 수도 있고, 넓은 마음과 사랑의 마음으로 용서할 수도 있다.

사업 실패로 자신을 파멸과 죽음으로 던질 수도 있지만 또한 '그까짓 것' 하고 일어나 다시 시작할 수도 있다. 어떠한 문제이든지 어떻게 생각하고 선택했느냐에 달려 있다. 어떠한 문제가 발생하더라도 그 문제에 대하여 "이 문제를 내가 해결하지 않으면 누가 해결하겠는가?"라고 도전해야 한다. 문제의식을 갖자. 일상생활 속에서 문제의식을 가지고 부지런히 살아야 한다. 여가생활, 가사 문제, 쇼핑, 자녀교육, 책 읽기 등에서 발생되는 여러 가지 문제를 솔선수범하여 해결해 가자.

둘째, 주인의식을 가져라. 집중된 힘은 강력한 힘이다. 집중된 힘은 생명력이 있고, 운동력이 있고, 실제적인 힘이 있다. 힘의 정도는 생각의 집중력에 따라 차이가 난다. 집중력을 키우려면 단순한 생각을 훈련해야 한다. 복잡한 생각으로부터 자유롭게 해야 한다. 단순해질수록 사람은 자유로워지며 이론만이 아닌 실제적인 삶을 누릴 수 있게 된다.

한 가지의 일 만이라도 삶의 주인공이 되라. 불굴의 용기와 투지, 강력한 의지력, 집념, 추진력이 있어야 한다. 적당주의가 아닌 철저함이다. 자신감이 있어 어떤 일이든지 주인의식, 주인정신을 가지고 자기가 하는 일에 대해서 강한 긍지를 가져야 한다.

셋째, 역사의식을 가져라. 생각의 힘은 변화되고 발전한다. 역사의식은 새로운 눈으로 과거, 현재, 미래를 보는 것이다. 새로운 것을 찾기 위해 바른 생각, 바른 진리를 받아들이고 그것이 우리의 중심이 되도록 노력해야 한다. 그것이 바로 실제적인 변화, 성장의 역사다. 우리는 사는 날까지 새로운 역사를 창조하며 발전해 가야 한다.

긍정적 사고방식

긍정적 사고방식은 '그럼에도 불구하고 할 수 있다.'는 생각과 태도다. 긍정적 사고방식으로 사는 사람에게서 볼 수 있는 특징이 있다.

첫째, 감사 찬양을 드려라. 감사의 능력은 좋은 것이 아무 것도 없는 듯한 상황에서 좋은 것을 찾아내는 능력이다.

다니엘은 왕 외에 어떤 신에게나 사람에게 무엇을 구하면 사자 굴에 던져진다는 사실을 알고 있었다. 그러나 그는 전에 행하던 대로 하루에 세 번씩 무릎을 꿇고 기도하며 하나님께 감사했다(단 6:10). 다니엘은 어떻게 그런 상황에서 감사할 수 있었을까? 다니엘은 하나님이 어떤 어려움 가운데서도 그를 지켜 주시고, 그를 형통케 해 주시는 좋으신 하나님으로 보았기 때문이다.

기도하면 감사하게 된다. 왜냐하면 기도는 우리의 영안을 열어 주기 때문이다. 무릎을 꿇으면 보게 된다. 예수님은 나사로의 무덤 앞에서 감사기도를 드리셨다. 그곳에서 사람들은 썩어가는 시체를 보았고 예수님은 하나님의 영광을 보셨다. 예수님은 좋은 것, 즉 죽은 나사로가 다시 살아나는 것을 보셨다. 그래서 감사의 기도를 드리신 것이다. 하나님은 감사하는 사람에게 더 좋은 것을 보는 능력을 부여해 주신다. 모든 상황 속에서 좋은 것을 볼 수 있기에 성경은 "범사에 감사하라(살전 5:18)."고 하였다.

범사에 감사하는 사람은 어떤 사람인가? 성경에서 욥은 재산과 자식들을 한 순간에 모두 잃는 슬픈 일을 당했을 때 "주신 이도 여호와시요 거두신 이도 여호와시오니 여호와의 이름이 찬송을 받으실지니이다(욥 1:21)." 하고 하나님을 향해 원망하지 않고 찬양을 드렸다. 감사란 여건 속에서 나오지 않고 믿음에서 나온다. 탈무드에 "하나님은 감사치 않는 사람에게 내릴

벌을 만드시지 않았다. 왜냐하면 그러한 사람은 이미 불행이라는 벌을 받고 있기 때문이다."라고 하였다. 결국 감사하는 사람이 진정 복 받은 사람임을 일깨워 준다. 내 뜻대로 되지 않는다할지라도 그 속에 하나님의 뜻이 있는 줄 믿고 감사하라.

둘째, 장점을 찾아 칭찬하고 격려하라. 다른 사람의 장점을 먼저 인정하고 그것을 칭찬하는 것이다. 지옥을 형성하고 있는 근본 원리는 자기중심의 사고방식이다. 천국은 하나님 중심, 다른 사람 중심의 사고방식에 의해서 형성된다.

하나님은 우리 모두에게 고유한 사고의 능력을 주셨다. 고유한 달란트와 권리를 주셨다. 어떤 사람들이 우리를 좋아하고 달란트를 칭찬해 준다면 그것은 감사할 일이다. 우리도 남을 칭찬할 수 있다. 하나님은 우리가 자신의 입장을 버리고 상대방을 섬기기를 원하신다. 자기중심으로 살고 자기의 비위에 맞지 않는 사람을 미워하게 되면 자기의 온 몸과 마음이 망가지고 때로는 심한 질병에 걸려 삶을 살 수 밖에 없도록 창조되었다. 그러므로 우리가 항상 기쁨과 행복의 삶을 살기 원한다면 상대가 누구든 우리는 다른 사람의 권리를 인정하며, 그가 어쨌든 우리는 장점을 찾아 칭찬하고 사랑해야 한다.

셋째, 무한한 가능성을 찾아라. 불쾌한 일도 좋은 기회가 될 수 있다. 사람들은 누구나 즐거운 것을 좋아하고 불쾌한 경험을 싫어한다. 그러나 영혼의 차원에서는 즐거운 일이 반드시 좋은 것은 아니며 불쾌한 일이 꼭 나쁜 것만도 아니다. 우리는 즐거움에 너무 빠지지 말고 그것을 다스려야 하며 불쾌한 일도 성장을 위한 좋은 기회로 대치해 나가야 한다. 영적으로 어릴 때 우리는 우호적인 사람 앞에서만 행복할 수 있지만 영적으로 성숙할수록 적대적인 사람 앞에서도 사랑하며 행복할 수 있다. 생각을 바르게 할 수 있을 때 어떤 일이든 기회로 삼을 수 있을 것이다. 실패란 있을 수 없다. 잠재의식을 계발할 뿐이다.

하나를 더하는
원리

★ ★ ★

'하나'의 의미

공주대 박달원 교수는 '1의 의미'를 다음과 같이 이야기한다. 1은 모든 수의 시작을 뜻한다. 모든 사물의 첫 걸음을 의미한다. 순서를 나타내는 번호는 보통 1부터 시작되며, 첫 번째 출근(첫 출근), 첫 번째 월급(첫 월급), 첫 사랑, 첫 단추 등은 처음을 뜻하는 의미로 1을 나타내는 낱말이다.

1은 제일을 뜻한다. 일등, 우승, 왕 중 왕 등은 각 분야에서의 제일을 나타내는 말들이다. 따라서 1이라는 수는 사람들의 소망과 희망을 나타내며 사람들에게 보람과 성취감을 가져다

준다.

1은 통합을 의미한다. 분단된 국가가 하나의 국가로, 분열된 여론과 사회가 하나로 뭉칠 때, 너와 내가 하나로 뭉칠 때 큰 힘과 영향력을 행사할 수 있다.

1은 모든 수를 생성하는 기본 단위다. 한 개의 숫자로 무한히 많은 수를 생산함($1+1=2$, $1+1+1=3$)은 놀라운 일이다.

1은 유일성을 의미한다. 1은 곱셈에서 $2 \times 1 = 2$, $3 \times 1 = 3$과 같이 어떤 수에 1을 곱해도 그 계산 값은 변동이 없다. 이러한 역할을 하는 수는 오직 1이다.

이와 같이 1의 의미를 다 포함하고 계시는 분이 계시는데 바로 하나님이다. 하나님은 모든 것 가운데 첫 번째다. 제일이며 유일하다. 으뜸이다. 모든 만물이 그로 말미암아 창조되었으며 그가 다스리는 나라는 통합된 나라다. 따라서 1은 하나님의 수라고 생각해 본다.

하나님의 수와 인간의 수

하나님과 인간의 관계를 재미있게 묘사한 글이 있다. 1은 완전하다는 의미에서 하나님의 수를 나타낸다. 그에 반해 0은 아무것도 아닌 존재라는 뜻에서 인간을 의미한다. 0과 1의 공식은 '나'를 하나님 앞에 세우면 세울수록 0.1, 0.01, 0.001, 0.0001처럼 점점 작아지나, 하나님을 앞세우면 앞세울수록 10, 100, 1,000, 10,000처럼 그 수는 10배수의 차이로 커진다는 것이다. 우리에게는 이러한 하나님을 믿는 '믿음'이 있어야 한다.

존 월터 카이저는 "믿음을 가진 사람에게는 어떤 일이든지 가능하다. 믿음은 모든 경계선을 넘어서 내다본다. 믿음은 모든 한계를 뛰어넘는다. 믿음은 모든 장애물을 격파한다. 그리고 목표를 바라본다. 믿음은 결코 실패하지 않는다. 믿음은 기적을 일으키는 주체다."라고 말했다.

'하나'를 더하는 철학

우리의 삶에 하나를 더해야 한다. 인생이란 문제를 푸는 것이다. '하나'는 문제 해결의 열쇠다. '하나를 더한다'는 것은 문제 해결의 비결이다. '하나의 철학'은 모든 일에 하나님을 더한다는 뜻이다.

나는 '천재란 하나를 더하는 것이다.'라고 정의해 왔다. 하나는 주어지는 것이 아니라 찾는 것이다. 그런데 우리는 종종 무슨 일을 하려고 하면 나이가 어리다든가 많다든가, 머리가 나쁘다든가, 교육을 받지 못했다든가 하고 핑계를 댄다. 돈도 없고, 시간도 없다고 한다. 그러나 결코 이러한 것이 장애요인이 될 수 없다. 하나를 더할 수 있느냐 없느냐가 문제다. 이 하나가 없이는 모든 문제가 풀리지 않는다. 나의 삶 속에서 잃어버린 하나를 찾자. '하나' 없는 인생은 아무 것도 이룰 수 없다.

우리는 매일 하나를 더해야 한다. 그러나 인간의 의지와 노력만으로는 도저히 이룰 수 없을 때가 있다. 이럴 때 하나의 의미를 한 차원 더 높여 하나에다가 '님'을 더해야 한다. 즉 하나님을 더해야 한다는 것이다. 이것이 믿음이다.

사람이 가장 불행한 것은 천재이면서도 천재인 줄 의식하지 못하고 사는 것이다. 세상에서 천재의 기준은 IQ의 수치이다. 그러나 사람을 수치나 통계에 의해서 판단해서는 안 된다. 지능지수가 높고 뛰어난 사람이 천재인가? 그것은 아니다. 그렇다면 천재란 어떤 존재인가? 천재에 대한 의미를 살펴보자.

국어사전에 따르면 천재란 재주 혹은 재능이 빼어난 사람을 뜻한다. 천재란 말은 "보다 나은"이란 의미를 가진 라틴어에서 유래한 낱말이다. 문학가들은 천재란 영감과 직관을 하늘로부터 부여 받아 사물의 본질을 순간적으로 인식하여 이것을 가감 없이 있는 그대로 언어로 표현하는 사람을 뜻한다.

천재의 의미를 성경에서 찾아보았다. 마가복음 10장 17-22 절 본문 말씀을 통해서 나는 평소에 천재란 '하나를 더하는 것 이다.'라고 정의해 왔다. 자기에게 결여되어 있거나 부족한 것 을 한 가지씩 더해 나가는 노력이 곧 천재를 만드는 것이다. 인 간의 의지와 능력으로 한 가지를 더해 나간다 해도 더는 발전 할 수 없는 한계상황이 찾아오기 마련이다. 이러한 한계상황을 극복하기 위해 '하나님을 더하는 것'이 궁극적으로 천재를 완 성시킨다(빌 4:13).

우리의 자녀들이 하나를 더할 수 있으면 천재다. 그러나 하 나를 더할 수 없으면 바보다. 사람이면 누구나 다 '하나'를 더 할 수 있다. 이는 하나님의 원리이다. 나를 만드신 하나님이 천 재임으로 피조물은 천재적 소질을 갖고 있을 수밖에 없다.

하루에 영어 단어 하나씩만 외워도(1차원적인 하나 더하기) 1 년이면 365개, 중학교 3년이면 약 1,000개의 단어를 알게 된 다. 이러한 식으로 하나를 더해 욕심을 부리지 않고 해 나갈 때 우리는 천재가 될 수 있다. 그러나 사람은 한계선 상에 이르게 된다. 이때 하나님을 더해야 한다(2차원적인 하나 더하기). 자녀의 인생에 하나님을 더하는 것이 진정한 '하나 더하기'다.

'하나 더하기' 운동

나는 오래 전부터 기회 있을 때마다 '하나 더하기' 운동을 강조해 왔다. 그것은 누구나 하나를 더할 수 있으면 천재가 될 수 있기 때문이다. 천재가 되고 싶은가? 하나를 더하라. 그러면 천재가 될 것이다. 왜냐하면 천재란 하나를 더하는 것이기 때문이다.

하나를 알면 재미있다. 모르는 것을 하나 알게 되면 누구든지 재미가 있게 되고 많은 관심이 생기게 된다. 하나를 더 알면 자신이 생긴다. 누구나 하나를 더 알게 되면 나도 하면 된다는 자신감을 갖게 된다. 또 하나를 더 알게 되면 너무 신이 난다. 또 하나를 더 알게 되면 무엇이든 하지 않고서는 견디지 못한다. 목표를 세우게 된다. 하나님이 함께하시면 불가능이 없다. 내가 안 하면 누가 하나? 사람이란 무엇이든 하고 싶지 않을 때는 10분도 지루하지만 하고 싶은 의욕이 생기면 밤을 새도 피곤치 않다.

성경적 전인교육을 통해 천재교육을 제대로 성공하려면 어떻게 해야 하는가? 모든 교육의 기초인 신앙교육을 제대로 해야 한다. 모든 학습의 기초인 책 읽기 교육을 제대로 해야 한다. 전인교육(지성 계발, 감성 계발, 덕성 계발, 영성 계발)을 제대로 해야 한다. 사고방식(목표적 사고방식, 적극적 사고방식, 긍정적 사고방식) 교육을 제대로 해야 한다. '하나 더하기' 교육을 제대로 해야 한다. 그래야 믿음, 소망, 사랑의 사람을 길러낼 수 있다.

나는 누구인가? 천재인가? 바보인가?

나는 누구인가? 내가 누구인지를 잘 안다는 것은 사는 맛을 더해 주고 사는 것 그 자체가 신나는 것이다. 그러나 '나는 누구인가?'를 안다는 것은 저절로 이루어지는 것이 아니다. 진지하고 성실한 노력이 필요하다.

하나를 더할 수 있으면 천재다. 인간은 누구나 하나를 더 할수 있는 능력을 갖고 태어났다. 이 능력을 사용해 하나를 더 할수 있으면 천재가 되고, 하나를 더 할 수 없으면 바보가 된다.

하나님은 바보인가? 천재인가? 하나님은 천재 중의 천재다. 사람은 하나님의 형상대로 창조되었다. 따라서 우리 모두는 천재며, 나는 천재다. 그러나 대부분의 사람들은 자기가 천재인줄 모르고 살아가며, 천재답게 살아가는 방법을 모르는 것이 가장 큰 문제다. 나 자신의 존재를 '평범하다', '보통이다'라고 단정해서는 안 된다. 나의 생각 여하에 따라 바보가 되기도 하고 천재가 되기도 한다. 나를 만드신 하나님이 천재임으로 나는 천재적 능력을 갖고 있을 수밖에 없다. 따라서 어떠한 한계 상황에 이른다 해도 이를 극복할 수 있는 능력이 주어져 있다. 이것이 '하나님의 원리'라는 것을 깨달아 아는 것이 인생의 지혜다.

하나를 더하는 것의 최고점은 하나님을 더하는 것이다. 하나님을 더하는 것은 하나님의 이름을 부르는 것, 하나님의 음성을 듣는 것, 하나님의 말씀에 순종하는 것, 하나님의 세계를 바라보는 것, 하나님의 힘을 의지하는 것이다.

내 인생에 하나님을 더한 나는 천재다. 인간에게서 나오는 지혜(철학 → 제한성 → 해결할 수 없다 → 육안)와 하나님에게서 나오는 지혜(성경 → 무제한 → 해결할 수 있다 → 영안)의 차이를 아는 것이 바보와 천재의 차이다.

내 인생에 하나님의 비전을 더하라

사람은 저마다의 꿈과 희망이 있다. 오늘의 꿈, 내일의 꿈, 내년의 꿈, 미래의 꿈을 소중히 간직하고 산다. 꿈이 그 사람을 말해 준다. 꿈을 소유한 사람 보다 더 큰 사람은 없다.

하나님은 꿈을 가진 사람에게 복을 주시고 꿈대로 사용하신다. 그러나 중요한 것은 내 꿈, 내 야망, 내 미래가 아니라 하나님의 꿈, 하나님의 비전이 중요하다. 하나님의 꿈이 있는 사람은 변화를 두려워하지 않고 오히려 기대하고 준비하고 도전한다. 변화는 기회다. 음지가 양지로, 약자가 강자로, 강자가 초강자로, 평범한 사람이 천재가 되는 기회가 바로 변화다.

역사는 꿈이 있고 변화하는 사람에 의해 발전되어 왔다. 하나님의 역사는 "오직 예수님 안에서 변하여 새로운 삶을 사는 사람"에 의하여 진행된다. 오늘의 변화를 수용하고 영적 혜안으로 내일을 꿈꾸며 바라보며 준비하는 자만이 미래의 주역이 될 수 있다.

꿈이 있는 사람과 꿈이 없는 사람은 전혀 다르다. 생각과 질문 그리고 관점이 다르며 생의 목표가 다르다. 꿈이 있는 사람은 아무렇게나 살지 않는다. 꿈이 있는 사람은 남다른 점이 분명히 있다. 꿈이 있는 사람은 매사에 적극적이고 긍정적이고 목표적이고 성실하다. 꿈이 있는 사람은 남보다 질문이 다르다. 꿈이 있는 사람은 세상을 보는 관점이 남보다 멀리 바라본다. 이러한 변화는 예수님 안에서 이루어지는 것이다. 그러므로 꿈이 있는 사람은 행복한 사람이고 승리하는 사람, 성공하는 사람으로서 범사가 잘 되는 축복을 받게 될 것이다.

자기 자신에 대한 발견은 하나님이 나의 몸과 마음 가운데 심어 놓으신 하늘의 거룩한 비전을 사랑하는데서 나온다. 하나님이 창조하신 본래의 '자기모습'을 완성할 수 있도록 교육 훈련을 받아야 한다. '나의 모습'을 제대로 찾을 때 비로소 하나님이 계획하신 최고의 모습을 나타낼 수 있다.

푸블릴리우는 "각 사람마다 다른 사람에게 없는 탁월함을 가지고 있다."고 하였다. 장점은 자기를 발전시키는 힘이 된다. 한 분야의 장점은 그 분야의 대가를 만들 가능성을 포함하고 있다. 명성을 얻으려고 애를 쓰기 보다는 장점을 키우기 위해 더 큰 노력을 기울여야 한다.

하나님의 비전은 대가 없이 이루어지지 않는다. 광야의 연단과 훈련을 통하여 성장하고 발전한다. 인간에게 훈련은 동물적 존재를 인간적 인격체로 변화시키는 과정이다. 스위스의 교육가 페스탈로치는 "무슨 일이든 훈련을 하는 동안에 발전하게 된다."고 말하였다. 작은 일부터 세심하게 처리하는 훈련을 쌓으면 어려운 일까지도 능숙하게 해결할 수 있다.

4부

—

글로컬 크리스천
지도자

글로컬 크리스천
지도자의 정신

★ ★ ★

21세기의 세계화는 단순한 글로벌이 아니라 글로컬(Glocal: Global + Local의 합성어)이어야 한다. 이 말은 '나와 지역적인 것을 기초로 하여 세계적인 꿈을 품는 것'이다.

한국기독청소년교육원은 특히 글로컬 크리스천 지도자를 양성하는 곳이다. 이곳에서는 자기 자신 뿐 아니라 다른 사람을 글로컬 크리스천 지도자를 키우는 일에 목표를 세우고 적극적이고 긍정적으로 관심을 가지고 지금까지 왔다.

하나님의 전인적(全人的) 사람을 키우기 위해 신앙교육과 독서교육을 바탕으로 '지성, 감성, 덕성, 영성'을 조화시킬 뿐 아니라 '목표적 사고방식, 적극적 사고방식, 긍정적 사고방식'에 의해 살아가는 '믿음의 사람, 소망의 사람, 사랑의 사람'을 길러냄으로써 세계적 의식을 갖춘 글로컬 크리스천 지도자가 되게 하려는 것이다.

글로컬 크리스천 지도자는 '가장 나다운 것과 가장 한국적인 것 그리고 가장 성경적인 것이 가장 세계적인 것이다.'라는 정신을 가진 지도자다. 이러한 글로컬 크리스천 지도자가 되어 세계를 이끌어 가는 그 날이 오기를 꿈꾸어 본다.

가장 나다운 것이 가장 세계적인 것이다

가장 나답다는 것은 곧 하나님을 닮은 것이다. 가장 나다운 것이 가장 세계적인 것이 될 수 있음을 뜻한다. 하나님이 각자에게 선사하신 고유한 달란트(은사)를 계발하여 세계 각국의 사람들에게 인정을 받는 은사로 발전시키는 것이다.

나는 지금까지 살아오면서 왜 그렇게도 힘이 들었는가? 그것은 내가 누구인지 잘 모르고 살아왔기 때문이다. 내가 누구인지 알게 된다면 정말 자신 있고 신나고 살맛이 있게 될 것이다. 나는 누구인가? 이 질문은 인생의 근본적인 질문이다. 누군가 나에게 "너는 누구인가?"라고 물으면 대부분 다음과 같이 대답하게 된다. "내 이름은 ○○인데, 나는 누구의 아들(딸)

이고, 나의 몸무게와 키는 얼마이고, 어느 학교에 다니고 있다. 그리고 우리 가족은 교회에 열심히 다니고 있다." 이러한 나의 가문과 혈통, 신체적 조건이나 외모가 나 자신은 아니다. '나는 누구인가?'라는 것은 겉으로 나타난 것을 말하지 않는다.

우리는 자기 자신이나 다른 사람을 무엇보다도 겉모습에 따라 판단하는 경향이 있다(키가 크다 작다, 뚱뚱하다 날씬하다, 공부를 잘 한다 못한다, 건강하다 병약하다 등). 그리고 크리스천으로서 자기 자신의 신분에 대해 질문하면 자기의 교파(장로교, 감리교, 성결교, 침례교 등) 또는 교회에서의 직분(주일학교 학생, 중고등부 학생, 주일학교 교사, 성가대원, 안내, 집사, 권사, 장로 등)을 말하기도 한다.

그러나 '나는 누구인가?' 하는 것이 크리스천으로서 본질적인 의미를 찾기 위해서는 기본적으로 '나는 누구인가?'를 알아야 한다. 다시 말하면 예수님 안에서 '나는 누구인가?'를 확인해야 한다. 예수님 안에서 '나는 누구인가?'

나는 하나님의 자녀다

영접하는 자 곧 그 이름을 믿는 자들에게는 하나님의 자녀가 되는 권세를 주셨으니(요 1:12).

하나님의 자녀의 삶은 어떠한가? 성공은 곧 행복이고, 실패는 곧 절망이라는 등식은 존재하지 않는다. 모든 사람이 의미 있는 삶을 살 수 있는 동일한 기회를 가지고 있다. 왜냐하면 인생에 있어서 온전함과 의미는 내가 소유했거나 소유하지 못한 어떤 물질에 있거나 혹은 내가 성취했거나 성취하지 못한 어떤 결과에 있는 것이 아니기 때문이다. 나는 하나님의 자녀이기 때문에 이미 온전하며 무한한 의미와 목적을 갖고 있다. 하나님 나라에서 자녀의 신분은 "나+하나님"이 나의 모든 것이고 존재 의미다.

가장 나다운 것은 무엇인가? 가장 나답다는 것은 곧 하나님을 닮은 것이다. 가장 나답다는 것을 알기 위해서는 먼저 하나님이 아담을 창조하셨을 때부터 상속 받은 나의 신분을 알아야 할 필요가 있다. 이것을 알기 위해서는 나의 신분의 원(原) 상태를 창세기 1장 26-28절을 통해 살펴볼 수 있다.

하나님이 이르시되 우리의 형상을 따라 우리의 모양대로 우리가 사람을 만들고 그들로 바다의 물고기와 하늘의 새와 가축과 온 땅과 땅에 기는 모든 것을 다스리게 하자 하시고 하나님이 자기 형상 곧 하나님의 형상대로 사람을 창조하시되 남자와 여자를 창조하시고 하나님이 그들에게 복을 주시며 하나님이 그들에게 이르시되 생육하고 번성하여 땅에 충만하라, 땅을 정복하라, 바다의 물고기와 하늘의 새와 땅에 움직이는 모든 생물을 다스리라 하시니라(창 1:26-28).

창세기 2장 7절에서는 "여호와 하나님이 땅의 흙으로 사람을 지으시고 생기를 그 코에 불어넣으시니 사람이 생령이 되니"라고 말한다. 이것이 바로 하나님을 닮아가는 출발점이다. 하나님이 최초의 인간이요 최초의 조상인 아담을 창조하셨으며 우리 모두는 그를 닮게 창조되었던 것이다. 하나님이 창조 시에 아담의 코에 생기를 불어 넣어 그에게 생명을 주셨을 때 육적인 면과 영적인 면 모두에서 완전한 생명체가 된 것이다.

나는 아담으로부터 육적인 생명을 물려받았다. 이 세상에 사는 동안 육체 속에 거하는 자답게 살아야 한다. 그래서 나는 정기적으로 운동하고 음식을 먹는 등 할 수 있는 한 최선을 다해 내 몸을 보살피려고 한다. 그러나 내 육체는 부패하며 소멸되어 간다. 지금의 나는 10대의 나와 같지 않으며 앞으로 10년, 30년 후의 나는 지금의 나와 같지 않을 것이다. 결국 죽음 후에 부활을 소망하는 사람은 육체의 죽음에 절망하지 않는다.

만일 땅에 있는 우리의 장막 집이 무너지면 하나님께서 지으신 집 곧 손으로 지은 것이 아니요 하늘에 있는 영원한 집이 우리에게 있는 줄 아느니라 참으로 우리가 여기 있어 탄식하며 하늘로부터 오는 우리 처소로 덧입기를 간절히 사모하노라 이렇게 입음은 우리가 벗은 자들로 발견되지 않으려 함이라 참으로 이 장막에 있는 우리가 짐진 것 같이 탄식하는 것은 벗고자 함이 아니요 오히려 덧입고자 함이니 죽을 것이 생명에 삼킨 바 되게 하려 함이라(고후 5:1-4).

나는 아담으로부터 영적인 생명에 대한 능력을 물려받았다. 사도 바울은 "그러므로 우리가 낙심하지 아니하노니 겉사람은 낡아지나 우리의 속사람은 날로 새로워지도다(고후 4:16)."라고 말했다. 이것은 육체처럼 나이를 먹어 부패하지 않는 영적인 생명에 대하여 말하는 것이다.

신약성경에서 영적으로 살았다는 것은 나의 영혼이 하나님과 연합했다는 뜻이다. 그것은 아담이 창조되었을 때의 상태다. 그때 인간은 육체적으로도 살았고 영적으로도 살아서 하나님과 완전히 연합했다. 크리스천들에게 있어서 영적으로 살았다는 것은 예수님 안에 있음으로 하나님과 연합했다는 것이다.

아담과 같이 나는 하나님과 연합하도록 창조되었다. 그러나 아담이 하나님의 말씀에 순종하지 않고 범죄한 후 하나님과의 연합은 깨어지고 말았다. 그 깨어진 관계를 회복시키는 것이 하나님의 영원한 계획이며 창조 시의 상태로 다시 연합되는 것이 하나님의 뜻이다. 내가 예수님 안에서 발견하는 하나님과의 회복된 연합이 내 신분의 본질이다.

나는 하나님이 창조하신 모든 피조물을 다스릴 자다

창조 당시 나는 매우 중요한 존재였다. 나는 하나님이 창조하신 모든 피조물을 다스리도록 복을 받았다.

하나님이 자기 형상 곧 하나님의 형상대로 사람을 창조하시되 남자와 여자를 창조하시고, 그들에게 복을 주셨다. 첫째 복은 생육하고 번성하여 땅에 충만하는 것이다. 둘째 복은 땅을 정복하는 것이고, 셋째 복은 바다의 고기와 공중의 새와 땅에 움직이는 모든 생물을 다스리는 것이다(창 1:27-28).

에덴동산은 누가 다스렸는가? 에덴동산은 아담이 다스렸다. 창조 당시 아담은 만물을 다스릴 중대한 권위를 부여 받았을 뿐 아니라 또한 안전과 그의 신분도 보장받게 되었다. 그의 모든 필요는 충족되었다.

> 하나님이 이르시되 내가 온 지면의 씨 맺는 모든 채소와 씨 가진 열매 맺는 모든 나무를 너희에게 주노니 너희의 먹을 거리가 되리라 또 땅의 모든 짐승과 하늘의 모든 새와 생명이 있어 땅에 기는 모든 것에게는 내가 모든 푸른 풀을 먹을 거리로 주노라 하시니 그대로 되니라(창 1:29-30).

아담은 에덴동산에서 모든 것이 다 충족된 상태였다. 먹을 것이 풍족했고, 그곳에 있는 동물들의 먹을 것도 풍부했다. 그는 하나님 앞에서 영원히 살 수 있었다. 아무것도 부족한 것이 없었다. 나는 내가 원하는 대로 하나님 나라의 부(富)를 소유할 수 있으며 또한 하나님이 약속하신대로 나의 모든 필요를 채울 수 있었다.

> 나의 하나님이 그리스도 예수 안에서 영광 가운데 그 풍성한 대로 너희 모든 쓸 것을 채우시리라(빌 4:19).

나는 예수님 안에서 누구인가?

나는 천재다. 마가복음 10장 17-20절의 말씀을 통해서 나는 '천재란 하나를 더하는 것이다.'라고 정의했다. 자기에게 부족한 것을 한 가지씩 더해 가는 노력이 곧 천재가 되는 것이다. 인간의 의지와 결심으로 한 가지를 더한다 해도 더는 계속 발전할 수 없는 한계상황에 이르게 마련이다. 이러한 한계상황을 극복하기 위해서는 '하나님을 더 하는 것(하나+님)'이 궁극적으로 '온전한 천재'가 되는 것이다. 모든 크리스천은 '하나+님'의 원리를 철저하게 삶으로 실천하는 사람들이다.

> 내게 능력 주시는 자 안에서 내가 모든 것을 할 수 있느니라(빌

4:13).

삼위일체 하나님 안에서 나는 누구인가? 창조주 하나님이 미리 아시고 선택한 존재인 나는 하나님께 속한 사람이다. 구세주 예수님의 피 뿌린 존재인 나는 영원한 소망과 축복의 사람이다. 인도자 성령님으로 거룩하게 한 존재인 나는 깨끗하고 구별된 사람이다.

곧 하나님 아버지의 미리 아심을 따라 성령이 거룩하게 하심으로 순종함과 예수 그리스도의 피 뿌림을 얻기 위하여 택하심을 받은 자들에게 편지하노니 은혜와 평강이 너희에게 더욱 많을지어다(벧전 1:2).

가장 한국적인 것이 가장 세계적인 것이다

가장 한국적인 것은 우리나라의 정신과 문화를 자랑스러워하는 것이다. 가장 한국적인 것이 가장 세계적인 것이 될 수 있음을 뜻한다. 한민족의 문화유산 중에서 세계 각국의 문화에 영향을 줄 수 있는 우수한 문화 콘텐츠를 전파하는 것을 뜻하며, 한국인의 민족정신과 문화 의식 중에서 세계인의 정신 수준을 높일 수 있는 내용을 전 세계에 보급함을 뜻한다.

한국은 어떤 나라인가? 단군신화에 의하면 우리가 사는 강
토는 하늘의 뜻을 펴기에 가장 알맞은 신성한 곳임을 밝혀 주
고 있다. 신(神)이 하늘에서 이 땅을 내려다보고 이곳이야 말
로 인간을 널리 유익하게 할 만한 곳이라고 보았다. 이것은 한
국인의 삶의 터전, 곧 국토의 신성함을 제시해 주는 것이다. 그
러므로 우리의 국토는 단지 우리와 우리의 자손 대대로 생계를
영위할 생활의 터전일 뿐 아니라 인류의 이상(理想)과 기원(祈
願), 그 이념과 꿈이 실현될 수 있는 거룩한 땅이다.

한국은 수려한 강산, 맑게 개인 하늘을 가진 나라다. 사계절
이 분명한 나라다. 우리 민족은 중부 아시아로부터 해 뜨는 밝
은 땅을 찾아서 동진(東進)한 끝에 이곳에 정착하였다. 즉 요하,
송화강, 압록강 지역과 한반도에 흩어져 살았다.

역사적 측면에서 본 가장 한국적인 것은 무엇인가?

홍익인간의 정신

우리 한민족은 사람을 소중히 여기는 사상을 뿌리 깊이 간
직하고 있는데 이는 고조선 개국 초부터 홍익인간의 정신에 나
타나 있다. 이 말은 서로 사랑하고 협동하여 인간을 널리 유익
되게 하자는 것이다.

이러한 정신의 공통적인 것은 결국 인간존중의 사상이라고 할 수 있고 이것은 오늘날까지 우리 한민족 정신의 구심점(求心點)이 되고 정교(政敎)의 기본 이념이 되어 왔다. 그리고 구체적인 표현은 단군신화에서 찾아볼 수 있다.

고조선의 조선(朝鮮)은 조양(朝陽) 즉 밝고 깨끗한 아침이라는 뜻이며, 단군이라는 단(檀)자의 뜻도 원래 밝다는 의미이므로 밝은 땅의 임금이라는 뜻이다. 그리고 배달나라라는 뜻도 '밝은 땅의 나라'라고 이름한 것이 밝고, 참되고, 보람 있게, 멋있게 살자는 우리 한민족의 옛적부터의 깨끗한 성품을 잘 나타낸 것이라고 하겠다. 이러한 홍익인간을 한마디로 신선도인(神仙道人)의 풍류정신(風流精神)이라고 말하고 있다.

화랑도 정신

신라의 건국이념은 바로 광명이세(光明理世)다. 밝음으로써 세상을 다스린다는 이 뜻은 바로 박혁거세라는 임금의 이름 뜻과 동일하다. 밝다는 것은 어둡다는 말의 반대어로서 진, 선, 미, 성(誠), 용기, 충효, 신의(信義), 사랑, 광명, 애국, 지혜, 건설, 협동, 자유, 평등, 평화 등과 같이 밝은 뜻을 나타내는 말들이다.

화랑은 항상 아름다운 행실의 사람임으로 광명의 실천자라고 하였고, 선인(仙人)이라고도 불렀다. 선(仙)자는 우리나라의 본말 '사나이'라는 뜻으로 선인이란 사나이답게 사는 멋있는 사람이라는 것이다. 이들은 국선화랑(國仙花郎)이라고 한다. 이들은 씩씩하고 용모가 훌륭했고, 검술과 거문고, 선술(仙術)과 향가를 배웠다. 그리고 유사시(有事時)에는 조국 방위의 간성(干城)이 되었다.

화랑도는 유교, 불교, 선교(仙敎)의 정신을 이어받고 원광법사의 세속오계(世俗伍戒, ① 사군이충〔事君以忠〕: 충성으로 임금을 섬겨야 한다. ② 사친이효〔事親以孝〕: 효로 부모를 섬겨야 한다. ③ 교우이신〔交友以信〕: 믿음으로 벗을 사귀어야 한다. ④ 임전무퇴〔臨戰無退〕: 싸움에 나가서 물러남이 없어야 한다. ⑤ 살생유택〔殺生有擇〕: 살아있는 것을 죽일 때에는 가림이 있어야 한다.)를 지도이념으로 하여 애향, 애족, 애국의 정신을 기르게 하였다. 이러한 화랑도 정신은 국민을 단결시켜 삼국통일을 완성하게 되었다.

선비 정신

이조(李朝)는 유교의 전통적인 영향을 받아 무실역행(務實力行)으로 인간이 인간되게 하기 위해 성실과 근면을 국민에게 심어 '선비의 나라'를 만들려고 했다. 이것이 이조(李朝) 사회의

—••하나를 더하는 전인교육

대 이상이었으며 꿈이었다고 볼 수 있다.

수신제가치국평천하(修身齊家治國平天下)의 사상은 참된 인간이 된 후에 공사(公事)에 종사해야 한다는 것으로 모두 그 근원을 인간의 성실성에 두었다.

이율곡은 성실이 곧 천도(天道)라고 하였고 이퇴계는 성(誠)이 곧 진실이라고 하였다. 중용(中庸)에서는 참된 것(誠)은 하늘의 도리고 참 되려고 노력하는 것은 사람의 도리라고 하였다. 이와 같은 성실한 인간 도덕을 갖추어 학덕(學德)이 일치한 이상적 인간상을 선비라고 칭했다.

이러한 의미에서 선비라는 개념은 긍정적 측면에서 볼 때 첫째, 물질적 부(富)를 탐하지 않는다. 둘째, 의(義)로움을 더욱 중요하게 여긴다. 따라서 선비들의 생활신조는 경리숭의사상(輕利崇義思想)과 선공후사(先公後私)의 원리에 두고 있다.

이러한 선비의 정신은 영국의 신사도 정신, 서구의 기사도 정신, 일본의 무사도 정신, 중국의 군자의 정신 못지않게 우리 한국의 전통적 가치관에 바탕을 두고 있다. 선비의 정신에 대해 좀 더 구체적으로 살펴보자.

봉사적이며 이타적(利他的)인 정신이다. 선비의 어원이 봉사한다는 데에서 나왔다. 선비의 대인 관계에 있어서 기본은 이익이 아닌 상대방에 대한 유익으로 맺어졌다. 임금과 맺어질 때 충(忠)이고, 부모와 맺어질 때 효(孝)이며, 타인과 맺어질 때 성(誠)이었다.

질서 유지의 정신이다. 머리와 그 머리를 씌우는 관을 중시함은 자율적인 질서를 가져다주는 정신이 되었다(존두사상).

의(義)와 절(節)의 정신이다. 자기 자신의 개인적, 육체적 가치를 극소화하고 의와 절의 정신적 가치를 극대화하려고 노력했다. 선비는 그가 옳다고 생각하는 일에는 어떠한 어려움에도 그 옳음을 지켰다.

공(公)을 사(私)보다 앞세우는 정신이다(先公後私). 개인의 일보다도 나라와 민족이 더 소중했다. 선비들은 공과 사를 엄밀히 가르고 공을 먼저 생각한다.

청빈의 정신이다. 비타산적이며 재물 천시의 경향에서 이러한 청빈정신이 나왔다(물질보다 정신을 더 중요시). 청탁을 받지 않았다. 남산골 선비나 사대부들은 청빈하였으나 그것을 자랑스럽게 여기고 살았다.

사회참여의 정신이다. 선비가 공부하는 목적은 수신(修身)하여 인격을 닦은 다음에 나라를 바로 잡고 천하를 옳게 하기 위해서였다(修身齊家治國平天下). 참여의 정신이 강했기 때문에 사약을 받을 것을 분명히 알면서도 임금에게 양심의 충간을 했다. 삼족이 멸할 것을 뻔히 알면서 지성과 눈물로 상소문을 왕에게 올렸다.

사회적 측면에서 본 가장 한국적인 것은 무엇인가?

첫째, 동방예의지국(東方禮義之國)이다. 외국 사람들은 우리를 한결같이 활을 잘 쏘는 용감한 동이인(東夷人)이라고 하였다. 그리고 당나라 현종은 동방예의지국(東方禮義之國)이라고 했고, 공자는 선인지국(善人之國), 인인지국(仁人之國)이라고 할 뿐 아니라 그 밖에 여러 문헌에서는 군자지국(君子之國), 전적지국(典籍之國)이라고 호칭한 것을 기록으로 남겼다. 이로 인해 일찍부터 우리나라는 밝고 아름다운 살기 좋은 나라의 기초한 도덕적 민도(民度)가 높았음을 말해 주고 있다.

중국의 한무재와 진시황은 한국의 한밝산 일명 봉래산 또는 태백산(백두산)에 불사(不死)의 영약이라는 불로초(不老草)가 있다고 하여 사람을 보낸 일이 있다. 또 제왕(帝王), 연왕(燕王)도 금과 은 등 보물이 많고 선인(仙人)들이 사는 이상향이라고 하여 몹시 동경했다는 기록이 있다. 또한 한국에는 인삼이라는 약초가 있으며 특히 산삼의 약효는 신비스럽고 놀랍다고 했다. 그래서 신(神)도 탐하여 살기 원하는 땅이라고 했다. 중국 사람들은 "한국에 태어나서 경치 좋은 강산을 구경하고 싶다."고

하였다. 프랑스의 동양학자 쿠우랑(M. Courant)은 "한국은 극동 문명의 독보적인 위치를 차지하고 있어 그 사상과 창견(創見)이 근방 여러 나라를 감동시키기에 충분하다."고 극찬했다. 인도의 시성(詩聖) 타골은 한국에 대해 다음과 같은 시를 썼다.

아시아 빛나는 황금시대에
코리아는 그 빛 밝힌 한 주인공이었다.
그 등불 켜지는 날에는
동방은 찬란히 온 누리에 빛나리.

둘째, 평화애호의 나라다. 우리 한국은 단군 이래 1910년까지 931번의 외침을 받았으나 그때마다 잘 단합하여 외환을 함께 물리치면서 나라를 강대국 틈바구니에서 근 반만년을 잘 지켜왔다는 것은 우리 민족의 큰 자랑이 아닐 수 없다. 그 많은 침략을 받았으나 우리나라는 한 번도 남의 나라를 침략한 일은 없었다. 이러한 사실은 우리나라가 얼마나 평화애호국인지를 증명해 준다.

우리나라는 무술(武術)보다 문예(文藝)를 숭상하는 생활 전통 속에서 살아왔다. 그래서 남을 해치거나 괴롭히지 않았고, 천성적으로 평화를 사랑하고 아름다운 금수강산에서 착하고 어질게 살아왔다.

셋째, 민족 공동체의 나라다. 우리 민족은 '나'의 중요성도 주장하지만 '우리'의 중요성을 더욱 강조해 왔다. 그것은 우리의 전통적인 생활윤리와 규범이 개인 중심이라기보다는 가족 공동체를 기초하였기 때문이다. 그리고 언어, 문화, 혈연을 같이하는 단일민족으로서 오랫동안 공동체를 이루어 고난과 기쁨을 같이하여 오는 동안 남달리 강한 민족의식을 가지게 되었고 그에 따라 협동단결의 정신이 뿌리박히게 되었다.

공동체 의식으로 가장 오래된 것은 선사시대의 고인돌이다. 어느 연구서에 의하면 고인돌의 큰 것은 윗돌의 무게가 70톤 정도이며 몇 개의 받침돌은 50톤 정도가 된다고 하였다. 이 돌을 평지에서 약 1.6km(1마일) 정도 옮기는데 하루에 2천 명의 인력이 소요된다. 따라서 완전히 받침을 세우고 그 위에 윗돌을 올려놓는 데는 4천 명의 인력이 동원된다고 한다. 오늘날과 같이 기중기와 운반 기계가 없던 당시의 형편으로 볼 때 '고인돌 작업'은 전체 마을 공동체의 단결심과 협동심으로만 성취될 수 있는 공동작업의 결과였다고 볼 수 있다.

계의 기원은 기록상으로는 신라시대로 되어 있으나 실제로는 그보다 훨씬 오래 전부터 있었던 것으로 짐작된다. 계는 주민들의 당면 문제를 해결해 주는데 큰 도움이 되었기 때문에 사회가 발전함에 따라 그 기능도 다양해졌고 그 종류도 많아지게 되었다. 그중 특히 농번기에 공동작업을 하기 위하여 모인 '두레'라는 것도 있어서 바쁘고 힘든 때에 협동하여 일했다.

계는 주민 자신들의 현실적인 이익은 물론 친목을 목적으로 조직되어 운영되었지만 마을 전체를 위한 공동 사업도 많이 했다. 모든 계에는 엄격한 규정이 있었는데 이 규정을 어기는 계원은 신의를 저버린 사람이라 하여 심한 도의적 규탄을 받았다. 계의 정신은 모두가 협동 단결하여 어려움을 쉽게 해결하고 좋은 일을 실천해 보려는 데 있다.

향약은 송나라 여씨 일가(呂氏一家)에서 제정한 여씨 향약을 우리의 전통적인 협동정신에 융합하여 발전시킨 것으로 조선 중종 때 조광조가 실시했으나 사화로 중단되었다가 그 후 이퇴계, 이율곡 등에 의하여 실시되었다.

향약의 기본 정신은 이른바 4대 강목(덕업상권〔德業相勸〕, 과실상규〔過失相規〕, 예속상교〔禮俗相交〕, 환난상휼〔患難相恤〕)에 잘 나타나 있다. 향약은 주로 유교적 도덕을 강조했는데 상부상조하는 데만 그치지 않고 성(誠)과 교(敎)의 정신을 생활화하는 도덕규범이었다.

문화적 측면에서 본 가장 한국적인 것은 무엇인가?

우리 한국은 그동안 자랑할 만한 많은 문화를 창조하였다.

첫째, 세계 최초, 최고(最古)의 문화다. 원효대사의 종교개혁 운동, 세계 최고(最古)의 목판 인쇄(710-720년), 팔만대장경(1011년), 상정고금예문(詳定古今禮文, 1234년), 세계 최초의 금속 활자(1234년), 직지심경(直指心經, 1377년), 세계 최초의 첨성대, 석굴암의 미술과 우아한 고려청자, 세계 제일의 발명품인 측우기와 거북선의 제작이다.

둘째, 세종대왕의 한글 창제다. 세종대왕은 1443년에 한글을 창제하였다. 세계 여러 나라의 문물을 살펴보더라도 자기 나라의 독립된 언어와 고유의 문자를 함께 가지고 있는 나라가 그렇게 많지 않다. 그런 의미에서 우리 한국은 문화민족으로 자랑할 수 있는 독립된 언어와 문자를 가지고 있다. 특히 한글에 대해서 웰즈(H.G. Wells)는 그의 유명한 저서 『역사의 대관』에서 우리 한글을 진정한 문자라고 격찬하여 세계 여러 나라 문자 중에서도 가장 뛰어나게 논리적이면서도 과학적이라고 평했다. 이는 우리 민족의 두뇌의 우수성을 높이 평가해 준 것이라고 말할 수 있다.

지금 우리나라는 한글 덕분에 문맹률이 지극히 낮을 뿐 아니라 교육을 받은 인적 자원이 풍부한 문화민족으로서 두뇌는 명석하고 체력은 끈질기고 강하며, 활동 능력은 훌륭하고 국토는 밝고 맑고 아름다우며, 수자원은 풍부하며 남북을 합치면 지하자원도 아주 적다고는 할 수 없다.

셋째, 세계 속의 한국을 지향하는 세계화다. 우리 한국이 크게 자랑할 만한 일은 제2차 대전이 끝난 후 우리 민족이 독립할 만한 자치 능력조차 없는 민족이라 하여 포츠담과 얄타회담에서 신탁통치까지 논의되었다. 그런데 이 민족이 오늘날 국가의 독립은 물론 세계 여러 나라가 불가능하다고 지적한 제1, 2차 경제개발 5개년 계획을 우리 손으로 거뜬히 완수하여 세계를 놀라게 하였다.

앨빈 토플러는 한국을 왔다가면서 한국에 대한 소감을 묻는 기자에게 다음과 같이 답했다. "한국은 지난 20년간 급속한 경제 발전을 이룩해 왔다. 그러나 최근에는 제2의 물결인 산업사회에서 제3의 물결인 정보화 사회로 넘어가는 변화기에 놓여 있다고 본다. 이 새로운 변화에 직면해서 한국은 적절한 대응 자세를 취하고 있는 것으로 판단된다. 무엇보다도 교육 수준이 높고 풍부한 기술 인력 자원도 보유하고 있다. 또 변화에 적극적으로 대처하고 성취하려는 강한 성취 동기가 발견되고 있다.

하나를 더하는 전인교육

이러한 조건들은 정보화 사회에 진입하는 데 매우 중요한 요소임에 틀림없다."고 말했다.

영국의 해미시 멕레이(Hamish McRae)가 펴낸『2020년의 세계』라는 책을 보면 2020년의 세계는 북미, 유럽, 동아시아가 세계 경제의 주축을 형성하게 될 것으로 전망하고 있다. 뉴욕 타임즈 동경지국장을 역임했던 기브니(Frank B. Gibney)는『태평양의 세기-변화하는 세계 속의 미국과 아시아』라는 저서에서 21세기에는 아시아가 세계에서 가장 역동적인 경제 활동지역이 될 것이라고 예측했다. 그러면서 공업국과 원료국 간의 수직적 통합 대신 같은 개도국과 중진국 간 또는 중진국과 선진국 간 수평적 경제 통합이 광범위하게 이루어질 것이라고 예견하였다.

이제 한국은 그 가난하고 헐벗고 굶주린 후진국이 아니라 흔히 '세계 속의 한국', '한국 속의 세계'를 표방하는 세계화를 이룩해야 한다고 말한다. 세계화 시대는 세계인이 되어야 개인적으로나 국가적으로 살아남을 수 있다. 세계인이 되기 위해서는 외적 자격 요건과 내적 자격 요건을 다 함께 갖추어야 한다. 외적 자격 요건은 청결하고 단정한 용모와 복장, 국제 수준급의 예의, 세련된 언어 구사(외국어)와 매너다. 내적 자격 요건은 준법정신, 질서의식, 공중도덕, 언행일치, 우호적 태도와 친근감이다. 특히 우리 한국의 크리스천 지도자들은 복음을 전하는 세계 복음화 센터가 되어야 한다. 그 누구보다 크리스천들이 각 분야의 훌륭한 한국인, 세계인이 되어야 한다.

가장 성경적인 것이 가장 세계적인 것이다

가장 성경적인 것은 하나님의 뜻을 알고 그 뜻대로 사는 것이다. 가장 성경적인 것이 가장 세계적인 것이 되기 위해서는 하나님의 뜻이 담긴 성경에 대해 알아야 한다.

성경에 대한 7가지 질문

첫째, 하나님은 현존하시는가? 하나님은 창세전부터 존재하셨다.

> 산이 생기기 전, 땅과 세계도 주께서 조성하시기 전 곧 영원부터 영원까지 주는 하나님이시니이다(시 90:2).

하나님은 세 인격 곧 창조주 하나님, 구세주 예수님, 인도자 성령님으로 존재하신다.

주 예수 그리스도의 은혜와 하나님의 사랑과 성령의 교통하심이 너
희 무리와 함께 있을지어다(고후13:13).

둘째, 진리는 존재하는가? 진리는 당연히 존재한다. 성경에
서 '예수님은 절대적 진리'라고 했다.

그들을 진리로 거룩하게 하옵소서 아버지의 말씀은 진리니이다(요
17:17).

셋째, 이 세계는 어디서 왔는가? 이 세계는 하나님의 상상
속에서 잉태되고 하나님의 선포된 말씀을 통해 창조되었다.

태초에 하나님이 천지를 창조하시니라(창 1:1).

믿음으로 모든 세계가 하나님의 말씀으로 지어진 줄을 우리가 아나
니 보이는 것은 나타난 것으로 말미암아 된 것이 아니니라(히 11:3).

우리 주 하나님이여 영광과 존귀와 권능을 받으시는 것이 합당하오
니 주께서 만물을 지으신지라 만물이 주의 뜻대로 있었고 또 지으
심을 받았나이다 하더라(계 4:11).

넷째, 우리의 세계는 무엇 때문에 잘못되었는가? 하나님의
말씀을 불순종한 죄 때문이다. 죄는 불법으로 하나님의 명령을
거역하는 것이다.

죄를 짓는 자마다 불법을 행하나니 죄는 불법이라(요일 3:4).

다섯째, 우리 인간은 무엇인가? 하나님은 하나님의 형상대로 사람을 만들어 그들에게 다양한 기능(지성, 감성, 덕성, 영성)을 주셨다.

> 하나님이 이르시되 우리의 형상을 따라 우리의 모양대로 우리가 사람을 만들고 그들로 바다의 물고기와 하늘의 새와 가축과 온 땅과 땅에 기는 모든 것을 다스리게 하자 하시고 하나님이 자기 형상 곧 하나님의 형상대로 사람을 창조하시되 남자와 여자를 창조하시고 (창 1:26-27).

하나님은 원래 땅의 흙과 하나님의 생기로 인간을 지으셨다. 인간 곧 남자와 여자는 하나님의 창조의 면류관으로 하나님을 영원토록 즐거워하도록 창조되었다. 그러나 인간은 아무리 합리적이고 문명화되고 우호적이고, 영광스럽다고 해도 인간은 거룩하신 하나님 앞에서 모두 죄인이고, 인간은 모두 자신의 죄에 대한 죄책감을 갖고 있으며 하나님의 영원한 형벌을 받게 된다.

여섯째, 우리 죄의 해결책은 무엇인가? 예수님을 믿는 것이다. 죄에 대한 해결책은 예수님의 탄생, 생애, 죽음, 장사, 부활 승천에서 해결된다. 이 보다 더 중요한 사실은 없다. 오직 예수님을 통해서만 죄인들은 하나님과 화해할 수 있다. 예수님 안에서 하나님의 형상인 인간은 죄 때문에 일어난 부패에서 회복되고 있다.

> 새 사람을 입었으니 이는 자기를 창조하신 이의 형상을 따라 지식에까지 새롭게 하심을 입은 자니라(골 3:10).

예수님 안에서 영적 생명과 영원한 육체적 생명에 대한 약속이 믿는 죄인들에게 주어진다.

일곱째, 역사는 어디로 가고 있는가? 하나님은 타락한 피조물을 회복하고 계신다. 하나님은 죄 때문에 파괴된 피조물을 재창조하고 만물을 새롭게 하실 것이다.

> 보좌에 앉으신 이가 이르시되 보라 내가 만물을 새롭게 하노라 하시고 또 이르시되 이 말은 신실하고 참되니 기록하라 하시고(계 21:5).

예수님은 다시 오셔서 악을 영원히 파멸시키고 피조물의 완전한 '샬롬'을 회복시키실 것이다. 이 과정은 이미 시작되었고 우리의 세계는 아직 완료되지 않았다. 예수님의 복음으로 말미암아 하나님은 지금도 죄인들에게서 죄를 벗겨내고 계신다. 이미 재창조 사역은 시작되었다. 새로운 피조물은 출범했다.

> 그런즉 누구든지 그리스도 안에 있으면 새로운 피조물이라 이전 것은 지나갔으니 보라 새 것이 되었도다(고후 5:17).

언젠가 이 우주는 사라질 것이다. 두루마리처럼 둘둘 말리고 불타는 소리와 함께 녹아 없어질 것이다. 그리고 새 하늘과 새 땅이 광채 속에서 내려올 것이다. 완전한 샬롬이 회복될 것이다.

> 또 내가 새 하늘과 새 땅을 보니 처음 하늘과 처음 땅이 없어졌고 바다도 다시 있지 않더라 또 내가 보매 거룩한 성 새 예루살렘이 하나님께로부터 하늘에서 내려오니 그 준비한 것이 신부가 남편을 위하여 단장한 것 같더라(계 21:1-2).

하나님의 뜻은 무엇인가?

'성경에 대한 질문'에서 살펴본 바와 같이 하나님은 특별한 뜻을 품고 계시며 처음부터 명확하게 밝혀 놓으셨다. 성경은 처음부터 끝까지 일관된 메시지를 전한다. 하나님은 하나님의 영광을 위해 모든 나라, 모든 종족, 모든 언어, 모든 백성들에게 은혜를 베풀어 남김없이 구원하고 싶어 하신다는 소식이다.

역사가 시작되는 순간부터 하나님은 인간을 지으시고 거룩한 은혜와 영광을 온 땅에 널리 퍼트리게 하셨다. 하나님은 족장들을 통해 선택하신 백성들에게 복을 베푸시고 그 은총이 모든 민족에게 두루 미치도록 이끄셨다.

> 여호와께서 아브람에게 말씀하셨습니다. "네 나라와 네 친척과 네 아비의 집을 떠나 내가 너에게 보여 줄 땅으로 가거라. 내가 너를 큰 나라로 만들어 주고, 너에게 복을 주어, 너의 이름을 빛나게 할 것이다. 너는 다른 사람들에게 복이 될 것이다. 너에게 복을 주는 사람에게 내가 복을 주고, 너를 저주하는 사람을 내가 저주하겠다. 땅 위의 모든 백성이 너를 통해 복을 받을 것이다."(쉬운성경 창 12:1-3)

이사야서는 거룩한 백성을 온 민족들에게 보내어 그 영광을 선포하게 하셨다는 하나님의 약속으로 마무리를 한다.

> 내가 그들의 행위와 사상을 아노라 때가 이르면 뭇 나라와 언어가 다른 민족들을 모으리니 그들이 와서 나의 영광을 볼 것이며 내가 그들 가운데에서 징조를 세워서 그들 가운데에서 도피한 자를 여러 나라 곧 다시스와 뿔과 활을 당기는 룻과 및 두발과 야완과 또 나의 명성을 듣지도 못하고 나의 영광을 보지도 못한 먼 섬들로 보내리니 그들이 나의 영광을 뭇 나라에 전파하리라(사 66:18-19).

복음서에서 보면 예수님이 지상에서의 생애를 마치시면서 제자들에게 열방으로 가라고 명령하셨다. 제자를 삼고 복음을 가르치며, 땅끝까지 하나님의 영광을 선포하라고 하셨다.

> 예수께서 나아와 말씀하여 이르시되 하늘과 땅의 모든 권세를 내게 주셨으니 그러므로 너희는 가서 모든 민족을 제자로 삼아 아버지와 아들과 성령의 이름으로 세례를 베풀고 내가 너희에게 분부한 모든 것을 가르쳐 지키게 하라 볼지어다 내가 세상 끝날까지 너희와 항상 함께 있으리라 하시니라(마 28:18-20).

바울은 자신의 의지를 버리고 하나님의 뜻에 복종한다고 고백하면서 말했다.

> 또 내가 그리스도의 이름을 부르는 곳에는 복음을 전하지 않기를 힘썼노니 이는 남의 터 위에 건축하지 아니하려 함이라 기록된 바 주의 소식을 받지 못한 자들이 볼 것이요 듣지 못한 자들이 깨달으리라 함과 같으니라(롬 15:20-21).

베드로는 인류의 역사 속에 나타난 하나님의 뜻은 "아무도 멸망하지 아니하고 다 회개하기에 이르는(벧후 3:9)" 것이라고 설명했다. 성경 마지막 대목에 이르면 모든 나라와 종족, 언어와 백성들을 구하시려는 하나님의 뜻이 마침내 이뤄지는 것을 볼 수 있다.

예수님의 제자들을 향한 하나님의 뜻은 열방으로 나가 또 다른 제자들을 삼게 하는 데 있다. 따라서 제자들이 저마다 던져야 할 질문은 "모든 백성들 틈에 들어가 제자를 삼을 수 있는 가장 좋은 방법은 무엇인가?" 하는 것이다. 일단 질문을 던지고 나면 거룩한 목적이 이루어지기를 누구보다 간절히 바라시는 하나님은 실제로 제자들 속에 살면서 그 뜻을 이루어 가실 것이다.

신약성경은 여러 가지 방식으로 그 질문에 해답을 제시하고 있다. 성령님은 예수님을 따르는 이들 가운데 거하시면서 위로와 확신을 주시며 선물을 베푸시고 앞길을 인도하신다. 아울러 모든 크리스천들의 마음을 열어 하나님 말씀을 알아듣고 하나님을 경배하도록 하시는 조력자, 카운슬러가 되어 주신다.

> 내가 아직 너희와 함께 있어서 이 말을 너희에게 하였거니와 보혜사 곧 아버지께서 내 이름으로 보내실 성령 그가 너희에게 모든 것을 가르치고 내가 너희에게 말한 모든 것을 생각나게 하리라(요 14:25-26).

특별히 예수님의 제자들에게 처음으로 충만하게 임하셨던 장면을 되짚어 보면 그 가운데서도 단연 두드러지는 중대한 목적이 뚜렷하게 드러난다. 예수님은 성령을 보내 주시겠다고 제자들에게 약속하시면서 다음과 같이 말씀하셨다.

> 오직 성령이 너희에게 임하시면 너희가 권능을 받고 예루살렘과 온 유대와 사마리아와 땅끝까지 이르러 내 증인이 되리라 하시니라(행 1:8).

예수님의 제자들을 향한 하나님의 뜻은 증인이 되는데 있으므로 성령님을 보내셔서 그 뜻을 따르고 성취해 가도록 돕게 하신다.

증인이 된다는 것은 무슨 뜻인가? 한 마디로 예수님이 어떤 분이시며, 무슨 일을 하셨고, 어떻게 구원을 베풀어 주시는지 전하고 가르치는 것을 말한다. 신약성경에서 특히 누가는 여러 차례 성령으로 충만했던 이들의 행적을 기록했다.

성령님이 충만하게 임했던 구절들을 보면 그 역사의 결과로 주인공들이 하나같이 무엇인가를 말하기 시작하는 것을 볼 수 있다.

> 그들이 다 성령의 충만함을 받고 성령이 말하게 하심을 따라 다른

언어들로 말하기를 시작하니라(행 2:4).

이러한 현상은 성령님이 하나님의 백성들에게 충만하게 임한 것을 '입으로 하나님의 말씀을 선포해서 마침내 거룩한 뜻을 이룬다.'는 것이다.

이것은 예수님이 친히 세우신 제자들을 통해 하나님의 큰 그림을 완성해 가는 예수님의 모습이다. 예수님은 사도행전 1장에서 하늘로 들려 올라가셨지만 지금도 변함없이 살아 움직이고 계신다. 예수님은 권능으로 거룩한 주의 성령을 택하신 백성들에게 쏟아부어 주신다.

예수님은 바울을 만나 구속하시고 여러 나라에 복음을 전파하라고 명하셨다. 베드로에게 나타나셔서 교회에 이방인들을 받아들이도록 이끄셨다. 바울과 바나바를 따로 세우셔서 새로운 지역들에게 복음을 전파하게 하셨다. 거룩한 백성들을 여러 차례, 여러 도시로 파송하셨다. 복음을 전할 때마다 듣는 이들의 마음을 열어 믿음을 갖게 하셨다. 예수님은 제자들 가운데 성령님을 보내셔서 이 모든 일들을 행하셨다.

예수님은 오늘날도 똑같은 일을 하고 계신다. 초대교회 제자들에게 임하시고 권능을 주셔서 하나님의 뜻을 이루게 하셨던 것처럼 21세기 크리스천들 또한 성령님의 임재와 능력으로 충만하게 하셔서 거룩한 목적을 성취하게 하신다.

크리스천은 성령의 인도함을 받은 자

크리스천이라면 누구나 무슨 일을 하든지 성령님의 인도를 받고 싶어 한다. 중심에 성령님을 모시고 있다면 이미 복음을 전하도록 인도하심을 받고 있다. 하나님은 크리스천 지도자들에게 믿음을 주어 믿게 하셨고, 성령님을 보내서 힘을 주셨으며, 할 말을 주셔서 하나님의 목적, 즉 역사를 훌쩍 뛰어 넘을 만큼 광대하고 영광스럽고 우주적이며, 창조주 하나님을 드높이는 것을 이야기하게 하셨다. 태초부터 지금까지 하나님은 모든 민족들을 하나님께 이끌고 계시며 크리스천 지도자들을 통해 그 뜻을 이루어 가신다. 성령님이 눈을 열어 하나님의 영광을 바라보며 하나님의 은혜를 받아들이게 하신다.

지난 2천년 동안 하나님은 성령의 권능에 힘입어 선포하는 말씀을 통해 인류를 가까이 이끄셨으며, 지금도 변함없이 크리스천 지도자들에게 같은 일을 하라고 명령하신다. 하나님의 뜻에 신실하게 순종하면 말씀 그대로 은총과 축복을 베푸셔서 자신을 드러내실 것이다.

이제 하나님을 아는데 그치지 않고 따라가야 한다. 하나님은 나를 변화시키신다. 자신에 대해 죽으면 예수님 안에서 살아가게 하신다. 죄를 씻어 내고, 성령으로 충만해진 새로운 심령을 주신다. 예전과 딴판인 생각과 질문을 주신다. 완전히 다른 관점과 새로운 갈망을 주신다. 완전히 백팔십도 변한 의지, 새로운 생활 방식을 주신다.

크리스천 공동체는 하나는 모두, 모두는 하나

크리스천들은 한 몸의 지체라고 말한다. 크리스천은 너나 할 것 없이 예수님의 우주적인 몸을 이루는 지체다. 따라서 크리스천들은 누구나 온 세계를 아우르는 예수님의 한 부분이라는 뜻이다.

> 몸은 하나인데 많은 지체가 있고 몸의 지체가 많으나 한 몸임과 같이 그리스도도 그러하니라 우리가 … 다 한 성령으로 세례를 받아 한 몸이 되었고 … 몸은 한 지체뿐만 아니요 여럿이니 … 이제 하나님이 그 원하시는 대로 지체를 각각 몸에 두셨으니 … 이제 지체는 많으나 몸은 하나라 … 너희는 그리스도의 몸이요 지체의 각 부분이라(고전 12:12-27).

크리스천 지도자들은 예수님의 종이며, 자신의 사상이 아닌 하나님의 진리를 가르칠 책임이 있다. 크리스천 지도자들은 말씀을 가르치는 범위 안에서만 권위를 갖는다. 크리스천 지도자들은 하나님의 말씀을 가르치는데 그치지 않고 어떻게 행동으로 실천하는지 실제로 보여 주어야 한다. 히브리서 13장 7절 뒷부분에는 "그들의 행실의 결말을 주의하여 보고 그들의 믿음을 본받으라."고 권면한다. 이런 의미에서 크리스천 지도자들은 모든 믿는 자들이 그대로 따라 할 만한 본보기가 되어야 했던 것이다.

크리스천들은 지역공동체에서 헌신하지 않고 예수님을 따르는 것은 불가능한 일이다. 지역공동체를 통해 세계를 품는다. 스스로 크리스천 지도자라고 믿는다면 지역공동체에 얼마나 헌신하고 있는지 되돌아보아야 한다. 신약성경이 가르치는 대로 동료 크리스천들과 삶을 얼마나 나누고 있는가? 서로 사랑하고, 서로 섬기고, 서로 보살피고, 죄에 빠지지 않도록 서로 경계하고, 필요하다면 서로 꾸짖어 회복시키는 관계를 맺고 있는가? 하나님의 말씀인 성경을 선명하게 가르치며 하나님의 성품을 성실하게 삶으로 보여 주는 선하고 경건한 크리스천 지도자의 인도를 받으며 예수님을 따르고 있는가? 이렇게 지역공동체를 이루고 살아가면서 자연스럽게 예수님 안에서 서로 든든히 서 가는 것을 볼 수 있어야 한다.

예수님은 제자들에게 이렇게 말씀하셨다.

새 계명을 너희에게 주노니 서로 사랑하라 내가 너희를 사랑한 것 같이 너희도 서로 사랑하라 너희가 서로 사랑하면 이로써 모든 사람이 너희가 내 제자인 줄 알리라(요 13:34-35).

크리스천들이 서로 돈독하게 사랑하면 세상도 예수님의 제자들을 알아 볼 것이라는 뜻이다. 크리스천들은 누구나 하나님의 영광을 사모하기 마련이다. 다시 말하자면 지역공동체를 중심으로 크리스천 지도자들이 손에 손을 잡고 한마음 한뜻으로 어울려 살아가도록 한다면 하나님의 말씀이 땅끝까지 온 세계에 퍼져 나가는 것을 그 무엇으로도 막을 수 없을 것이다.

글로컬 크리스천 지도자들의 세계를 품은 사명

글로컬 크리스천 지도자들아! 세계로 달려가라. 하나님은 글로컬 크리스천 지도자들에게 모든 민족으로 제자를 삼으라는 원대한 사명을 주셨다. 한 명도 방관자가 되어서는 안 된다. 가능한 한 빨리 흩어져서 최대한 많은 이에게 복음의 기쁜 소식을 알려야 한다. 고달플 수도 있고 어쩌면 값 비싼 대가를 치러야 할지도 모른다. 그래서 흩어졌다가 주기적으로 다시 모여야 한다. 모임의 목적은 삶을 나누는 데 있다. 땅끝까지 복음을 전파하는 과정에서 경험한 상처와 기쁨을 공유하자는 것이다.

서로 격려하고, 서로 가르치고 서로 희생하며 섬기며, 더불어 예배한 뒤에 다시 사방으로 퍼져 나가 더 많은 백성에게 복음을 전파해야 한다.

세계는 성경말씀을 전하는 글로컬 크리스천 지도자들이 말뿐 아니라 삶으로도 예수님의 모습을 보여 주길 기대한다. 이것이 바로 "가장 성경적인 것이 가장 세계적이다."라는 말의 참뜻이다. 가정에서 남편으로, 아내로, 어머니로, 아버지로, 아들로, 딸로, 직장에서 경영인으로, 교사로, 코치로, 변호사로, 의사로, 국회의원으로, 웨이터로, 세일즈맨으로, 회계사로 본받을 만한 가치가 있는 삶을 살아야 한다. 예수님의 성품을 고스란히 나타내고, 예수님의 진리를 말하며 예수님의 사랑을 보여 줌으로써 저절로 성경말씀을 전하게 된다.

예수님은 제자들에게 지상명령을 내리면서 "가서, 세례를 주고, 예수님의 명령을 빠짐없이 가르쳐 지키게 하라."고 말씀하셨다. 이렇게 가르치는 데는 특별한 학벌이나 배경이 중요하지 않다. 장소에 매이지 않는다. 상황에 제약을 받지도 않는다. 하루하루 살면서, 일하면서 또는 놀면서도 가능하다. 이것이 가장 성경적이고 신앙공동체, 지역공동체가 가져야 할 태도다. 세계 어디에서나 하나님의 말씀이 차고 넘치도록 해야 한다.

하나를 더하는 전인교육

모든 나라, 모든 민족을 성경으로 초대

예수님의 제자라면 누구나 하나님의 말씀을 나누고 삶으로 보여 주고 가르쳐야 한다. 이 또한 제자 삼는 사역의 핵심이다. 예수님은 모든 나라에 가서 그런 일들을 하라고 명령하셨다. 예수님이 마태복음 28장 19절에서 사용하신 모든 민족은 문자 그대로 세계의 모든 종족 집단, 또는 민족들을 말한다.

오늘날 온 세계에는 대략 200여 개의 국가들이 존재하지만 성경학자와 인류학자, 선교학자들은 모든 민족이란 오늘날로 말하면 전 세계에 분포된 11,000여 개의 서로 다른 종족 집단 (유사한 언어와 문화적 특성을 공유한)을 의미한다. 그런 개념으로 보면 한 나라 안에 여러 개의 민족이 함께 살아가는 경우도 허다하다. 성경은 마지막 대목에서 모든 종족 집단에서 온 이들이 예수님의 보좌를 둘러싸고 하나님을 찬양하며 노래하는 장면을 보여 준다. 그 모습은 다음과 같다.

> 그 후에 엄청난 군중이 모여 있는 것을 내 눈으로 보았습니다. 그 수가 너무 많아서 나는 셀 수조차 없을 정도였습니다. 모든 나라와 민족, 언어를 초월하여 모인 이 사람들은 하나님의 보좌와 어린양 앞에 섰습니다. 그들은 모두 흰옷을 입고, 손에는 종려나무 가지를 들고 있었습니다. 그들은 큰 소리로 외쳤습니다. "구원은 보좌에 계신 우리 하나님과 어린양에게서 옵니다."(쉬운성경 계 7:9-10)

하나님의 영원한 뜻은 예수님을 통해 세계의 모든 종족 집단의 백성들을 구원하시는 데 있다. 어떻게 하면 이 사명을 잘 감당할 수 있을까? 글로컬 크리스천 지도자들로서는 그냥 지나칠 일이 아니다. 예수님은 모든 종족 집단으로 들어가 제자를 삼으라고 명령하셨다. 이 일은 선택의 여지는 없으며 반드시 이 사명을 감당하기 위해 순종해야 한다.

글로컬 크리스천 지도자들의 궁극적인 사명

하나님은 온 세계의 예배를 받으시기 원해서 거룩한 백성들에게 물질적인 복을 내려 주셨다. 다른 목적은 전혀 없다.

> 땅이 그의 소산을 내어 주었으니 하나님 곧 우리 하나님이 우리에게 복을 주시리로다 하나님이 우리에게 복을 주시리니 땅의 모든 끝이 하나님을 경외하리로다(시 67:6-7).

글로컬 크리스천 지도자들은 소박하게 살면서 아낌없이 베풀었다. 기도하고 베풀 뿐 아니라 다양한 경로를 통해, 다양한 방식으로, 다양한 종족에게 가야 한다. 우리는 세계 곳곳에서 제자를 삼는 장기 사역자들의 동역자로서 제자화 과정을 지혜롭게 도와야 한다. 특히 젊은 크리스천들에게는 의료, 경영, 스포츠, 교육, 공학을 비롯한 다채로운 영역에서 공부하고, 훈련하고 기술을 계발할 기회를 주셨다. 어느 것 하나 제3세계에 유용하지 않은 자원이 없다.

예수님은 제자를 삼는 크리스천들이 되도록 한 사람 한 사람을 부르신다. 예수님의 초대는 세계의 모든 종족 집단에 복음이 스며드는 날까지 계속되어야 한다. 글로컬 크리스천 지도자들은 저마다 사는 곳에서 그리고 지구 상의 모든 종족 집단 사이에 들어가서 제자 삼는 일을 하기 위해 존재한다. 여기에 구경꾼은 설 자리가 없다. 거룩한 백성들은 재생산을 위해 태어났기 때문이다. 글로컬 크리스천 지도자들은 선한 일을 위해 지음을 받은 존재들이다.

> 우리는 그가 만드신 바라 그리스도 예수 안에서 선한 일을 위하여 지으심을 받은 자니 이 일은 하나님이 전에 예비하사 우리로 그 가운데서 행하게 하려 하심이니라(엡 2:10).

여기에 놀라운 비밀이 있다. 하나님은 명령을 하시고 거기에 필요한 힘을 주실 뿐 아니라 그 수고를 잊지 않고 풍성한 삶으로 갚아 주신다. 예수님은 온 세계 방방곡곡에서 뒤를 좇는 자들이 수없이 나타나기를 바라셨으므로 가서 훈련시키라는 명령을 내리셨고 제자들은 그 가르침에 온전히 순종했다. 하지만 사역은 아직 끝나지 않았다.

예수님은 지금도 여전히 크리스천들이 선배들의 발자취를 좇아 삶의 틀을 재정비해서 가장 중요하고 시급한 사명을 중심으로 움직이기를 기대하신다. 이제 영원한 삶을 향해 가는 신나는 여행의 필요한 정보가 가득하다. 영생은 "나를 따르라."는 예수님의 간단명료한 초대에 진심으로 응답하는 이들을 기다리고 있다.

글로컬 크리스천 지도자를 양성하는
독서 지도자론

★ ★ ★

　21세기는 바로 문화와 종교의 시대다. 지나간 20세기는 어떤 시대였는가? 흔히 과학기술 만능주의와 비인간화의 시대, 물질 만능주의와 정신적 가치의 말살 시대, 정보 혁명의 시대와 사고력의 실종 시대라고 규정하고 있다. 그렇다면 오늘날 21세기는 어떤 시대라고 하는가? 흔히들 정보통신의 시대라고 한다. 이 시대를 나는 다른 각도에서 정신적 가치와 의미를 우선시하는 시대로서 '문화와 종교' 시대가 도래할 것이라고 생각한다. '문화와 종교'의 21세기를 맞이하여 우리는 무엇을 소중하게 여겨야 하며 준비해야 하는가? 여러 가지 준비와 계획을 세워야 하겠지만 무엇보다도 우리는 독서와 신앙으로 준비해야 한다.

독서는 문화의 산실이다. 어쩌다가 오늘의 정치, 경제, 사회, 교육, 환경 등이 이 지경이 되었는가? 오늘의 교회는 왜 무력한가? 무엇이 이렇게 만들었는가? 그 원인은 간단하다. 오랫동안 독서 없는 정치, 경제, 사회, 교육, 환경 등을 이루어 왔기 때문이다. 다시 말하면 문화가 없는 사회에서 살아왔다는 것이다. 예를 들면 오늘의 정치인들에게서는 책 읽은 향기가 풍기질 않는다. 대선, 총선 후보자들의 신상명세서를 살펴보면 알수 있다. 그리고 오늘의 교육 현장에서도 책 읽기는커녕 책의 그림자도 보이지 않고 시험 문제지만 보인다.

우리나라는 일찍이 세계에서 가장 오래된 목판 인쇄물을 가진 나라이며, 세계 최초로 금속활자를 만들어 책을 찍은 나라다. 그리고 세계에서 가장 질 좋은 종이를 만든 나라다. 그래서 우리나라를 예로부터 전적지국(典籍之國), 선인지국(善人之國), 인인지국(仁人之國), 동방예의지국(東方禮儀之國)이라고 한 것이다. 이 나라 5천년 역사를 지켜온 것은 책이었다.

세종대왕이 정치, 경제, 문화, 국방 등 모든 분야를 탁월하게 영도할 수 있었던 것은 책이 있었기 때문이다. 책을 늘 가까이하고 소중히 여겼기에 세계에서 가장 과학적인 문자라고 평가받는 한글을 창제할 수 있었던 것이다. 이황이 79차례나 벼슬을 사양하고 도산서원에서 유학을 가르칠 수 있었던 것도 책의 소중함을 알았기 때문이다. 이처럼 빛나는 책의 전통을 갖고 있는 나라에서 책을 읽는 대통령, 국민에게 책을 읽히는 대통령이 나오지 않은 것이 부끄럽다. 따지고 보면 오늘 우리 사회가 앓고 있는 질병도 책을 멀리한 데서 비롯된 것이다. 지금부터라도 책이 있는 정치, 책이 있는 경제, 책이 있는 교육으로 돌아서야 한다. 그것이 무너질 것 같은 나라를 다시 일으켜 세울 것이며 가정을 살리는 지름길이 될 것이다.

지도자의 역사의식과 책 읽기

역사를 이해하고 바라보는 패러다임은 세 가지 관점으로 분류할 수 있다.

첫째, 운명론적 역사의식이다. 이것은 이 세상의 모든 사건을 '운명'이라고 생각한다. 실패한 역사든, 성공한 역사든 원인이나 까닭을 분석하려 하지 않는다. 인간의 의지로는 역사를 움직일 수 없으니 당면한 현실 상황에 수동적으로 순응해 사는 것이 최선의 삶이라고 생각하는 것이다. 운명론적 역사의식은 적극적 사고방식을 마비시키고 체념의 태도를 확산시키는 병적인 사고방식이다. 하나님의 형상대로 지음을 받은 인간은 창세기의 말씀처럼 "생육하고 번성하여 온 땅에 충만"하면서 하나님의 뜻에 따라 세상을 적극적으로 다스리고 경영해 나간다. 이것이 하나님이 원하시는 리더의 모습이다. 리더의 역사의식은 적극적이고 긍정적인 역사의식과 일치한다.

둘째, 이성론적 역사의식이다. 이것은 역사적 사건을 꼼꼼히 따져 보고 논리적이고 과학적으로 증명하려고 한다. 이러한 패러다임을 갖고 있는 사람들은 동일한 실수를 다시 하지 않으려고 주도면밀하게 분석하고 연구하는 자들이다. 이들은 인식, 분석, 진단, 판단, 결론의 과정을 통해 실수의 반복을 막고 맹점을 극복함으로써 이성의 힘을 통하여 역사를 발전시킬 수 있다고 낙관한다. 이는 '계몽주의'적 역사의식을 갖고 있다고 볼수 있다.

이러한 이성론적 역사의식은 이성의 힘을 맹신하는 이성 만능주의를 조장하고 신본주의(神本主義)를 부정하며 인본주의를 만연시킨다. 그러나 세상의 사건들 중에는 이성론적 역사의식처럼 그렇게 논리적, 과학적, 분석적으로 해석할 수만은 없는 것이 너무도 많다. 이 이성론적 역사의식은 적극성의 측면에서 운명론적 역사의식보다는 바람직하다. 그러나 인간의 한계와 이성의 한계를 인정하지 않기 때문에 오만에 빠지기 쉽다. "신

(하나님)은 없다." 혹은 "신은 죽었다."라고 생각하기 때문에 인간을 세상과 만물의 주인으로 자처하면서 청지기 정신을 잊어버리고 이성의 능력과 과학기술의 힘을 남용하는 경향이 있다. 그 결과로 나타나는 것은 인간성 상실, 물신주의(物神主義), 생명 파괴, 환경오염 등이다. 이것은 이성론적 역사의식을 가진 자들이 의도하지 않았던 결과다. 이성을 맹신했던 그들이 이성의 한계를 인정하지 않고 오만에 빠져들었던 까닭에 오히려 가장 비이성적인 행동으로 역사의 참된 발전을 가로막는 모순을 저지른 것이다.

셋째, 섭리적 역사의식이다. 이것은 기독교적 역사관과 일치한다. 기독교적 역사관은 모든 역사적 사건을 하나님의 섭리로 이해하는 것이다. 이것은 세상 사람들이 말하는 '팔자'나 '운명'과는 분명히 다르다. 운명론적 역사의식을 소유한 자들은 과거의 거울에 현재를 비추어 보는 비판적 반성을 할 줄 모른다. 그러나 기독교적 역사의식을 가진 자들은 하나님의 뜻에 비추어 과거의 과오를 성찰하고 그분의 지혜로 원인을 분석하며 현재 상태를 점검하여 미래의 대안을 마련한다. 신앙 위에 이성의 힘을 연합하는 까닭에 운명론적 역사의식을 가진 자들처럼 체념에 빠지지 않는다.

섭리적 역사의식을 가진 사람들은 모든 일과 사건에 있어서 하나님의 뜻을 물으며 그분의 지혜로 자신의 이성을 사용하기 때문에 금력, 권력, 과학기술의 힘을 남용하지 않는다. 무엇보다도 그들은 도덕성의 토대 위에서 이성을 움직이기 때문에 하나님, 인간, 자연 간의 관계를 고려하면서 "관계 중심"의 사회 발전을 추구한다. 그들은 겸손하게 스스로의 한계를 인정하고 자신의 부족한 능력에 하나님의 능력을 더할(+) 때에 보다 나은 역사를 만들 수 있다고 확신한다. 이렇게 볼 때, 섭리적 역사의식을 가진 사람들은 신앙적, 적극적, 긍정적, 이성적, 미래지향적 요소들을 두루 갖추고 있는 셈이다. 가장 바람직한 역사의식이 아닐까?

지도자의 시대정신과 책 읽기

포스트모더니즘의 새 문화는 3N 세대를 탄생시켰다. '3N 세대'란 '새로운 것(New)', '지금(Now)', 그리고 '정보망(Net)' 구축을 중요한 가치로 여기며 사는 사람들이다. 이들의 대부분은 절대적 가치를 부정한다. 포스트모더니즘의 사상은 본래 모든 것을 '상대적' 관점으로 바라본다. 절대적 가치판단이란 있을 수 없고 모든 일, 사건, 사물의 가치는 보는 사람의 시각에 따라 다양하게 달라진다는 것이다. 따라서 지구 상에 존재하는

하나를 더하는 전인교육

다양한 지역의 개별 문화를 인정하고 사람들의 다양한 가치관을 존중해 주는 장점도 갖고 있다. 그러나 다양성과 개별성을 존중하는 장점에도 불구하고 이러한 사상의 맹점은 파편화(破片化)된 모든 문화들을 동등하게 수용하는 까닭에 진리와 중심(中心)을 부정한다는 점이다. 상대성을 추구하기 때문에 인간의 삶을 지나치게 개인화(個人化)시키고, '탈중심(脫中心)'을 외치는 까닭에 중심과 주변 간의 조화로운 통합을 무조건적으로 배척하는 경향이 있다.

일방적 지배 및 피지배의 관계만 아니라면 사람들 간의 사회적 관계에 있어서나 지역 문화들 간의 문화적 관계에 있어서 발전을 위한 연합과 통합이 때로는 필요한 것이다. 그러나 '탈중심'에서 비롯된 다양성과 개별성에 지나치게 치중한 나머지 연합과 통합의 조화로운 결속력을 무시하게 되고, 목표 의식의 결여로 인하여 공동체 및 사회의 발전에 대한 비전을 제시하지 못한다. 이것은 크나큰 결점이 아닐까?

세대가 다르고 생각이 다르고 시대가 변해 가는 것은 이해할 만하다. 산업과 문명이 발달하고 자본의 이동이 심해지면서 세상이 변해 가는 것은 아무도 막을 수 없는 일이다. 세상의 변화와 함께 다양한 가치관이 나타나는 것도 막을 수는 없는 노릇이다. 그러나 오늘날 수많은 사람들이 세상의 변화에 따라

유행하는 사상과 문화 풍조에 아무런 비판의식 없이 휩쓸려 가고 있는 것은 심각한 문제점이다.

참된 리더십은 시대적인 변화만을 따라가지 않는다. 참된 지도자는 시대적인 변화의 필요를 감지하고 그것을 주도해 가며 시대를 이끌고 가는 사람이다. 그의 사고는 입체적, 통합적, 균형적이다. 그는 오늘을 보람되게 살면서 좀 더 나은 내일을 계획한다. 옛 것을 소중히 여기며 그 속에 감추어진 새로움을 발견해 내고 과거와 현재를 연결시켜 새로운 가치를 창출할 줄 안다. 그는 진정으로 변해야 할 것과 변하지 말아야 할 것이 무엇인지 분별할 줄 안다.

시대가 변하고 삶의 형태가 아무리 다양해져도 여전히 하나님의 말씀은 진리로서 불변함을 알고 있다. 그는 생명을 바쳐 지킬 만한 분명한 신조가 있고, 넓은 안목으로 멀리 보고, 더 높이 보며 멋진 내일을 꿈꾸는 사람이다. 우리의 자녀와 미래 세대를 불변의 진리를 사모하는 기독교 신앙의 바탕 위에 역사의식과 시대정신을 갖춘 진정한 지도자로 성장시켜 보자.

지도자의 방향성과 책 읽기

성경에 기록된 '꿈'은 '비전'과 같다. 성경은 지도자의 인생에 '꿈'과 '비전'이 얼마나 중요한가를 말하고 있다. '비전'과 '꿈'이라는 말이 다소 추상적으로 들릴 수도 있겠지만 사실적으로 말하면 '목적' 혹은 '목표'에 더 가깝다고 볼 수 있다. 존스토트는 자신의 저서 『기독교적 리더십이 필요한 시대』에서 '비전'을 다음과 같이 정의했다.

> 그것(비전)은 현재의 상태(What is)에 대한 깊은 불만족과 가능한 상태(What could be)에 대한 분명한 파악이 결합되어 나타난 것이다. 그것은 현재 상태에 대한 의분(義憤)에서 시작되며, 그리고 그것은 다른 대안을 진실하게 추구하는 것으로 발전한다. 사회, 조직, 단체가 처한 '현재 상태'를 정확히 인식하고 부족한 점을 개선하려는 의지를 갖는 지도자로부터 '비전'은 시작된다.

부족과 결핍에 대한 '의분'을 느끼면서 미래의 '가능한 상태'를 목표로 설정하여 모든 구성원들로 그 목표를 바라보게 할 때에 비로소 지도자의 리더십이 발휘될 수 있는 것이다. 그러므로 리더십의 핵심은 비전과 방향성이다. 지도자가 구성원들을 어느 방향으로 인도하고 가르치느냐 하는 것이 리더십의 열쇠다. 제 아무리 남들을 설득하고 감동시키는 카리스마적 리더십을 가졌다 하더라도 사람들을 잘못된 방향으로 인도한다면 그것은 올바른 리더십이 아니다.

우리는 지금 빠른 것을 '최고'라고 인정하는 시대에 살고 있다. 현대사회는 보다 빠른 컴퓨터, 보다 빠른 휴대폰, 보다 빠른 비행기와 보다 빠른 자동차 등 스피드를 최고의 미덕으로 평가하고 있다. 이 때문에 빠른 것만이 능력을 발휘하고 스피드만이 경쟁력을 높일 것이라고 단정하는 그릇된 사고가 우리를 지배하고 있다. 빠른 것만이 결코 좋은 것은 아니다. 아무리 신속히 뛰어가고 날아가더라도 방향이 잘못되면 결국 모든 게 헛수고로 돌아가기 때문이다. 비록 속도는 느릴지라도 올바른 방향으로 인도하는 지도자를 만난다면 늦기는 하지만 안전하게 목적지에 도달할 수 있다.

성경적 지도자상 모색

21세기 새로운 지도자에 필요한 자질을 네 가지로 정리해 본다.

첫째, 육체적 자질로서 용모, 체력(신체 건강), 음성, 정력, 용기, 절제 등이 있다.

둘째, 정서적 자질로서 안정성, 신뢰성, 자신감, 설득력, 목적의식, 동정심, 정확성, 우정, 열의 등이 있다.

셋째, 두뇌적 자질로서 지능, 판단력, 통찰력, 창의력 등이 있다.

넷째, 도덕적 자질로서 인격, 공정성, 책임감, 진실성, 관용 등이 있다.

그러나 이러한 자질들이 21세기가 요구하는 훌륭한 지도자의 필요충분조건이 될 수 있는가? 사람들 대부분은 그렇다고 할 것이다. 나는 앞에서 열거한 성격에 따른 네 가지 자질에 한 가지 더 중요한 자질을 추가하고 싶다. 그것은 영적 자질이다. 영적 자질은 영성, 믿음, 소망, 사랑, 섬김, 겸손 등을 말한다.

지도자(Leader)라는 글자에 담긴 의미를 하나씩 살펴보자.

L은 listen의 첫 자로 '잘 듣는다, 경청한다, 주의하다, 적극적으로 청취하다'의 뜻이다. 지도자는 사람의 소리, 국민의 의사, 국민이 원하는 것이 무엇인지 잘 살펴야 한다. 지도자는 하늘의 소리(음성)까지 잘 살펴야 한다.

E는 educate의 첫 자로 '교육한다, 가르친다'의 뜻이다. 지도자는 사람들을 비난하지 말고 격려와 지도에 적극 나선다. 업무는 물론 그들에게 부족한 공동체 의식, 책임감, 문제 해결 능력 등을 바르게 가르친다.

A는 assist의 첫 자로 '돕는다, 원조한다'는 뜻이다. 지도자

의 감성적인 접근, 솔직한 대화가 개인적인 친화에는 가장 효과적이다.

D는 discussed의 첫 자로 '상담한다, 토의한다'는 뜻이다. 결정할 때 간부들끼리만 하지 말고 모든 사람을 참여시키는 것이 좋다. 충분히 토의하게 하고 "내가 결정한 일"이라는 느낌을 갖도록 한다.

E는 evaluate의 첫 자로 '평가한다'는 뜻이다. 여가와 일, 공과 사를 명확히 구분한다. 칭찬은 공개적으로 꾸중(책망)은 개인적으로 하는 것이 좋다. 일과 시간의 지연, 게으름, 정직 등 공정하게 평가한다.

R은 read의 첫 자로 '읽다, 깨닫다, 이해하다, 공부(연구)한다'의 뜻이다. 자율성을 존중하고 스스로 문제를 해결하도록 하고 자기가 한 일에 대해 책임을 지도록 한다.

좋은 지도자가 되기 위해 갖추어야 할 자질이 있다.

첫째, 지도자는 듣기를 잘해야 한다. 지도자는 호의적으로 상대방이나 다른 사람들의 말을 들어주고 끝까지 경청하는 자가 되어야 한다. 들어주는 기술, 이것은 문제 해결을 위해서도 꼭 필요하다. 들어준다는 것은 상대방의 견해를 이해하게 될 때까지 꾸준하게 기다리는 것을 뜻한다. 지도자는 가끔 무의식적으로 자신이 너무 바쁘기 때문에 들어줄 수 없다는 인상을 자주 주게 되지만 사실은 들어줄 시간이 충분하다는 인상을 주는 것이 좋다.

지도자는 사람의 소리보다 하늘의 소리를 들어야 한다. 하늘의 음성을 듣는 것은 은혜 중의 은혜며 축복 중의 축복이다. 이 땅에 살아가면서 하늘이 열리고 하늘의 음성을 듣는 사람이 모든 문제를 해결하게 된다. 이러한 사람들이 각 분야에 지도자가 되었으면 한다.

예수님이 요단강에서 세례 요한에게 세례를 받으시고 올라오실 때 "하늘로부터 소리가 나기를 너는 내 사랑하는 아들이라 내가 너를 기뻐하노라(막 1:9-11)."라고 하였다. 하나님이 "너는 내 사랑하는 아들이다 내가 너를 기뻐하노라."고 하신다면 얼마나 감격스럽고 은혜에 넘치겠는가! 하나님이 나를 인정해 주셨다. 기뻐해 주셨다. 하나님의 음성을 들은 사람은 다시 인생을 살아가게 된다. 하늘의 음성을 들은 사람은 이 땅에서 비록 상처가 있고 아픔이 있지만 천국을 누리면서 산다. 지금 이 시간, 하늘이 열리고 나에게 "너는 내 아들이라. 너는 내 딸이라."는 하늘의 음성을 듣는다면 얼마나 기쁘겠는가!

하나님은 에스겔에게 "일어나 들로 나아가라 내가 거기서 너와 말하리라(겔 3:22)."고 하셨다. 하나님의 음성은 때때로 우리처럼 작고 조용한 마음에, 양심에, 설교를 들을 때, 자연을 거닐 때 백성의 부르짖는 소리 가운데서 들을 수 있다. 모세는 가시덤불 속에서, 바울은 다메섹 도상에서…. 나는 대학 입시에 낙방하고 그날 밤 교회에서 철야 기도할 때 하나님의 음성을 들었다. 감격, 황홀, 신비를 체험했다.

그렇다면 어떻게 하나님의 음성을 들을 수 있는가? 그것은 곧 하나님의 말씀인 성경을 깊이 묵상하고 기도하는 사람에게 가능한 것이다. 기도하는 사람은 소원이 성취됨을 체험하게 된다. 우리의 기도가 하나님의 말씀에 근거를 두면 그 소원이 무엇이든 담대하게 구하라. 그러면 하나님이 그 소원을 이루어 주신다.

기도하는 사람은 하나님의 음성을 듣게 된다. 제자들이 힘써 기도할 때 성령이 임했다(행 1:14). 권능 있는 생활은 성령 충만으로 말미암으며 성령 충만은 기도에 힘쓰는 자가 받게 된다(행 7:55-56). 기도하는 사람은 주님이 주시는 기쁨을 얻게 된다. 바울은 억울하게 감옥에 갇혀 답답하고 우울했지만 기도하자 그의 마음속에서 기쁨이 넘쳐 났다. 옥터가 진동하며 차고가 풀리고 감옥 문이 열렸다. 기도하는 사람은 하나님의 뜻을 분별하는 지혜를 얻게 된다. 하나님의 뜻을 알려면 기도해야 한다. 우리가 기도하면 우리의 소원과 계획이 하나님의 뜻에 합당한지 아닌지를 깨닫게 된다. 기도하는 사람은 하나님과 깊은 교제를 나누게 된다. 기도는 하나님의 음성을 듣고 하나님과 영적 교제를 가지게 된다(히 4:16). 쉬지 말고 기도하자. 꾸준히 기도하는 사람보다 강한 사람은 없다.

둘째, 좋은 지도자가 되기 위해 필요한 자질은 말을 잘하고 글을 잘 써야 한다. 그러려면 어떻게 해야 하는가? 책을 많이 읽어야 한다. 그리고 생각을 깊이 해야 한다. 책을 많이 읽고 깊이 생각하고 하나님의 음성을 듣고 한 말은 명연설이 되고, 이렇게 쓴 글은 명문대작이 된다.

독서 지도자 육성 방안

한국기독청소년교육원의 지도자상은 각자의 지성, 감성, 덕성에 영성을 더할 때 믿음의 지도자, 소망의 지도자, 사랑의 지도자가 되는 것이다.

> 예수는 지혜와 키가 자라가며 하나님과 사람에게 더욱 사랑스러워 가시더라(눅 2:52).

지도자는 교육과 훈련을 통해 계발된다

어떤 특성을 가진 사람이 리더가 되는가? 그 특성은 유전적인가 후천적인가? 리더의 특성에서 공통성을 찾아내 그 천부적 자질로서 위대성을 인정하려는 여러 학자들도 있지만 B. 배스(Bass) 등은 성공적인 리더 중 "타고난 리더의 특성은 없다."고 밝혔다. 따라서 오늘날의 리더란 선천적, 가계적(家系的)인 것보다는 누구나 자신의 의지와 노력, 직업에 대한 전문적 지식을 위한 교육과 훈련을 통해 리더가 될 수 있다. 그러므로 훌륭한 지도자는 태어나는 것이 아니고 부단한 노력과 연구를 통해 생성된다고 하겠다. 따라서 지도자의 지도력은 한정된 사람의 천분이나 덕성이 아니고 지도자가 되려고 생각하면 누구든지 될 수 있다.

허균은 "사람은 모두 쓸모 있도록 하늘로부터 천성(天性)을 타고났다."라고 하였다. 하나님은 하나님의 형상대로 인간을 만들었다. 지도자가 될 수 있는 소질을 주셨다. 이러한 소질은 누구나 받고 태어났지만 이를 계발하고 발전시키는 사람만이 지도자가 될 수 있다. 본래 "지도자란 태어나는 것이 아니고 계발되는 것이며, 리더십은 주어지는 것이 아니고 만들어지는 것이다."

하나를 더하는 전인교육

지난 수세기 동안 지도자는 상속되는 성질의 것이지 후천적으로 만들어지는 것이 아니라고 하였다. 그러나 민주주의 사회에서는 지도자의 지도력은 습득될 수 있는 것, 예술과 같이 배우고, 갈고 닦을 수 있는 것으로 개방되어진 것이다.

사무엘이 세운 선지자 학교(삼상 19:19-20)를 생각한다는 것은 대단히 흥미 있는 일이다. 약속을 받은 학생들이 이 학교에 모여 그들이 부름 받은 그 일을 감당할 수 있기 위해 훈련을 받았다. 그 결과 솔로몬 때부터 유다 왕국 말엽까지 공적으로 예언할 수 있는 사람들을 충분히 배출할 수 있었다. 그들은 예언적인 학교에서 계발되고 훈련되고 교육을 받았던 것이다. 영적인 은사들이 계발될 수 있는 것이다.

예수님도 많은 주요한 시간을 열두 제자와 함께 있으면서 그들을 교육하고 훈련시키는 데 사용하셨다. 마가복음에 보면 예수님이 세 차례나 제자들과 함께 따로 가셔서 특수한 가르침과 훈련을 한 것을 알 수 있다.

지도자의 지도력을 훈련하는 것은 매우 성경적인 일이다. 모세와 여호수아, 엘리야와 엘리사, 예수님과 열두 제자, 바울과 디모데의 이야기는 좋은 예다.

잠재적인 지도자의 능력을 성숙시키는 교육 훈련이 있어야 한다. 이러한 지도자의 훈련은 일찍 할수록 좋다. 젊은이들을 집중적으로 훈련시켜야 한다. 바울은 언제나 젊은이들과 함께 있었으며 그들을 장래 교회 일꾼들로 훈련시켰다.

지도자의 능력이란 적당한 조건이 효과적으로 주어지지 않는 한 단순하게 계발되어질 수 없다. 지도자로 훈련을 받은 사람은 모든 것을 초월할 수 있어야 한다. 어떠한 장애물이 있어도 이를 극복할 수 있어야 한다.

링컨은 젊은 학생들에게 이같이 말했다.

> 만일 당신들이 결심하고 법관이 되기를 작정했다면 당신들은 이미 반은 이룬 것이다. 성공하겠다고 하는 결심이 다른 어떤 일보다도 중요하다는 사실을 항시 기억하라.

에릭 호퍼는 "지도자는 확신 있는 신조, 도전, 장엄한 능력 등을 구체화할 수 있어야 되는 것이다."라고 하였다. 지도자는 비전을 손질하고, 정열적인 사랑이 있어야 하고, 예언자적 견해를 밝히고, 행동으로 나타내고, 소망을 성취하는 사람이다. 크리스천 지도자들은 이와 같은 지도자의 자질들이 하나님에게서 오는 것을 알아야 한다.

독서 지도자의 책 읽기

독서 지도자는 왜 책을 읽어야 하는가?

성경은 "읽는 자는 깨달을진저(막 13:14)."라고 말한다. 토저 박사는 "신앙적으로 위대한 책을 즐기는 것은 하나님께 대한 헌신의 정도를 보여 주는 것이다."라고 했다. 영적인 지도자는 영적인 도움을 받고 기운을 북돋기 위해 독서해야 한다. 영적 지도자는 정신적 자극의 관점에서 독서해야 한다. 그는 정신훈련에 필요한 신선한 사고와 관념을 격려하는 몇 권의 책을 손에 가지고 있어야 한다. 영적 지도자는 그의 가르침과 설교 그리고 저술에서 세련된 형태를 위해 독서해야 한다. 영적 지도자는 정보의 필요성에서 독서해야 한다. 그는 그의 시대에 뒤떨어지지 않고 따라가기 위해서 독서하되 그의 분야에 대해서는 합리적으로 잘 알아야 한다. 정보를 이해하는 것은 독서를 통해서다. 그는 위대한 정신들과 교제하기 위해 독서해야 한다. 그들의 저술을 통해 모든 시대의 가장 위대하고, 가장 경건한 사람들과 영적으로 사귀는 것이 가능하다.

베이컨은 "역사책은 사람을 현명하게 하고, 시와 명언은 사람을 재치 있게 하고, 수학은 사람을 정밀하게 하며, 자연철학은 깊게 하고, 윤리학은 도덕적이고 중후하게 하며, 논리학과

수사학은 논쟁에 능하게 한다."고 주장했다.

독서 지도자는 어떤 책을 읽을 것인가?

영적 지도자들은 세속적인 것과 신앙적인 것을 구별해야 한다. 우리는 신앙교육을 하는데 도와줄 좋은 책을 읽을 수밖에 없다. 우리의 독서는 우리가 행할 의도가 있는 것, 행할 수 있는 것이라야 한다. 사람은 그가 사귀고 있는 친구를 보면 알 수 있듯이 그가 읽고 있는 책을 통해서도 알 수 있다. 그의 인격은 자기가 읽는 책에서 영향을 받는다. 왜냐하면 그것들은 그의 내적 굶주림과 열망에 대한 외적인 표현이기 때문이다.

무리엘 옴로드는 다음과 같이 권고한다.

> 우리는 항상 우리보다 조금 높은 것을 붙잡아야 되는 것이 좋은 것이다. 우리는 우리와 같은 입장을 가진 작품들뿐 아니라 우리와 의견이 다른 책들도 항상 읽으려고 애써야 한다. 그리고 우리는 의견이 다르다고 해서 그것들을 경박하게 무시해서는 안 된다. 그들의 관점으로 진실을 시험하여 볼 수 있고 우리도 또한 그들의 성경에 대한 관점을 시험해 봄으로 좋은 도전을 받을 수 있다. 그리고 우리는 스스로 그들의 작품들을 읽는 수고도 없이 오직 간접으로 전해 들은 작가들에 대해서 말을 하거나 비평해서는 안 된다. 새로운 생각들을 두려워해서는 안 되며 또, 우리는 그것들에게 도취되어서도 안 된다. 그

러므로 독서 지도자는 하나님의 나라에서의 수준 높은 봉사와 지도자 자격을 갖출 책들을 읽는 일에 더욱 몰두해야 한다.

독서 지도자는 어떻게 책을 읽을 것인가?

베이컨의 독서를 위한 유명한 규칙은 "읽으라. 부인하거나 논박하기 위해서가 아니라, 믿고 승인되어지기 위해서가 아니라, 말을 발견하거나 이야기하기 위해서가 아니라, 심사숙고하기 위해서 읽으라."는 것이다. 읽는 것의 의미 중 하나는 대강 읽는 것이 아니라 저자가 표현하는 사상을 심사숙고하며 묵상하는 것을 포함한다.

> 읽는 것은 쉽다. 그러나 마음에서 독서의 열매를 효과 있게 맺는 것은 매우 어렵다. 독서가 이런 목표를 성취하지 못한다면 우리의 독서는 무슨 도움이 되겠는가? 독서는 완전한 인간을 만든다. 말은 민첩한 사람을 만들고, 저술은 정확한 인간을 만든다.

찰스 스펄전은 그의 제자들에게 다음과 같이 조언한다.

> 당신이 가지고 있는 책들을 정복하라. 깊게 생각하며 읽으라. 책에 흠뻑 빠질 때까지 몰두하라. 책을 읽고 또 읽으라. 책을

씹고 소화하고 바로 네 자신이 되게 하라. 좋은 책은 몇 번이고 정독하고 요점을 정리하고 그것을 분석하라. 우리의 정신적 구성이 단순히 훑어본 20여 권의 책에 의해서가 아니라, 생각 깊게 정독된 한 권의 책에 더욱 영향을 받는다는 사실을 발견할 것이다. 서두르는 독서는 조금 배우고 크게 뽐내는 결과만을 가져오게 된다. 어떤 사람들은 많은 양의 독서에 치중하다가 묵상하는 것을 멀리하게 됨으로 결국 그의 독서는 무익한 것이 되고 만다. 독서하는 데에 당신의 좌우명은 풍부하게 그러나 수적으로는 많지 않게(much, not many)가 되도록 하라.

독서 지도자들의 독서론 이야기

윌리엄 바클레이의 독서론

버클레이에 의하면 "독서는 사람을 편협함에서 구출해 준다. 또한 독서는 세계 전체의 문제를 잊지 않도록 만들어 준다."고 했다. 그는 특히 성경 읽기를 강조하였다.

그리스도인은 모든 책 가운데서 가장 소중한 책, 곧 성경을 읽지 않으면 안 된다. 성경은 한평생 연구해도 그 내용을 다 길어 올릴 수 없다. 굳은 결의와 끊임없는 노력을 기울여 연구하면 연구할수록 성경은 더욱 많은 보답을 제공해 준다.

주자의 독서론

주자는 "책을 읽는 것은 처음에는 부지런히 힘을 쏟아 자세히 궁구하되 나중에는 천천히 음미하고 반복해야 한다."고 하면서 책을 숙독하고 음미하는 것을 거듭 강조했다.

많이 읽기를 탐하고 빨리 읽고자 해서는 안 되며, 푹 익기를 기다려야 한다. 공부는 푹 익은 데서 나오는 것이다.

홍대용의 독서론

홍대용은 조선 영조·정조 때의 실학자다. 그는 독서의 자세를 강조한 바 있다. 그는 고요히 앉는 것은 독서를 진전시키는 데 가장 큰 힘이 된다고 했다.

글을 읽을 때는 반드시 옷깃을 단정하게, 얼굴은 엄숙하게, 마음은 전일하게, 기운은 화평하게 할 것이며 잡념을 갖지 말고 선입견을 품지 말아야 한다.

연암 박지원의 독서론

연암도 독서의 자세가 중요하다고 강조했다.

책을 대하여 하품을 해서는 안 되며, 책을 대하여 기지개를 펴서는 안 되며, 책을 대하여 침을 뱉어서는 안 된다. 만일 재채기가 나오면 고개를 돌려 책을 피해야 한다. 책을 베고 누워서는 안 되며, 책으로 그릇을 덮어서는 안 되며, 책을 흐트러뜨려 놓아서는 안 된다.

그는 "남에게 빌린 책에 찢어진 종이가 있으면 붙여 주어야 하며, 책을 묶는 실이 끊어졌으면 수선해서 돌려주어야 한다."고 하였다.

독서 지도자들의 독서 규칙들

이 규칙들은 의미심장한 독서를 하게 하고 지속적인 이익을 얻게 하는 것이다.

첫째, 책을 적게 읽는 것은 곧 잊어버리는 습관을 형성하도록 도울 뿐이다. 친구를 선택하는 것처럼 책을 선택할 때 분별력을 가지라. 둘째, 연필과 메모지를 손에 들고 읽으라. 기록이 활발하고 힘이 있지 않으면 더 많은 독서는 시간 낭비다. 기록을 돕는 훈련이 잘 되어 있으면 놀라운 발전을 느끼게 될 것이다. 셋째, 변화를 주는 독서를 하라. 왜냐하면 정신은 틀에 박혀 있기 때문이다. 다양성은 육체에도 마음에도 휴식이 된다. 넷째, 독서는 시와 역사, 역사소설과 전기처럼 가능한 한 연관되어야 한다.

독서 지도자의 역할

다음과 같은 독서 지도자를 찾는다.

첫째, 하나님과 사람을 사랑하는 자(마 22:37-40)를 찾는다. 우리는 우리가 갖고 있는 모든 것으로 그리고 전심을 다해 하나님과 우리의 청소년을 자신의 몸과 같이 사랑하는 사람을 찾아내야 한다.

둘째, 섬기는 일을 기뻐하는 자(마 20:26)를 찾는다. 예수님은 섬기는 일에 최상의 본이 되셨다. 지도자들은 청소년들에게 깊은 관심을 가지고 섬겨야 한다.

셋째, 배우는 일을 즐거워하는 자(빌 3:12-13)를 찾는다. 유능한 지도자가 되기 위해 자신의 결점을 잘 깨닫고 배우며 개선하는 일에 열심이어야 한다.

넷째, 그리스도인의 성품에서 자라가는 자(딤전 3:1-13)를 찾는다. 바울은 지도자들에게 필요한 기본적인 자질들을 기록했다. 그것은 한 사람의 개인 생활, 가정생활, 사회생활 그리고 영적 생활 등을 포함하고 있다.

독서 지도자가 해야 할 역할이 있다. 독서로 기초를 세워야 한다.

첫째, 독서 지도자는 길잡이로서의 역할(방향성)을 한다. 길잡이란 안내자를 말한다. 방향을 잃지 않도록 잘 안내해야 한다. 길잡이로서의 역할은 구성원과 함께 목표 달성을 위해 의논하고, 그들이 도움을 요청할 때 도와주는 것이다. 여기에 지도자의 통찰력과 기민성, 협조 정신이 더욱 요구된다.

둘째, 독서 지도자는 역군으로서의 역할(성실성)을 한다. 역군은 공사터에서 일하는 성실한 일꾼이다. 역군으로서의 역할은 어떤 일이든지 필요한 계획을 세워 능숙하게 잘 처리하는 것을 말한다. 일의 우선순위를 정확하게 구별해야 한다.

셋째, 독서 지도자는 선봉으로서의 역할(신뢰성)을 한다. 선봉이란 앞장 또는 먼저 서는 사람을 말한다. 선봉으로서의 역할은 풍부한 지식과 능력, 경험 및 전문지식 등을 가짐으로 신뢰성을 주는 사람이다. 효율적인 업무 수행을 할 수 있도록 하며 어려운 문제, 이해관계, 대립 상황의 조정과 평소 교육하고 훈련시켜 소속감과 일체감을 갖도록 한다.

넷째, 독서 지도자는 기수로서의 역할(안정성)을 한다. 기수란 앞장서서 기(旗)를 가지고 신호하는 일을 맡은 사람을 말한다. 깃대를 잡은 사람은 어떤 운동이나 활동 등에서 대표자로 앞장서서 향도하는 사람을 비유하기도 한다. 기수로서의 역할은 안전과 위험을 알려 주는 교통신호, 역의 신호와 같이 집단

———•• 하나를 더하는 전인교육

의 상징적 존재로서의 역할을 한다.

다섯째, 독서 지도자는 초석으로서의 역할(책임성)을 한다. 초석이란 주춧돌, 어떤 사물의 기초를 말한다. 원래 주추란 기둥 밑에 괴는 돌로 요긴한 역할을 담당하는 것이다. 큰 건물을 세우거나 큰 장치를 하려고 만들어 놓은 밑받침이다. 초석으로서의 역할은 집단의 목표를 달성하기 위해 책임을 지며 희생정신을 가진 사람이다.

독서 지도자는 독서 운동가다. 독서 운동은 애국 운동이다. 독서 운동은 정신 운동이다. 독서 운동은 복음 운동이다.

독서 지도자의 비전

세계를 움직이는 지도자를 기르는 것이 독서 지도자의 비전이다. 준비된 지도자가 큰일을 한다. 밝고 환한 역사, 거룩한 역사의 배후에는 언제나 건강한 지도자가 있었다. 지금 이 시대는 선명한 청사진을 보여 주며 그 청사진을 이루기 위한 분명한 계획을 준비한 지도자가 절실하게 요구된다. 최고의 자리를 쟁취하려는 자들은 많은데 우수한 지도자의 자질을 갖춘 준비된 사람은 적다.

위대한 지도자를 키우는 훈련이 필요하다. 목이 곧은 백성이라 불리는 이스라엘 민족을 이끌고 가나안 땅을 점령한 여호수아의 리더십은 모세만큼 위대해 보인다. 애굽에서 노예 생활 40년, 광야에서 모세의 참모로 40년, 가나안 정복의 30년 생애를 살다 간 여호수아에게 이러한 위대한 리더십이 어디에서 나왔을까?

여호수아의 가정은 평생 온 가족이 하나님만을 사랑하고 믿었으며 순종했다(수 24:15). 여호수아가 애굽의 노예 생활과 광야 생활, 이스라엘 백성들의 끊임없는 반항, 가나안 정복의 큰 사명을 감당할 때 흔들림 없는 지도자가 될 수 있었던 것은 가족들이 그의 리더십을 인정해 주고, 힘들 때 격려해 주고, 낙심할 때 용기를 불어 넣고 위로했기 때문이다. 우리도 여호수아처럼 하나님만을 사랑하는 멋진 가정, 믿음의 가정, 이 시대의 리더십을 발휘하는 가정을 만들어야 하겠다.

한국기독청소년교육원의 독서 지도자 교육

신앙교육으로 교회 교육 살리기

가정 예배는 신앙교육의 뿌리다. 교회 교육으로 신앙공동체의 기초를 다져야 한다.

독서교육으로 전인교육 살리기

'4Q 독서법'을 통해 지도자 양육을 하고 있다. '4Q 독서법'은 한국기독청소년교육원의 독서법으로 책의 내용을 지성, 감성, 덕성, 영성으로 이해하는 것이다. 이러한 책 읽기를 통해 지성, 감성, 덕성, 영성으로 조화와 균형을 이룬 온전한 사람으로 자라나게 된다. 또한 목표적, 적극적, 긍정적 사고방식의 사람으로 행동하게 되어, 하나님께 쓰임을 받는 믿음, 소망, 사랑의 지도자로 성장하는 것이다.

글로컬리즘으로 실천하기

글로컬(Glocal)은 글로벌(Global)과 로컬(Local)의 합성어다. 이 말은 나와 지역적인 것을 기초로 하여 세계적인 꿈을 품는 것이다. 글로컬 크리스천 지도자의 정신은 다음과 같다.

첫째, 가장 나다운 것이 가장 세계적인 것이다. 가장 나답다는 것은 곧 하나님을 닮는 것이다.

둘째, 가장 한국적인 것이 가장 세계적인 것이다. 가장 한국적인 것은 우리나라의 정신과 문화를 자랑스러워하는 것이다.

셋째, 가장 성경적인 것이 가장 세계적인 것이다. 가장 성경적인 것은 하나님의 뜻을 알고 그 뜻대로 사는 것이다. 글로컬 크리스천 지도자는 가장 나다운 것과 가장 한국적인 것 그리고

가장 성경적인 것이 '가장 세계적인 것이다.'라는 정신을 가진
지도자다.

이러한 글로컬 크리스천 지도자가 되어 세계를 이끌어 가는
그날이 속히 오기를 꿈꾸어 본다.

글로컬 크리스천 지도자를 양성하는
우리의 꿈

★ ★ ★

비전 공유의 원리

사도 바울은 교회를 신자들의 양육을 통해 거듭 발전해 나
갈 수 있는 영적 공동체로 인식했다. 그래서 바울은 자신의 비
전을 모든 사람에게 전달하는 것이 무엇보다도 중요하다는 것
을 잘 알고 있었다. 교회가 아직 초기 단계였음에도 불구하고
바울은 복음이 "온 천하에 열매를 맺어 자랄 것"이라고 믿어
의심치 않았다.

바울은 "각 사람을 권하고 … 각 사람을 그리스도 안에서 완
전한 자로 세우려는(골 1:28)" 비전을 전달했다. 바울은 단 한

사람의 예외도 없이 모든 사람이 영적 지도를 받는 시대를 꿈꾸었다. 바울은 기독교 신앙이 언젠가는 온 세상에 널리 퍼질 것을 꿈꾸고 신자들을 독려했다.

비전을 전달하여 공유하는 것은 리더의 사명이다. 마치 바통을 넘겨주듯 비전은 사람에게서 사람에게로 전달되어야 한다. 리더는 사람들에게 동기를 부여하여 전에 생각하지 못했던 일들을 하도록 독려해야 한다. 뚜렷한 명분을 내세워 사람들을 모아야 한다.

비전은 마치 사람들의 머릿속에 보이지 않는 등불이 가지런히 연결되어 있는 것과 같다. 이러한 강력한 꿈과 비전은 사람들의 마음과 상상력을 자극해 행동을 하도록 하게 하는 것이다. 강한 호소력을 지닌 비전만이 그런 일을 할 수 있다.

『비전을 제시하는 리더십』의 저자 비터 네이너스는 "비전이란 어떤 가정이나 그룹이나 단체의 미래상을 마음에 그리는 것이다."라고 정의했다. 아울러 그는 "비전은 상상 속에 존재하는 세상, 즉 있을 법한 생각을 통해 건설된 세상을 뜻한다. 우리의 희망을 통해 만들어진 그런 세상이야말로 미래를 위한 합리적인 대안이다. … 비전의 세상은 신념에 찬 행위를 요구한다."라고 덧붙였다. 모든 리더가 그런 비전을 자연스럽게 생각해 내는 것은 아니다. 하지만 비전의 공유와 전달은 반드시 필요하고 귀중한 일이다.

키워 주는 원리

리더는 잠재력을 계발해 준다

자신 있는 리더만이 사람을 키워 준다. 리더는 자신의 사람들이 성공하는 모습을 보는 것만큼 더 큰 기쁨이 없다. 성경에서 남들을 키워 준 인물 바나바가 떠오른다. 바나바는 사람들을 새로운 차원으로 이끄는데 그야말로 달인이다. 바나바는 자기 일을 잠시 접어 두고 다른 리더들을 더 높은 단계로 이끄는 일에 매진했다. 그는 자신감이 넘쳤다. 남이 자신을 앞질러 더 뛰어난 리더가 되어도 전혀 개의치 않았다.

리더에는 두 종류가 있다. 사람들을 키워 주는 리더와 억누르는 리더가 있다. 사람들을 키워 주면 결국 자신이 끝없이 높아진다. 반대로 사람들을 억누르면 결국 자신이 낮아진다. 그럼으로 좋은 리더는 사람들과 손을 잡고 함께 걸어간다. 자기 일보다 사람들을 우선시하고 사랑하고 돕는다. 그러면 그 사람들이 하나님이 주신 자기 잠재력을 계발하게 된다.

리더의 삶에는 늘 일거리가 차고 넘친다. 항상 다른 사람들을 돕는다. 바나바는 다른 사람들을 키워 주는 사람이다. 바나바는 다른 사람들에게 가치를 더할 기회를 준다. 바나바와 바울의 관계는 키워 주기의 최고봉을 보여 준다. 바나바는 아무도 바울을 믿지 않을 때 바울을 믿어 주었다. 사도들이 바울을 인정할 때까지 기다리지 않았다. 심지어 베드로를 비롯한 모두가 두려워하는 상황에서도 바울을 믿어 주었다. 리더는 자신을 처음으로 믿어 준 사람을 결코 잊지 않는다.

바나바는 다른 리더들 앞에서 바울의 리더십을 보증했다. 성경은 바나바의 행동을 다음과 같이 묘사한다.

> 사울이 예루살렘에 가서 제자들을 사귀고자 하나 다 두려워하여 그가 제자 됨을 믿지 아니하니 바나바가 데리고 사도들에게 가서 그가 길에서 어떻게 주를 보았는지와 주께서 그에게 말씀하신 일과 다메섹에서 그가 어떻게 예수의 이름으로 담대히 말하였는지를 전하니라(행 9:26-27).

바나바가 바울을 데리고 와서 바울에 관한 이야기를 한다. 바울은 한 마디도 할 필요가 없다. 바나바를 모르는 성도들은 없다. 모두가 바나바의 인격을 익히 알고 있다. 그것으로 상황

종료다. "사울이 제자들과 함께 있어 예루살렘에 출입하며(행 9:28)"라고 하였다.

바나바는 바울이 더 높은 단계에 이룰 수 있도록 도왔다. 바나바와 바울의 관계는 예루살렘에서 끝나지 않았다. 나중에 바나바는 바울을 동역자로 삼아 안디옥 교회를 도우러 갔다. 이것은 바울에게 처음으로 '리더의 일'을 맡겨 키워 주는 행위였다. 이때부터 바울은 바나바와 짝을 이뤄 선교의 장에 뛰어 들었다. 사실 하나님이 뜻하신 것은 바울이 바로 선교사가 되는 것이다. 키워 주기는 그가 온전한 리더가 되도록 지원해야 한다. 제대로 키워 주려면 투자가 따라야 한다. 시간과 정성 그리고 물질이 따라야 한다. 하지만 그만한 가치가 있다. 제대로 키워 주기만 하면 그가 비상하는 광경을 보게 된다.

리더의 삶은 곧 키워 주는 삶이다

서로 돌아보아 사랑과 선행을 격려하며 … 오직 권하여(히 10:24-25).

리더에게 키워 주기는 한 차례의 행사가 아니라 삶 자체다. 바나바가 키워 준 가장 유명한 사람은 바울이다. 물론 바울 외에도 많은 사람을 키워 주었다.

바나바는 어려운 사람들을 격려했다. 성경에서 바나바에 관한 첫 기록은 베풂의 사건이다. 바나바는 가난에 허덕이는 동료 사도들을 못 본 체 할 수 없었다(행 4:36-37). 바나바는 성공한 사람들을 격려했다. 바나바는 잘하고 있는 사람들을 만나면 격려하고 더 잘하도록 키워 주었다(행 11:23-24). 바나바는 실패한 사람들을 키워 주었다. 바나바는 밤빌리아에서 자신과 바울을 버리고 간 마가도 끝까지 믿어 주었다. 바나바는 여전히 마가를 믿고 두 번째 기회를 주었으며 나중에는 바울도 마가를 믿게 되었다(딤후 4:10-11). 바나바는 리더들이 리드할 수 있도록 키워 주었다. 바나바의 중요한 사역 중 하나는 새로 생긴 교회들의 리더를 임명한 것이었다. 리더를 세우는 만큼 조직의 큰 힘을 불어 넣는 일도 없다. 리더들을 제대로 키워내면 그들뿐 아니라 그들이 이끄는 모든 이들에게 유익하다(행 14:23).

바나바는 어딜 가든, 무슨 책임을 맡든, 늘 사람들을 격려했다. 키워 주기는 사람들에게 힘을 주고, 추진력을 강화한다. 늘 사람들을 믿어 주고 격려한다면 그들이 더 큰 성과를 거둘 것이다.

리더는 성공 환경을 창출해야 한다

바나바는 분명한 비전이 있었다. 바나바는 가는 곳마다 떠오르는 리더들을 품에 거둬 성공 환경을 창출했다. 바나바는 바울과 함께 부름을 받은 날부터(행 13:2) 강한 목적의식을 품었고 그것을 남들에게 이야기했다. 이를테면 그는 비시디아 안디옥에서 그를 거부한 유대인들에게 다음과 같이 말했다.

> 바울과 바나바가 담대히 말하여 이르되 하나님의 말씀을 마땅히 먼저 너희에게 전할 것이로되 너희가 그것을 버리고 영생을 얻기에 합당하지 않은 자로 자처하기로 우리가 이방인에게로 향하노라 주께서 이같이 우리에게 명하시되 내가 너를 이방의 빛으로 삼아 땅끝까지 구원하게 하리라 하셨느니라 하니(행 13:46-47).

리더가 분명한 비전을 제시하지 않으면 사람들은 성공할 수 없다. 리더의 목표가 무엇인지 혹은 조직을 어떻게 섬겨야 할지 모르는데 어떻게 능력을 발휘하겠는가?

바나바는 팀워크를 중요하게 여겼던 게 분명하다. 바나바는 아무런 망설임 없이 바울을 키워 주었고 교회마다 기꺼이 장로들을 임명해 권한을 나누어 주었다. 또 늘 마가 같은 사람들을 사역지로 데리고 다녔다. 강한 팀워크는 모든 사람에게 자존감을 심어 준다.

자기 책임과 권한을 아는 사람들은 자신 있게 일하며 자기 분야에서 창의력을 발휘한다. 바나바는 안디옥 사역을 시작으로 바울과 시작하자마자 그에게 설교를 맡겼다. 그때부터 사도행전에서 그들의 설교를 기록한 누가는 '바울과 바나바'를 설교자로 언급했다. 사람들에게 기여할 분야와 방법을 알려 주고 그들을 격려하면 그들이 능력을 온전히 발휘하게 될 것이다.

바나바는 자신감이 있었기에 자기 힘을 아낌없이 나누어 주었다. 바울이 자기보다 더 강한 리더로 성장한 후에도 바나바는 전혀 개의치 않았다. 둘 사이에 나타난 유일한 갈등은 바나바가 요한, 마가를 키우려고 했을 때 바울이 키울 가치가 없다며 반대했던 사건뿐이다. 리더가 자신감을 품고 그 자신감을 전달하면 성공한다. 자신감 있는 리더만이 기꺼이 사람들을 키워 성공하게 만든다. 리더가 키워 주면 사람들은 더 강해진다.

성장의 원리

위대한 일은 군중이 아닌 핵심 인물을 통해 이루어진다. 크게 생각하는 사람은 좁게 행동하는 법을 배워야 한다. 조직의 폭발적인 성장을 이루고 장기적으로 그 성장세를 이어갈 유일한 방법이 리더들을 양성하여 이끄는 것이다.

리더는 성장을 낳는 사람들과 활동들에 집중해야 한다

사도 바울은 참 대단한 사람이었다. 바울은 당시 최고였던 아테네 철학자들과 논쟁할 만큼 뛰어난 변증가였다(행 17:18-34). 그리고 하나님의 말씀을 아시아 전역에 퍼뜨린 담대한 설교자였다(행 9:10). 특히 리더 양성에서는 어떤 사도도 그를 따라가지 못했다. 바울이 키워낸 목회자와 교회 리더들은 디도, 누가, 아볼로, 디모데, 실라, 브리스길라, 아굴라 등이 있다.

바울의 폭발적 성장을 위한 전략은 다음과 같다. 바울은 세상을 바꿀 사람들과 활동에 전념했다. 그의 시간은 한계가 있었으나 그의 영향력은 한계를 몰랐다. 그의 행동은 그의 세상뿐 아니라 우리의 세상까지 바꿔 놓았다. 바울의 전략은 2천년 전 만큼이나 오늘날에도 효과 만점이다.

바울은 가는 곳마다 청중을 모아 가르쳤다. 사도행전은 바울이 새로운 마을에 들어가면 며칠 혹은 몇 달, 때로는 몇 년에 걸쳐 큰 무리를 가르쳤다고 한다. 예를 들면 에베소에서는 회당에서 3개월, 학교에서 2년을 가르쳤다(행 19:8-10). 바울은 어디를 가든 최대한 많은 사람을 모아 훈련시켰다. 최대한 많은 사람을 훈련시키면 그들의 잠재력 실험을 돕는다는 점 외에도 그만큼 많은 리더 재목을 찾을 수 있다. 바울은 셀 수 없이 많은 리더를 훈련시켰다. 그중에는 이미 영향력과 리더십을 갖추고 그를 찾아온 실라 등이 있었다(행 15:22).

바울이 "믿음 안에서 참 아들(딤전 1:2)"이라고 부른 디모데처럼 직접 키운 리더들도 있었다. 바울은 배경과 상관없이 그들을 사역지에 데리고 다니면서 가르쳤고, 때가 되면 책임과 권위를 위임하여 세상 속으로 내보냈다. 우리도 이와 비슷한 패턴을 따라해 보자.

바울은 리더들을 훈련시킨 후 그들의 발목을 잡지 않았다. 바울이 그들을 키운 것은 자기 삶의 안위를 위함이 아니었다. 바울은 가는 곳마다 교회를 심었다. 바울이 교회를 일으킨 도시들은 소아시아 전체와 유럽의 상당 부분에 광범위하게 퍼져 있다. 바울은 어디를 가든 교회를 세웠고 후임자를 남기고 그곳을 떠났다. 현상 유지로는 위대한 영향력을 미칠 수 없다. 우리는 비전을 품고 나서 바울만큼 크게 생각해야 한다.

리더 양성은 평생의 과정이다. 바울은 이점을 잘 알았다. 바울은 사람들을 독립적인 리더로 키운 후에도 그들을 내버려 두지 않았다. 이후에도 틈틈이 그들을 찾아가 동역하고, 격려하고 지도했다.

바울은 편지를 통해서도 리더 훈련을 이어갔다. 특히 디모데와 디도에게 보낸 편지를 보면 바울이 어떤 식으로 지도하고

하나를 더하는 전인교육

격려했는지 잘 드러난다. 그 외에 여러 편지들을 통해 바울은 2천년이 지난 지금까지도 리더들을 키워내고 있다. 우리의 비전이 리더 양성을 필요로 하는 만큼 위대하다.

바울이 생각하는 리더의 조건

리더 재목은 어떻게 알아볼 수 있는가? 바울은 리더의 자질에 관한 자신의 견해를 디모데에게 밝히기도 했다. 바울은 좋은 리더의 네 가지 이미지를 디모데후서 2장 2-6절에서 언급하고 있다.

첫째, 선생의 이미지다. 리더의 가장 중요한 자질은 다른 리더를 가르칠 수 있는 능력이다. 바울은 디모데에게 자신을 남들 속에 본보기가 되라고 했다(딤후 2:2). 이것이야말로 폭발적 성장의 핵심 비결이다. 폭발적 성장을 원한다면 자기 지식과 권위와 경험을 나눌 줄 알아야 한다. 따라서 리더 양성을 이어갈 수 있는 충성된 리더 재목을 지혜롭게 선별해야 한다.

둘째, 군사의 이미지다. 좋은 리더는 군사와 같다. 물론 좋은 군사는 헌신과 용기, 활기 같은 여러 자질이 있어야 한다. 바울은 디모데에게 편지를 보내며 두 가지 핵심을 강조했다. 군사는 자기 일에만 집중한다. 전투 외에 쓸데없는 일에 휘말리지 않는다. 군사는 리더를 만족시키고자 한다. 이것은 깊은 충성심과 희생정신을 말한다.

셋째, 운동선수의 이미지다. 좋은 리더는 뛰어난 운동선수와 같다(딤후 2:5). 바울이 강조한 특성은 인격과 규율이다. 인격이 없는 사람은 규칙대로 경기하려고 하지 않고 규율을 모르는 사람은 규칙대로는 이길 수 없다. 두 특성이 모두 필요하다. 세상은 무슨 수를 써서라도 이기라고 말한다. 규칙이나 양심 따위는 집어던지라고 한다. 하지만 리더의 자질 중에 인격만큼 중요한 것은 없다. 규율은 인격을 지켜 주고 성장과 경쟁과 승리를 이어갈 수 있게 해 준다.

넷째, 농부의 이미지다. 바울이 리더십을 가르칠 때 마지막 이미지는 농부다. 도시 사람들은 농부의 삶을 잘 모른다. 나는 농촌에서 자랐기 때문에 농부의 일이 얼마나 힘든지 알고 있다. 농부는 해뜨기 전에 일어나 뼈 빠지도록 일하고 그나마 자연의 처분에 삶을 맡겨야 한다. 농부는 끈기가 대단하다. 땅에서 일하면 당장 열매를 맛볼 수 없다. 농부는 일하고 나서 기다린다. 농부의 인내와 직업 윤리를 갖춘 리더 재목을 찾았다면 제대로 찾은 셈이다.

리더를 양성하는 리더

단순히 일하는 방식만 바꿔서는 성장을 이루는 리더가 될

—•• 하나를 더하는 전인교육

수 없다. 사고방식을 목표적, 적극적, 긍정적으로 바꿔야 한다. 리더를 양성하는 리더는 다음의 일곱 가지 중요한 요소를 갖추어야 한다.

첫째, 리더는 자리를 넘겨주기를 원해야 한다. 리더들을 양성하는 리더는 자신을 희생하는 것이다. 자신을 대신할 사람을 키우는 것이다. 바울은 자신이 떠난 후에 일을 대신할 디모데와 디도 같은 리더들을 키워냈다.

둘째, 리더는 강점에 주목해야 한다. 리더를 양성하는 리더는 사람들의 강점에 주목한다. 그래야 그들을 성장시킬 수 있다. 바울은 디모데의 강점을 격려하고 키워 주기 위해 편지를 썼다. 리더를 키워내려면 사람들의 강점으로 초점을 맞춰 그들의 잠재력을 이끌어 내야 한다.

셋째, 리더는 상위 20%에 집중해야 한다. 리더를 양성하는 리더는 최고의 리더 재목들에게 집중한다. 바울은 리더를 키우기 위해 모든 사람들을 가르치고 사랑했다. 단 최고의 리더들을 양성하는 데 관심을 집중했다.

넷째, 리더는 각 사람을 따로 다루어야 한다. 리더를 양성하는 리더는 사람마다 능력이 다르고 할 수 있는 일이 다르기 때문에 각각 다르게 다루었다. 바울은 모든 사람을 선교 훈련에 데려가지 않았다. 자신이 세운 교회들을 관장할 기회를 모든 사람에게 주지도 않았다. 그래서 바울은 시간과 관심을 전략적으로 활용했다. 재능과 소명, 성장, 의지에 따라 각 사람을 다르게 다루었다.

다섯째, 리더는 시간을 투자해야 한다. 리더를 양성하는 리더는 미래의 지도자들과 일하는 시간을 투자 기회로 생각한다. 바울은 회심 후 얼마동안 홀로 시간을 보냈다. 성경 속의 리더들이 그러했듯이 그는 남몰래 자기 소명을 준비했다. 그러고 나서 예루살렘으로 와서 사람들을 이끌고 교회를 세우면서부터는 절대 혼자 일하지 않았다. 어디든 동역자를 데리고 갔고 그와 보내는 시간을 일종의 투자로 여겼다. 요한, 마가를 안디옥에 데리고 갔고(행 13:13), 계속 데리고 다녔다(행 15:37-50).

여섯째, 리더는 다음 세대까지 영향을 미쳐야 한다. 리더를 양성하는 리더는 그 영향력을 훨씬 멀리까지 뻗어 나가야 한다. 바울의 영향력은 자기 세력권과 삶을 넘어 오늘날까지 이어진 유산을 남겼다.

일곱째, 리더는 큰 헌신을 요구해야 한다. 리더를 양성하는 리더는 큰 헌신이 절대적으로 필요하다. 리더십에는 희생이 필요하며 희생에는 헌신이 필요하다. 바울은 그리스도의 제자로서 목숨을 헌납했다. 그리고 그에 못지않은 박해와 고난을 겪은 그의 동역자들도 마찬가지였다. 리더의 자리를 내줄 때는

　　　　　　　—··하나를 더하는 전인교육

얼마나 많은 헌신이 따를지 분명히 밝혀야 한다. 앞으로 얻을 보상뿐 아니라 리더십에 따르는 희생과 섬김에 관해서도 반드시 이야기해야 한다.

팀을 이루는 원리

인간관계의 문제는 가장 힘들고 고민스러운 일 가운데 하나다. 좋은 의도로 의기투합하여 일하다가도 마음이 맞지 않거나, 비전과 가치관이 달라 갈등을 초래하는 일이 적지 않다. 각자의 성장 배경과 기질과 가치관과 일하는 방식이 다르기 때문이다.

바울도 동료와 갈등을 겪었다. 베드로와 교리 문제로 다투기도 했고, 바나바와도 심한 논쟁 끝에 헤어지기도 했다(행 15:39-40). 바울은 인간관계를 통해 좋지 않은 경험을 했음에도 불구하고 사도들과 리더들과 복음 전도자들과 더불어 일하기를 마다하지 않았다. 바울은 동역자들과 기쁨과 슬픔을 함께하고 여러 기회를 공유했다. 요즘에는 시너지 원리를 매우 효과적인 습관으로 정의한다.

바울은 이런 정의가 있기 오래전에 이미 혼자서 하는 것보다 여럿이 함께하면 훨씬 더 많은 일을 할 수 있다는 원리를 터

득했다. 바울은 바나바, 실라와 함께 일했으며 중요한 문제를 결정해야 할 때는 사도들, 장로들과 함께 논의했다(행 15:22). 나중에는 디모데와 일했고, 아굴라, 브리스길라와 함께 천막을 제조했다(행 18:1-4). 안디옥에서는 다수한 다른 사람들과 함께 주의 말씀을 가르치며 전파했다(행 15:35). 이들은 모두 바울과 비슷한 사명과 가치관을 지닌 사람들이었지만 은사와 기질은 매우 달랐다.

팀 사역을 할 때 더 큰 능력을 발휘하는 사람들이 있다. 자신에게 어떤 방식이 적합한지 파악하는 것이 중요하다. 대개는 자신과 똑같은 사람보다 다른 기질과 재능을 지닌 사람들이 가장 훌륭한 동료가 된다. 동일한 비전과 사명을 가지고 있으면서도 서로 다른 장점과 능력을 지니고 있기 때문이다.

> 두 사람이 한 사람보다 나음은 그들이 수고함으로 좋은 상을 얻을 것임이라 혹시 그들이 넘어지면 하나가 그 동무를 붙들어 일으키려니와 홀로 있어 넘어지고 붙들어 일으킬 자가 없는 자에게는 화가 있으리라 한 사람이면 패하겠거니와 두 사람이면 맞설 수 있나니 세 겹 줄은 쉽게 끊어지지 아니하느니라(전 4:9-10, 12).

모든 것을 혼자서 할 필요도 없고, 혼자서 모든 일을 하는 방법을 알 필요도 없다. 대신 서로를 이해하는 법을 배워야 한다. 갈등이 초래될 때 오히려 서로의 장점을 발휘해야 한다. 서로의 기대치를 확실히 규정하고 신뢰관계를 형성하여 쌍방이 모두 성공하는 길을 모색하라. 물론 아무나 하고 협력관계를 맺어서는 곤란하다. 신중하게 살펴 결합한 동료를 선택한 뒤에 팀을 이루어 즐겁게 일하라.

희생의 원리

여러분은 어떤 마음가짐으로 사람들을 이끌고 있는가? 받으려고 애쓰는가, 주려고 애쓰는가? 전자는 눈앞의 이익만 거두고, 후자는 장기적인 이익을 거둔다. 희생의 삶을 살면 사람들을 올바른 길로 인도할 수 있다. 뛰어난 리더가 되기 위해서 어떤 대가를 치러야 할 지 생각해 본 적이 있는가? 희생의 원리와 관련된 네 가지 리더십 개념을 살펴보자.

희생이 없으면 성공도 없다

성경의 리더 중에서 모세만큼 희생정신을 철저히 실천한 인물도 드물다. 모세는 가히 희생의 상징이라 할 만하다. 모세는 바로의 아들 곧 왕자로 자랐다. 어릴 적에는 왕궁에서 온갖 쾌

락을 즐겼다. 힘도 특권도 재물도 있었다. 모세는 애굽의 부귀영화만 누린 것이 아니라 세계 최고의 지식도 갖추었다.

> 모세가 애굽 사람의 모든 지혜를 배워 그의 말과 하는 일들이 능하더라(행 7:22).

그러나 모세는 자기 백성들을 돕기 위해서라면 이 모든 것을 버릴 각오가 되어 있었고, 실제로 그렇게 했다. 모세는 애굽 사람을 죽인 후에 40년 동안 미디안 광야에서 망명 생활을 했다. 부귀영화에서 빈곤으로, 세계의 중심에서 허허벌판으로, 왕궁의 양자에서 미천한 목자로 전락한 것이다.

모세는 하나님이 사용하실 만한 인물이 되기 위해 40년 동안 깨지고 뒤바뀌는 과정을 거친 것이다.

> 이 사람 모세는 온유함이 지면의 모든 사람보다 더하더라(민 12:3).

리더는 언제나 대가가 따른다. 물론 누구나 모세처럼 조국을 떠나거나 모든 재산을 포기해야 리더가 될 수 있는 것은 아니다. 그러나 사람들을 이끌려면 어떤 식으로 든 대가를 치러야 한다.

자기 것을 내놓지 않으면 희생이라고 할 수 없다

자기에게 없는 것을 희생할 수는 없다. 자기에게 있는 것만 포기할 수 있다. 모세는 하나님과 단둘이 있었다. 모세가 애굽에서 계속 살았다면 과연 하나님의 부르심에 관심을 보였을까? 애굽에서는 모세의 관심을 끄는 것들이 너무 많았다. 그러나 미디안으로 떠난 후에는 묵상할 시간이 정말 많았다. 40년이나 지난 후에 떨기나무 불꽃 가운데서 하나님의 음성을 들을 만큼 고요했다. 오늘날 리더들은 하나님과 단둘이 있을 시간이 너무 없다. 하나님과 단 둘이 있는 시간을 낼 수는 없는가?

모세는 하나님께 솔직했다. 떨기나무 불꽃 앞에서 모세는 자신의 약함을 철저히 깨달았다. 이스라엘 백성들을 애굽에서 이끌어 내라는 하나님의 명령에 그가 무엇이라고 답했는가?

> 내가 누구이기에 바로에게 가며 이스라엘 자손을 애굽에서 인도하여 내리이까(출 3:11)

젊었을 때 모세는 자신이 강한 줄 알았지만 이제 늙어서 쓸모없이 되어서야 비로소 하나님이 사용하시겠다는 것이다.

모세는 하나님에 의해 깨졌다. 하나님은 그의 뜻을 모세에게 강요하지 않고 모세가 스스로 다가오기를 기다리셨다. 모세의 자기 의존과 오만은 광야의 망명 생활 속에서 서서히 깨졌다. 모세는 고집을 꺾고 두려움을 물리치고 목적을 확인한 후에 자신을 하나님의 손에 맡겼다.

인간은 무엇인가를 내놓아야 더 좋은 것을 얻을 수 있다. 모세도 그랬다. 그는 자신의 지위와 재물을 모두 희생한 후에야 비로소 인생 목적을 향해 나아갈 수 있었다. 리더가 되고 싶다면, 하나님이 창세전부터 마련해 놓은 하나님의 목적을 찾아 이루고 싶다면 뭔가를 내놓아야 한다. 하나님이 명령하시면 언제라도 내놓아야 한다.

뛰어난 리더는 희생의 가치를 안다

희생이야말로 리더십의 진정한 본질이다. 모세는 미디안 광야에서 40년을 보낸 끝에 비로소 리더십에 관한 소중한 교훈들을 얻었다.

포기해야 올라간다. 모세는 엄청난 희생을 감수했다. 이스라엘 백성들의 리더가 되기 위해 고향과 노년과 편하게 살 권리를 모두 포기해야 했다. 애굽의 모든 부와 목자로서의 안전한 삶을 포기한 것으로 끝이 아니었다. 길고 긴 여정이 이제 시작되었다.

포기해야 성장한다. 미디안 광야에 있는 동안 모세의 인격은 높은 수준에 올랐다. 이제 하나님이 선택한 자로서 백성들을 구할 자격을 얻은 것이다. 그러나 뛰어난 리더가 되기 위해서는 자신을 더 포기해야 한다. 리더가 되려면 시간이 걸린다. 모세는 처음에 이스라엘 백성들을 제대로 이끌지 못했다. 예를 들면 백성들을 애굽에서 이끌고 나온 직후에는 혼자 모든 일을 처리하려고 했다. 이때 장인 이드로에게 권한 위임에 관해 배워야 했다(출 18:21).

포기해야 오름세를 유지한다. 리더의 길에 끝은 없다. 아무리 뛰어난 리더라도 배움과 성장과 개선의 여지는 여전히 남아 있다. 강한 리더십을 유지하려면 계속해서 희생해야 한다. 조직을 높은 수준으로 끌어 올렸다고 해서 끝이 아니다. 변화무쌍한 세상에서 그 수준을 유지하려면 오히려 더 큰 희생이 필요하다. 포기하는 태도를 유지하려면 엄청난 끈기가 필요하다.

우리 앞에 놓인 길고 긴 리더십 여정을 바라보며 어떤 희생이 필요한지 생각해 보자. 소명이 클수록 희생도 크다. 높이 올라가려면 더 많이 포기해야 한다. 모세가 위대한 리더의 경지에 이르기까지는 하나님이 정하신 세월이 필요했다. 그 세월을 거친 후에야 모세는 백성들의 온전한 사랑을 받는 리더가 되었다. 백성들이 그를 얼마나 사랑했으면 그가 죽고 난 후 30일 동안이나 애곡했을까?

무엇인가를 얻으려면 자신의 모든 것을 내놓을 의지가 있어야 한다. 시간과 재물, 다른 일을 할 수 있는 기회, 자신의 권리를 포기할 수 있어야 한다. 잠재력의 한계까지 계속 올라가려면 현재 가진 것을 내려놓아야 한다. 위로 올라가려면 무엇인가를 내려놓아야 한다. 다른 방법으로는 다음 단계로 올라갈 수 없다. 어떻게 해야 포기하는 태도를 길러 잠재력을 온전히 이룰 수 있을까? 다음의 6가지 습관에 대하여 살펴보자.

첫째, 타이밍을 이해하라. 솔로몬은 "범사에 기한이 있고 천하 만사가 때가 있나니(전 3:1)"라고 했다. 모세는 광야로 도망칠 때는 몰랐지만 불타는 떨기나무를 본 이후로는 하나님의 때를 확실히 깨닫게 되었다. 그리고 이스라엘 백성을 이끄는 동안에는 이 하나님의 때를 점점 더 깊이 확신하게 되었다. 결국 인생이란 때를 따라 문제가 풀리는 것이다. 그때를 준비하여 기다려야 한다.

둘째, 남들을 먼저 생각하라. 자기에게 너무 초점을 맞춘 사람들은 희생하기가 어렵다. 만사를 자신의 필요와 욕구를 통해 보면 포기하기가 어렵다. 아인슈타인은 "자기에게서 벗어나야 비로소 진짜 삶을 사는 것이다."라고 하였다. 남들을 먼저 생각하는 것이 올바른 시각이자 올바른 우선순위다.

셋째, 베푸는 습관을 기르라. 느슨하게 쥔다는 말은 곧 나누어 준다는 말이다. 베풀 때 동기가 순수해지고 마음이 가벼워진다. 아무런 대가를 바라지 않고 후히 나누어 주는 습관을 기르면 결국은 준 것보다 더 큰 것이 돌아온다.

넷째, 소유하지 않고 즐겨라. 리처드 포스터는 "우리 문화는 소유하려는 강박관념에 사로잡혀 있다. 소유하면 통제하는 느낌이 들며 통제해야 더 즐거울 것 같다. 그러나 그것은 환상이다. 인생 속에는 소유하거나 통제하지 않고도 즐길 수 있는 것들이 많다."고 했다. 통제하거나 소유하려고 하면 나중에는 오히려 통제를 당한다. 통제하거나 소유하지 않고 즐길 때 비로소 자유가 있다.

다섯째, 받은 복을 감사하라. 하나님께 뭐라도 받을 자격이 있는 사람은 아무도 없다. 은사나 재능, 물질 심지어 은혜조차도 과분한 선물이다.

온갖 좋은 은사와 온전한 선물이 다 위로부터 빛들의 아버지께로부터 내려오나니(약 1:17).

모든 것이 공짜로 얻은 선물임을 인정할 때 기꺼이 나눠줄 수 있다. 받은 복에 감사할 수 있다.

여섯째, 영원한 관점에서 보라. 희생에는 언제나 고통이 따른다. 아무리 감사하는 마음으로 베푼다고 해도 고통은 있다. 그러기에 만사를 하나님의 관점으로 보아야 한다. 포기하는 고통이 너무 힘겹게 느껴질 때마다 큰 그림을 보려고 노력하라. 모세는 광야에서 총 80년을 보내고도 약속의 땅에 들어가지 못했다. 하지만 그의 백성들은 약속의 땅에 들어갔으며 그곳에서 다윗 왕조가 일어났고, 메시아가 탄생하셨다. 이것이 큰 그림이다. 잠깐의 희생으로 영원한 결실을 맺을 수 있다면 충분히 희생할 가치가 있다. 지금부터라도 희생하는 사람이 되라. 희생은 리더십의 본질이기 때문이다.

유산의 원리

재산보다 유산을 남기는 것이 중요하다

사람들은 누구나 내심 자기가 죽은 후까지 무엇인가를 남기고 싶어 한다. 이런 욕구는 보통 사람보다 리더가 더 강하다. 사람들은 유산도 남기기 원한다. 유산은 계속 살아서 현재까지 영향을 미친다. 그것은 다음 세대에 주는 선물이다. 그것은 리더가 후임자에게 주는 최고의 선물이다.

대대로 이어질 유산을 남겨야 한다. 예수님은 자기를 따라다닌 군중들이 아닌 열두 제자들과 공생애 3년의 대부분을 보내셨다. 예수님은 예수님이 떠난 후에도 예수님의 사역이 멈추지 않도록 제자들을 전략적으로 양육하셨다. 오늘날 사람들이 예수님을 주라 부르며 믿는 것은 제자들이 예수님의 사역을 이어받았기 때문이다. 그렇지 않았다면 복음 전파의 맥은 이미 1세기에 끊겼을 것이다.

우연히 유산을 남길 수는 없다

"후대에 어떤 식으로 기억되고 싶은가?"라는 질문을 받아본 적이 있는가? 우연히 유산을 남길 수는 없다. 그저 바라기만 해서는 최선의 유산을 남길 수 없다. 역사상 리더가 남긴 좋은 유산은 하나같이 철저한 계획과 끊임없는 노력의 결과였다. 유산을 만들려면 전략과 계획을 세워야 한다. 다음 방법으로 시작하라.

무엇을 줄지 미리 결정하라. 리더가 되는 것은 대가가 따른다. 특히 유산을 남기는 리더가 되려면 훨씬 더 큰 대가가 따른다. 유산을 만들기 시작하는 순간부터 리더 자신의 삶은 자기 것이 아니다. 다른 사람들이 올라갈 수 있도록 무엇을 포기할지 알아야 한다. 이것은 예수님이 직접 가르치신 원칙이다. 예수님은 계속해서 예수님의 유산을 이어가야 할 사람들 곧 제자들에게 말씀하셨다.

> 너희 중에 누가 망대를 세우고자 할진대 자기의 가진 것이 준공하
> 기까지에 족할는지 먼저 앉아 그 비용을 계산하지 아니하겠느냐(눅
> 14:28).

나는 무엇을 포기할 것인가? 얼마나 많은 시간을 투자할 것
인가? 얼마나 많은 돈을 내놓을 것인가? 수많은 꿈 가운데 어
떤 꿈을 이루어 유산으로 남길 것인가?

주도하라. 내가 위대한 리더라면 좋은 리더들이 몰려올 것
이다. 사람들이 멋진 아이디어를 가지고 찾아올 것이다. 그러
나 누구도 나의 유산을 대신 만들어 주지 않는다. 유산을 만들
고 싶다면 과정을 주도해야 한다. 때로는 주위 사람들의 만류
를 뿌리치면서까지 밀고 나가야 한다.

각 사람에게 맞는 양육법을 사용하라. 유산을 만드는 과정
은 주로 사람들에게 맞는 양육법을 써야 한다. 예수님은 유산
전달자를 신중하게 선택하셨다. 또 그들 모두를 똑같이 대하지
않으셨다. 예수님은 제자의 특징을 보고 독소를 뽑아내셨다.
베드로의 급한 성격, 야고보와 요한의 야망, 마태의 물질주의
를 제거하셨다. 이와 같이 예수님은 제자들을 변화시켜 바통을

넘겨주었다. 후대에 넘길 만한 유산이 하나도 없다면 당장 오늘부터 그것을 만들기 시작해야 한다.

리더는 사람들 속에 유산을 남긴다

100년 후 사람들의 삶을 바꾸고 싶다면 어떻게 해야 할까? 도서관을 세울까? 학교를 세울까? 교회를 세울까?

예수님은 사람들을 가르치셨다. 로버트 콜먼 교수는 "사람들이 예수님의 도구였다."라고 했다. 영원한 성공을 얻기 위해서는 사람(후임자)이 필요하다. 예수님은 공생애 3년 동안 사람(제자)을 양성하셨다. 예수님의 방법에 대하여 살펴보자.

첫째, 지도(Instruction)다. 예수님은 늘 가르치셨고, 주로 비유를 사용하셨다. 예수님은 무리를 모아 가르치셨다. 또한 바리새인들을 교육하고 꾸짖으셨다. 그리고 혼신을 다해 제자들을 가르치셨다. 복음서의 절반 이상이 예수님의 가르침이다.

둘째, 본보기(Demonstration)다. 오늘날의 교육 철학의 문제점은 가르치는 것에만 너무 의존한다는 것이다. 예수님이 말씀으로만 가르치시고 전혀 실천하지 않으셨다면 제자들이 유산을 이어갔을까? 예수님은 제자들과 삶을 나누셨다. 제자들은 다음의 세 단계를 거쳐 예수님께 가까이 다가갔다.

와서 보라. 첫 단계에서 예수님은 제자들을 초대해 예수님과 예수님의 우선순위를 관찰하게 하셨다. 이것은 예수님을 평가하라는 초대였다. 그리고 예수님의 행동에 비추어 자신들을 평가하라는 것이다.

와서 나를 따르라. 두 번째 단계에서 예수님은 더 높은 수준의 헌신을 요구하셨다. 예수님은 갈릴리 어부들에게 그물을 버리고 따라오라고 명령하셨다. 이제 제자들은 단순한 관찰에서 벗어나 예수님과 교제해야 했다.

와서 나와 함께하라. 세 번째 단계는 공생애 기간 3년 동안의 대부분을 차지한다. 이 기간에 제자들은 예수님께 헌신하고 예수님과 동행해야 했다. 예수님과 함께한 후부터 제자들은 늘 예수님 곁을 지켰다. 예수님이 가르치시고, 여행하시고, 기도하시고, '죄인들'과 식사하시고, 병자를 치유하시고, 죽은 자를 일으키신 현장에 어김없이 그들이 있었다. 제자들은 예수님의 언행일치를 보았고 예수님이 하신 모든 일의 방법과 이유를 습득했다.

셋째, 경험(Experience)이다. 예수님은 제자들에게 좋은 리더십의 본을 보이고 영적 진리를 가르치신 후에 그들을 세상으로 내보내셨다. 그들은 소중한 경험들을 통해 점차 독립적인 리더로 자라갔다. 예수님은 자신의 사역에 제자들을 적극적으로 참여시키셨다. 예수님은 열두 제자들과 충분한 시간을 함께

하신 후 그들에게 능력과 권세를 주어 대신 일하게 내보내셨다
(눅 9:1-6).

넷째, 평가(Assessment)다. 예수님은 제자들의 발전 상황을
끊임없이 평가하셨다. 예를 들면 돌아온 70 제자들에게 보고
를 들으신 후 우선순위에 관해 가르치시고 축하해 주셨다(눅
10:17-24). 또 제자들을 개별적으로 평가하셨는데 특별히 각자
의 인격과 능력에 관해 구체적인 평을 하셨다. 베드로는 강한
믿음으로 칭찬을 받은 동시에(마 16:17) 부인할 것에 대해 말씀
을 들었다(마 26:33-34).

제자들은 예수님의 말씀을 다 이해하지는 못해도 자신의 상
태만큼은 확실히 알았다. 배운 대로 행동하지 않으면 여지없이
예수님께 한소리를 들었던 것이다. 유산을 남기고 싶다면 그것
을 이어받을 사람들을 찾아야 한다. 적절한 사람들을 찾아 적
절히 준비시켜야 한다. 내가 유산을 전해야 그들이 그것을 다
른 사람들에게 전할 수 있다.

> 내가 진실로 진실로 너희에게 이르노니 나를 믿는 자는 내가 하는
> 일을 그도 할 것이요 또한 그보다 큰 일도 하리니(요 14:12).

부록

———

성경적 자녀교육의
원리

조만제 장로 강의 녹취록

성경적 자녀교육의 원리

★ ★ ★

"어떻게 하면 자녀를 잘 키울 수 있을까요?"

"자녀교육의 기준은 무엇일까요?"

부모로서 이런 생각을 많이 하게 되지요. 자녀를 키우면서 힘들 때 많죠? 더구나 요즘 같은 세상에서 자녀를 잘 키운다는 것은 쉽지 않은 일이지요. 어쩌면 이렇게 가면 갈수록 더 힘이 드는 것일까요? 또 어느 정도 크면 다 될 줄 알았는데, 산 넘어 산이에요. 더 힘들어요. 왜 이럴까요?

저는 원리를 놓치고 살았기 때문이라 생각해요. 시대가 아무리 변해도, 초고속으로 달려간다 하더라도, 변하지 않는 기본이 우리 삶의 철학이 되어야 하고 삶의 기본이 되어야 한다고 생각합니다. 이런 원리를 갖고 있지 않을 때 수없이 바뀌는 교육을 따라 다니다 더 힘들어지는 것이지요.

우리가 강의를 백번 들으면 뭐합니까? 또 알기만 하면 뭐합니까? 아는 것이 삶으로 엮어지지 않고 변화가 없고 발전이 없으면 아무 소용이 없어요. 알았으면 살아야지요. 살았으면 결과가 나와야 되고 변화가 있어야 하는데, 그것이 없으면 별 의미가 없어요. 중요한 것은 하나를 알았으면 하나를 그대로 사는 거예요. 백을 알고도 다 못사는 것보다는 둘을 알아도 실천하는 것이 더 낫다고 봐요. 결국은 선택입니다.

★ ★ ★

강의 제목을 '성경적 자녀교육의 원리'라고 붙였습니다. 성경적이라는 말이 무엇이냐 하면 세상적인 것이 아니다 라는 거예요. 그렇다면 세상적이라는 것은 무엇이냐? 성경적이 아니다 라는 것이지요.

자녀교육의 원리는 무엇이냐? 세상적인 자녀교육 방법을 따라가는 것이 아니라 성경적인 자녀교육의 원리를 따라 가는 것이에요. 그리고 거기에 생명을 거는 것이에요. '나는 어떤 경우에도 성경을 따라서 가르쳐야겠다. 세상적인 좋은 것을 다 버리고 어떤 유혹에도 넘어가지 아니하고 나는 이대로 살겠다.'라는 생각이 성경적 자녀교육관입니다. 성경적 자녀교육이 원리에요.

성경적 자녀교육에 대한 마음을 갖지 않으면 이런 강의, 이런 설교, 이런 종류의 책을 수 천 권 읽어도 아무 의미가 없어요. 살아낼 때 생명력이 있고, 좋은 변화가 있고, 발전이 있는 것이지요. 성숙해진다는 것이에요.

성경적 자녀교육의 원리, 이 원리를 찾아내기까지 상당한 고민을 했어요. 누구보다도 많이 고민하고, 아파하고, 눈물을 흘리며 기도했습니다. 저는 모태신앙으로 주일성수를 잘 했어요. 중학교 2학년 때 보조 교사, 3학년 때 정식 교사를 시작으로 30대 중반까지 주일학교 교사 및 부장을 했지요. 중·고등학교에서 10년 동안 교직 생활을 했어요. 대학에서는 10년 동안 교수 생활도 했고요. 그리고 대학원에서 14년의 생활을 보냈어요. 자투리 시간까지 35년 2개월을 교육 현장에 있었어요. 그래서 '교육이 무엇이냐?'에 대한 생각을 많이 했습니다. 정치의 길을 가려고 하다가 교육의 길로 들어서게 된 거에요.

중·고등학교 교사를 할 때였습니다. 말썽부리는 학생들의 부모님을 만나면 항상 똑같이 하는 말이 있어요.

"우리 아이 잘 키우고 싶습니다. 어떻게 하면 좋겠습니까?"

초창기 때는 생각나는 대로 적당하게 얼버무려 대답했어요. 그런데 그것도 한두 번이지 크리스천의 양심으로, 크리스천 교사로서 그렇게 하는 것이 아니더라고요. 그래서 더 깊이 있는 공부도 하고, 책도 읽었습니다.

학교 현장에서 일어나는 사건들을 보면서 '자녀를 잘 키우고 싶어 하는 부모님처럼 나도 선생으로서 이 학생들을 어떻게 잘 키울 수 있겠는가?'라는 고민이 시작되었어요. 교육 원리에 대한 관심이 생기면서 교육에 관한 이론서를 많이 봤어요. 기독교 교육에 관한 것, 기독교 사상에 관한 것, 성경적 자녀교육에 관한 것 등. '도대체 성경적 교육관은 무엇인가?' 그래서 깊이 있게 공부를 했어요. 공부를 할수록 우리나라의 교육제도, 가정의 교육 문제가 더 험악해지고 더 힘들어져 가는 것이 보였어요. 문제가 해소되지 않아요. 그럴수록 성경을 읽으며 더 깊이 있게 찾아보았어요. 이왕 교육자가 될 바에는 기준을 찾자고 생각했지요. 성경을 교육적 관점에서 창세기 1장부터 요한계시록까지 여러 번 통독을 했어요. 그래서 나온 것을 오늘 여러분들과 같이 나누는 것입니다.

* * *

우선 자녀를 잘 키우고 싶다면 성경적인 가정관부터 알아야 합니다.

그럼 성경적인 가정관이 무엇이냐? 제대로 된 관점이 들어서야 온전한 가정을 이룰 수 있습니다. 하나님은 세상에 두 기관을 만드셨어요. 가정과 교회라는 기관을 제도적으로 만드셨어요. 가정은 천국의 모형이에요. 천국은 가정 안에 있다는 거지요. 가정의 중심은 부부에요. 그런데 안타깝게도 요즘 자녀

중심으로 돌아가고 있어요. 가정은 뭐니 뭐니 해도 부부가 중심이 되어야 위로 부모님을 공경하고 아래로 자녀를 사랑할 수 있는 거지요. 부부가 중심이 안 된 자녀교육은 위험합니다. 오늘날 일탈 행동이라든가, 병리현상, 사회 청소년 문제는 부모에게서 나옵니다. 청소년들에게는 문제가 없어요. 제가 교육 현장에서 실제로 본 것이에요.

이제 우리는 회복되어야 합니다. 성경적으로 돌아와야 합니다. 부부가 중심이 되어 화평한 좋은 관계 속에서 부모에게 효도하고, 아래로 아이들을 사랑하게 되면 이것이 성경적인 가정인 것이에요. 이것이 파괴되면 가정 교육은 이미 멀리 사라지고 만다는 거죠. 오늘날 가정 파괴가 교육 파괴, 민족 파괴, 인류 파괴까지 번져 나가고 있는 것을 우리가 보고 있지 않습니까? 가정 교육은 하나님이 허락한 교육 명령이에요.

저는 고등학교 시절부터 밀레의 〈만종〉이라는 그림을 좋아했어요. 고등학교 2학년 때로 기억해요. 어느 날 가을에 툇마루에 앉아 저희 집 벽에 걸려 있는 〈만종〉을 무심코 봤어요. 늘 걸려 있었는데 그날따라 그림에 매혹되었어요. 30분 이상 보았던 것 같아요. 그림을 깊이 있게 보고 있는데, 정말 멀리서 종탑의 종소리가 들리는 것 같았어요. 땡그랑 땡그랑하면서 점점 가슴으로 그림이 들어왔어요. 그때 그림 속 부부의 모습이 보였어요. 이 부부가 아침부터 저녁까지 열심히 일한 흔적을 볼 수 있었어요. 또 하루를 마무리하며 기도하는 모습을 볼 수 있었어요. 저는 이 그림에서 부부의 신성성, 노동의 신성성, 신앙의 신성성을 찾을 수 있었어요.

'아 이것이 가정이구나! 가정은 함께 부부가 같이 해야 하는 것이구나!' 저는 밀레의 〈만종〉을 보며 이런 해석을 하게 된 것이지요. 기도는 신앙의 신성성을 말하는 것이에요. 여기에 예배가 있고, 여기에 사랑이 있고, 여기에 믿음이 있고, 여기에 소망이 있는 것이지요.

* * *

성경적인 가정은 하늘을 향한 가정이에요. 이런 가정에서 제대로 된 자녀교육관이 나오는 것이지요. 자녀를 어떻게 보느냐에 따라서 이 가정의 행복이 달라져요. 성경적인 자녀관, 성경적인 자녀교육관이 형성되어지는 거라고 봐요.

성경이 말하는 자녀관은 무엇이냐? 자녀는 하나님께서 부모에게 준 기업이라는 것입니다. 기업이라는 것, 참 해석하기 어려운 말이에요. 이 말을 여러 가지로 생각하다 보니, 우리나라

속담이 생각났어요. "농사 중의 농사는 자식 농사다." 우리가 잘 아는 이야기에요. 이 말을 바꾸어서 기업 중에 기업은 무엇이냐? 바로 자녀교육이라는 것이지요. 일 중에 가장 큰일이 무엇이냐? 자녀를 가르치고, 양육하는 일이 가장 큰일이라는 것이에요. 여러분은 가정에서 가장 큰일이 무엇인가요? 하나님께서 주신 이 기업을 흥왕하게 발전시키고, 또한 아름답게 잘 가꾸어 가고 있나요?

모세의 어머니 요게벳은 모세를 낳고 나서 그의 준수함을 발견했다고 했어요. 자녀의 준수함을 본 것이지요. 여러분, 자녀를 낳고 얼마나 기뻐했어요? 무엇을 보고 기뻐했나요? 우리는 태어날 때 아이를 보고 기뻐하고, 좋아했던 그 마음으로 이 아이를 키워 나가고 있나요? 지금 내 자녀의 준수함을 보고 있나요?

또한 자식은 여호와께서 주신 선물이라고 했어요. 선물은 거저 주는 것이에요. '왜 내게 이런 아이를 주셨을까? 왜 내게 이런 훌륭한 아이를 주셨을까? 내게 왜 이렇게 못마땅한 아이를 주셨을까?' 선택의 여지가 없는 것이에요. 우리의 눈으로 볼 땐 못난 아이가 있지만 하나님의 눈으로 볼 때는 다 잘난 거

하나를 더하는 전인교육

예요. 그걸 내가 못마땅하게 여길 순 없는 것이지요. 선물은 받는 사람의 태도가 중요해요. 감사해야 해요. 공부를 잘하든 못하든, 키가 크든 작든, 잘났든 못났든, 건강하든 병을 가지고 나왔든, 장애를 가지고 나왔든 자녀는 모두 선물이에요. 이 선물을 우리는 잘 가꾸어야 합니다.

우리의 자녀는 기업이고 선물입니다. 이런 자녀를 기분에 따라 좋게 보기도 하고 나쁘게 보기도 해요. 이와 같은 것은 내 자녀를 육안으로만 보기 때문이에요. 성적이 조금 올라가면 기분 좋고, 성적이 떨어지면 기분 나빠지는 것이에요. 세상적인 방법으로 아이들을 평가하면서 나 혼자 붉으락푸르락하기도 하고, 또 기분 좋아하기도 하지요. 부모인 내가 봤을 때 좋고 나쁜 것이지 하나님이 보시기엔 다 똑같아요. 우리 자녀들은 하나님께서 주신 선물이기 때문에 다 좋은 것이에요. 하나님께서 주신 기업은 어떤 일을 하든지 다 좋은 것이에요. 나쁜 것이 없다라는 것입니다.

그럼 왜 다 좋은 것이냐? 그것은 우리 자녀는 바보가 아니라 천재이기 때문입니다. 내 자녀가 천재라고요? 당연하지요. 우리가 누구를 본받아 태어났느냐? 인간은 하나님의 형상대로 지음을 받아 하나님을 닮았습니다. 부모는 자녀를 하나님 닮은 형상으로 대접해야 해요. 우리의 자녀는 결코 바보가 아닙니다. 모든 아이들은 천재로 태어났습니다. 천재인 줄 모르기에 불행한 것이지요.

세상 사람들은 천재를 아이큐에 의해서 평가하지만, 하나님은 아이큐로 보지 않습니다. 하나님의 형상대로 지음을 받았기에 모든 자녀는 고귀하고 보배로운 존재입니다. 하나님께서는 "지명해서 불렀다."고 말씀하셨어요. "내가 너를 사랑한다."고 말씀하셨어요. "온 천하를 주고도 바꿀 수 없다."고 하셨어요.
이 엄청난 사실을 우리는 다른 말로 바꾸면, "하나님 보시기에 심히 좋은 아이로 태어났다."라는 거예요. 모세 어머니 요게 벳이 그의 준수함을 보았다고 했듯이 하나님도 우리 자녀들을 보면서 그의 준수함을 보고 심히 좋다고 하셨어요. 이 말을 바꾸면 어마어마한 아이들이라는 것이지요. 위대한 아이들이에요. 훌륭한 아이들이에요. 그런 아이들을 내 마음대로 내 기분에 따라서 바보 취급해서는 안 된다는 거예요. 그런데 우리의 일상생활에서 이런 일이 많다는 것이지요.

* * *

"심히 좋았다."라는 말을 곰곰이 생각해 보았습니다. 우리는 다 천재로 태어났습니다. 천재로 태어났으니 그냥 돼도 되나요? 아니죠. 여기에 인간이 가지고 있는 유일한 방법이 하나 있어요. 교육하고 훈련해야 된다는 것이지요. 성경책을 보면 교육하고 훈련하는 이야기들이 참 많아요. 이것이 바로 엄마, 아빠들이 해야 할 일이지요.

천재로 태어난 자녀를 천재 되게끔 하는 것이 부모의 역할입니다. 이 역할을 감당할 때에 신명나고, 기분 좋고, 재미가 있어야 해요. 어떤 어려움도 즐거움으로 승화시킬 수 있어야 하고, 어떤 형편에 있든지 자녀를 천재로 볼 수 있어야 해요. 또한 하나님을 대하듯이 그 형상대로 대해야 한다는 것이지요. 이런 말 여러분도 다 알죠? 그럼 여러분은 그렇게 했느냐? 그것이 바로 문제인 것이지요.

이런 이야기가 있습니다.

한 강도가 있었는데, 이 강도는 시골에 장이 설 때마다 소, 돼지, 곡물을 팔아서 두둑한 돈이 생긴 사람들을 강탈했어요. 강도는 돈을 빼앗긴 사람이 앙갚음할 것을 두려워 해 그 사람을 데려다가 자기 침대(쇠 침대)에 누여서 침대보다 길면 잘라 죽이고, 침대 보다 짧으면 늘려 죽였지요. 침대가 이 강도의 잣대인 것이지요.

부모 교육과정에서 왜 이런 말이 나오느냐. 오늘날 많은 부모들이 자기는 잘한다고 하면서 자녀에게 잣대를 갖다 댄다는 거예요. 믿는 부모나 안 믿는 부모나 마찬가지인 것 같아요. 그 잣대가 성경적이어야 하는데, 세상적인 잣대로 아이를 이리 돌리고 저리 돌리고, 아침부터 저녁까지 억지로 돌린다는 것이지요. 이것도 하루 이틀이어야 견디지요. 1-2년이어야 견디지요. 성장 과정 내내 겪게 된다면, 그 아이들이 30대 중반부터 어떻게 될까요? 긴 안목으로 인생을 봐야 하는데 성장 기간 동안 들들 볶아났으니…. 이런 무서운 범죄를 우리가 자녀에게 저지르고 있다는 것을 알아야 해요. 그래서 우리에게는 성경적인 관점에서의 자녀교육관이 꼭 필요합니다.

★ ★ ★

저는 성경에서 '천재'의 정의를 찾게 되었습니다. 누가복음 18장 18-30절에, 한 청년이 예수께 나와 "내가 어떻게 해야 영생을 얻을 수 있겠습니까?"라고 물었어요. 계명을 잘 지켜라. 그것은 제가 어려서부터 잘 지키고 있습니다. 내가 너에게 하고 싶은 말이 하나 더 있다. 그것이 무엇입니까? 하나가 부족하다. 그 한 가지가 무엇입니까? 있는 재산을 다 팔아서 다 나누어 주고 와서 나를 따르라. 이에 부자 청년이 근심하며 돌아

갔습니다.

이 말씀을 읽으며 무릎을 치게 되었습니다. 천재에 대한 정의를 찾게 되었습니다. 천재란 무엇이냐? 천재란 하나를 더하는 것이다. 하나만 더했으면 천재가 되는 건데, 이런 애통한 일이 어디 있어요.

그러면 이 하나가 뭘까요? 매일매일 하나씩만 더해 보세요. 더하기 해 보세요. 자녀에게 한 페이지씩 책을 읽게 해 보세요. 그러면 그 아이가 10년, 20년, 30년 후에 어떤 아이로 바뀔까요? 하나씩 하나씩 더하게 되면 우리의 모든 문제는 다 풀려나가게 되어 있어요. 아무리 명석하고 아무리 똑똑하다하더라도 이 하나를 더하지 못하면 둔재로 탈바꿈하게 됩니다.

그런데 이 하나씩 더한다는 것이 그렇게 쉽지 않습니다. 얼마까지 더해야 하나요? 꾸준히 더할 수 있나요? 우리는 한계 상황을 만나게 됩니다. 우리는 부흥회 때 은혜를 많이 받아요, 감동도 많이 받고 뒤집혀져요. 그런데 그것이 얼마나 지속되나요? 이것이 우리의 한계에요. 결심은 단단히 하는데 오래 못 간다는 거지요. 어떤 사람은 '뭐 그러면 그렇지. 네가 해 봐야 얼마나 하겠어? 이거 안 될 것 뻔한데.' 하고 아예 시작도 안 하는 사람도 있어요. 그러나 그게 아니죠. 극복할 수 있는 방법을 찾아보아야지요. 인간의 노력으로 하나씩 더하다 더는 하지 못할 때, 내 힘이 아닌, 내 노력이 아닌, 내 계획과 내 생각이 아닌 다른 것이 있지 않을까 생각해 보아야 합니다.

그것이 뭘까요? 저는 '하나님'이라는 글자를 보게 되었습니다. '하나'라는 글자에 '님'이라는 글자를 더하면 '하나님'이 된다는 거지요. 다시 말해 내가 무슨 일을 하다 한계에 부딪쳤을 때 이 한계를 뚫고 올라갈 수 있고 극복할 수 있는 길이 무엇이겠느냐? 그것은 바로 인간의 힘이 아닌 절대자 하나님의 힘이 더해져야 한다는 것이지요.

이때 우리의 신앙이 필요한 것입니다. "하나님, 제 힘으로는 도저히 안 되어요. 제 실력으로는 도저히 안 되어요. 저의 생각으로는 도저히 안 되어요. 하나님 도와주세요." 이것이 신앙이에요. 이런 사람만이 진짜 큰일을 해낼 수 있고 또 진정으로 행복을 느낄 수 있습니다.

이것이 바로 '하나의 원리'입니다. 욕심 내지 말고 하나씩만 더해 주면 공부든, 재물이든, 권세든, 그 무엇이든지 이룰 수 있다는 거죠. 한꺼번에는 안 되는 거지요. 마치 천 리 길도 한 걸음 한 걸음씩 가듯이, 물이 한 방울 한 방울 떨어져 바위를 뚫듯이, 하나씩 하나씩 더해서 자녀를 천재로 기를 수 있다는 것이지요. 우리는 천재성을 가지고 태어났습니다. 각자의 천재성을 계발하는 것은 참 중요합니다.

유대인에게는 『탈무드』라는 것이 있어요. 이것은 유대 민족들이 어려서부터 아이들을 잘 가르쳐 내는 교과서와 같은 것이에요. 그들은 어려서부터 『탈무드』의 이야기를 반복적으로 들려주고 읽게 하고, 쓰게 하고, 토론하게 합니다. 그렇게 해서 결국은 그 원리가, 그 법이, 그 가르침이, 삶으로 녹아 나올 수 있도록 가르칩니다.

우리도 가르쳐야 합니다. 어려서부터 가르쳐야 합니다. 무엇을 어떻게 가르쳐야 하나요? 그 대답은 '기도하라'입니다. 말씀을 붙들고 기도해야 합니다. 신명기 6장에 나오는 것처럼 "들어라. 말씀에 의거해서 기도해라." 이것이 무기 중의 무기입니다. 어려운 일을 당했을 때, 해결 방법으로 우리는 어디 가서 찾아야 되요? 옆집 사람에게 물어요? 선생님께 물어요? 선배들에게 물어요? 경험자들에게 물어요? 아니죠, 무릎 꿇고 하나님께 물으라. 하나님을 찾아라. 그것이 답입니다.

* * *

성경적인 자녀교육의 원리에서 생각해 봅시다. 가치관을 어디에 두고 있는가? 어떤 기준으로 옳고 그름을 가르는가? 세상적인 잣대, 세상적인 기준으로는 안 되어요. 성경적인 기준, 성경적인 잣대에 의해서 옳고 그른 것이 갈라져야 합니다.

성경 전체를 '믿음, 소망, 사랑'으로 축약해 볼 수 있어요. 하나님을 믿는 그 믿음이 기준이 되어야 한다는 거죠. 하나님을 바라보는 그 소망이 기준이 되어야 하고, 하나님이 그의 아들 예수 그리스도를 보내 주셔서 마지막에 우리의 죄를 위해 돌아가신 그 사랑이 기준이 되어야 해요. 우리는 이런 기준이 없어 흔들릴 때가 많이 있어요. 그러므로 이와 같은 믿음, 소망, 사랑의 가치관이 어려서부터 길러져야 합니다. 하나님의 본질이 사랑이에요.

여러분은 믿음, 소망, 사랑에 중점을 두는 아이를 좋아하나요? 학교 성적이 좋은 아이를 좋아하나요? 공부 좀 못해도 괜찮아요. 믿음만, 꿈만, 소망만, 사랑만 충만하면 성적은 얼마든지 커버할 수 있어요. 그러나 성적만 가지고는 커버할 수가 없습니다. 절대로 없어요. 제 말이 진짜인지 확인해 보고 싶으면 여러분이 삶으로 살아 보세요. 이럴 때 하나님이 도와요. 이런 경험이 없이는 안돼요.

한국기독청소년교육원의 제15회 광야 학교의 주제가 '글로컬 크리스천 지도자가 되기 위한 기초 훈련'이었습니다. 그 기초 훈련이 무엇인지 알아요? 하나님의 말씀으로 바르게, 착하게, 의롭게 행동하자는 것이에요. 하나님의 말씀으로 바르게 살자, 하나님의 말씀으로 착하게 살자, 하나님의 말씀으로 의롭게 살자. 참 어려운 과제에요. 인간의 힘으로는 도저히 할 수 없어요. 요즘 같은 세상에 어떻게 바르게, 착하게, 의롭게 살아요? 그런데 가능해요. 이런 아이들이 필요하다는 것이에요.

★ ★ ★

'자녀교육의 원리는 무엇일까?' 고심을 많이 했죠. 저는 문제가 생기면 성경적 해답을 얻기 위해 성경을 처음부터 마지막까지 통독하는 버릇이 있어요. 이 방법을 사용해 자녀교육의 원리에 대한 문제도 풀었어요. 창세기를 시작하자마자 1장에서 해결했어요. 얼마나 반가운지 몰라요. 창세기 1장 26절을 읽었는데, 그 속에 자녀교육의 원리가 있더라고요.

참 놀라운 것이 이 속에 있더라고요. 하나님께서 사람을 자기 형상대로 만들기 전 무엇을 만드셨나요? 그게 중요한 거예요. 거기에 자녀교육의 원리가 숨어 있었어요. 공중의 나는 새와, 바다의 물고기와 땅의 기는 짐승을 만드셨어요. 여기에서 저는 교육학에도 없고 사상에도 없는 성경에만 있는 교육 원리를 발견했어요.

공중의 나는 새, 새는 어디 있어야 가장 기분 좋은가요? 공중에 있어야 돼요. 왜 그럴까요? 자기 특기가 나는 것이기 때문이지요. 물고기는 어디 있어야 가장 행복해요? 물속에 있어야 가장 행복해요. 왜 그럴까요? 거기가 자기 활동무대이기 때문이에요. 물고기의 달란트는 뭔가요? 헤엄치는 거예요. 땅에 기는 짐승이 공중에 있으면 괴로워요. 물속에 들어가도 힘들어요. 그러나 땅에서는 왕자예요. 자기 세상이에요. 여기서 뭘 발견했는지 아세요? '아! 사람에게도 달란트가 있구나! 자기가 가지고 있는 은사가 있구나! 자기가 하고 싶은 것이 있구나!' 여기서 이것을 발견했어요.

★ ★ ★

우리가 사람을 이해할 때 그 사람의 기질과 성격 그리고 개성을 봅니다. 그런데 그것에 대해서 잘 몰라요. 기질은 다 좋은 것이에요. 기질은 가지고 태어나는 것이에요. 사람 수만큼 기질이 다 다르게 나와요. 하나님께서 어떤 사람에게는 좋은 기질을 주시고, 어떤 사람에게는 나쁜 기질을 주시지 않아요. 하나님은 선하시고, 사랑이시기 때문에 다 다르지만 좋은 것을 주셨어요. 새와 물고기, 땅에 기는 짐승처럼 다 각각 다른 특기, 다른 은사, 다른 달란트를 주었다는 것이지요.

하나를 더하는 전인교육

이것을 계발하도록 돕는 것이 부모의 역할이에요. 부모는 도와주는 기쁨과 보람, 의미를 찾아야 해요. 내 마음대로 자녀의 은사를 무시해 버리고 그 달란트를 짓밟아 버리고, 마음대로 바꾸려고 하면 부모도 자녀도 모두 힘들어요. 자기 것을 찾아가야 해요. 토끼를 물속에 넣고 여러분이 아무리 훈련해 보세요. 제대로 헤엄치는가? 안돼요. 토끼는 뛰는 연습을 해야해요. 본래 뛰는 동물이잖아요. 모든 동물이 다 달라요. 모든 사람들도 다 달라요. 그것을 한 통속으로 밀어붙여도 안 되고, 내 마음대로 해 버려도 안 된다는 것이에요. 여기에 불행과 비극, 충돌이 있는 것이에요.

성격은 기질에 환경이 더해져서 형성되어요. 성격이 괴팍한 사람도 있고 성격이 유순한 사람도 있어요. 성격에 대해 이야기할 때는 환경이 중요한 역학을 합니다. 특히 가정 환경부터 따지고 들어가야 합니다. 성장 장소가 어촌이냐, 도시냐, 시장터냐, 학교 부근이냐에 따라 성격은 다르게 형성될 수 있어요. 가난한 집안에서 태어났느냐, 부유한 집안에서 태어났느냐에 따라서 성질이 달라지기도 해요. 또한 성장 시기가 전쟁 중에 태어나서 성장했느냐 평화 시에 태어났느냐 등에 따라 성격이 달라지는 것이에요. '맹모삼천지교'라는 말을 생각해 보세요.

환경의 영향에 따라 가지고 태어난 좋은 기질이 나쁜 성격으로 나타나기도 해요. 가장 이상적인 것은 기질에 좋은 환경을 넣어 주어 좋은 성격으로 이어지는 것이지요.

또 혼돈하기 쉬운 것이 개성입니다. 개성은 기질과 환경, 그리고 꿈이 더해져서 각각 다르게 나타나는 것입니다. 꿈은 각각 달라요. 자녀에게 어떤 꿈을 심어 주느냐가 굉장히 중요합니다. 그 꿈을 이룰 수 있도록 우리는 잘 가르쳐야 해요.

꿈을 갖는 것이 목표적 사고방식이에요. 목표적 사고방식이란 누가 뭐래도 자나 깨가 오직 이 길을 간다는 생각과 태도입니다. 목표, 꿈, 비전, 이상 이런 것들을 말해요. 하나님께서 나에게 준 꿈이야 말로 눈으로 보듯이 환하게 나타나는 것이에요. 세상적인 눈으로 보면 깜깜해요. 안보여요. 세상적인 잣대, 세상적인 계획으로는 그게 안 보여요. 그러나 하나님의 눈으로 볼 때는 나에게 환하게 비춰서 온다는 거죠.

다시 말해 설계도를 만든다는 것이에요. 동영상, 글, 그림, 사진, 마인드맵 등, 다 머릿속으로 만들어 내는 것들이잖아요? 환상을 보게 하는 거잖아요? 이런 꿈을 꾸게 하는 것이 우리 부모들이 해야 하는 것이에요.

개성은 뚜렷한 거예요. 학교 현장에 있을 때를 생각해 보면 개성이 뚜렷한 아이들이 졸업 후에도 일을 잘 처리해 내더라고요. 개성이 없다는 말은 바꾸어 말하면 꿈이 없다는 말이지요. 이미 하나님께서 주신 좋은 자질을 가지고 태어났지만 그것을 계발하지 못하고 그것을 썩게 만들고 무디게 만들었다는 것이에요. 성적이 낮아도요 꿈이 있는 놈한테는 못 당합니다. 저는 각종 현장에서 많이 봤어요.

* * *

저는 한국기독청소년교육원의 표어를 세 가지로 정했어요. 첫째 은혜, 둘째 감사, 셋째 순종입니다. '하나님의 은혜에 너무너무 감사해서 순종하지 않을 수 없는 크리스천을 만들어 보자. 하나님의 사람을 한번 만들어 보자.'

우리는 하나님의 은혜에 대해 말로만 하는 것 같아요. 하나님께 받은 은혜에 대해서 어떻게 반응하고 있는지 말로만 하지 말고, 하나님의 은혜를 받았으면 고마워해야 합니다. 그 방법이 바로 순종인 것이지요. 그리하면 하나님은 대대손손 이어서 축복이 끊이지 않게 해 주시겠다는 것 아니겠어요? 은혜에 감사할 줄 모르는 사람들이 있어요. 부끄럽게 생각하지도 않아요. 말씀대로 살지도 못하고, 말씀대로 자녀를 키우지도 못하면서 자녀가 잘 되기를 바란다는 것은 말이 안 되는 거죠.

존 비비어에게 세계적인 작가로 성공한 비결이 무엇인지 물었습니다. "성공은 창조하신 그대로 쓰임을 받아 하나님을 기쁘시게 해 드리는 겁니다."라고 말했습니다. 이것이 성공입니다. 다시 말씀드릴까요? 하나님이 창조하신 그대로, 새는 새대로, 물고기는 물고기대로, 기는 짐승은 짐승대로, 자녀는 자녀의 달란트대로 쓰임을 받아서 하나님을 기쁘시게 해 드리는 것이 성공 중의 성공입니다. 여러분, 세상적인 가치로 보면 이거 별거 아닐 수 있어요. 그러나 하나님의 가치관으로 보면 이것이 대단한 것입니다. 축복의 길, 형통의 길이에요. 하나님이 우리에게 계획한대로 우리가 그 계획을 이루어 드리는 것이 하나님을 기쁘게 해 드리는 것입니다.

또 존 비비어에게 인생에서 가장 중요한 것이 무엇이냐고 물었더니 그는 "예수님과 항상 신선한 관계를 유지하며 가까워지는 것이다."라고 했어요. 세상과 가까워지는 것이 아니에요. 세상의 물질과 명예와 권세, 그런 것과 가까워지는 것이 아니에요. 그런 관계는 끊어버리고 예수 그리스도와 신선한 관계를 연결하라는 것이에요. 이럴 때 우리가 하나님을 기쁘게 해 드리고 하나님과 가까워지는 것이지요. 그분과 가까워지기 위

————•• 하나를 더하는 전인교육

해서 무엇을 해야 하나요? 말씀 가운데에서 계속 서 있어야 합니다. 다 아는 것이잖아요? 말씀을 늘 가까이 하고 그 말씀대로 살아라. 그럴 때 사는 것에 형통의 길이 있고, 축복의 길이 있다는 것이지요.

* * *

여러분, 이렇게 살고 싶어요? 이렇게 자녀교육하고 싶어요? 세상 어떤 유혹도 끊을 수 있는 담대한 신앙고백이 있어야 해요. 비범한 인생을 살기 위해서는 하나님의 은혜가 필요합니다. 하나님의 은혜에 감사하고, 순종해야 합니다.

하나님의 은혜는 권능입니다. 하나님의 은혜는 힘이에요. 능력이에요. 이 하나님의 은혜만 있으면 안 될 것이 없고, 못 볼 것이 없습니다. 세상적인 방법으로는 도저히 해낼 수 없는 그런 것들을 해낼 수 있는 것이 바로 하나님의 은혜라는 것이에요. 이런 은혜를 맛보았나요? 하나님의 은혜에 감동해 본 적이 있나요? 하나님의 은혜에 감사함을 느껴 보았나요?

하나님의 은혜는 하나님의 권능, 곧 힘입니다. 하나님의 은혜를 받았다고 하면서 모습은 빌빌거리면 되겠어요? "믿는 자에게는 능치 못하는 일이 없다. 내게 능력주시는 자 안에서 나는 모든 것들을 할 수 있느니라." 담대하게 외쳐야 해요. 신앙고백을 해야 해요. 세상 것들을 무서워하지 않아요. 겁낼 것 없어요. 두려워할 것 없어요.

우리 아들, 딸들은 하나님의 형상대로 지음을 받은 천재적인 소질을 가지고 태어났어요. 하나님이 주신 좋은 기질을 가지고 태어났습니다. 이런 아이들에게 좋은 환경을 주고, 꿈을 심어 주어서 그들의 은사를 계발해야 합니다. 하나님이 창조하신 그대로 선물 주신 그대로 잘 키워야 합니다.

자녀를 선물 받았잖아요? 어떤 직업을 갖든지 하나님께 쓰임 받아 하나님을 기쁘시게 해 드리면 그것이 최상의 축복이라는 것을 알아야 합니다. 그러기 위해서는 우리 자녀에게 심어 놓으신 보이지 않는 기질, 달란트, 은사를 계발하는 데 총력을 기울여야 하고 기도해야 합니다. 이를 위해서 눈물도 흘려야 합니다.

하나님의 은혜가 넓고 크기 때문에 매일매일 불평, 불만보다도 감사와 찬양으로 엮어지는 생활을 해야 합니다. 이러한 순종의 삶으로 성경말씀에 기록된 하나님의 축복을 다 받는 여러분이 되었으면 좋겠습니다.

저에게는 "길"이었습니다

유니게 임희성
한국기독청소년교육원 교육부장

조만제 장로님과 함께한 시간을 돌아보니 20년이 훌쩍 지났습니다. 지금 와서 생각해 보니 **조만제 장로님은 저에게는 "길"이었습니다.**

목적지로 가기 위해서는 길로 들어서야 합니다. 잘못된 길로 들어서게 되면 목적지로 가는 도중 더 많은 어려움을 만나게 됩니다. **엉성한 20대에 만난 조만제 장로님은 제대로 들어선 길이 되어 주셨습니다.** 제대로 된 길을 걸으며 앞날에 대한 꿈을 꿀 수 있었습니다. 장로님의 신앙생활을 보며 막연했던 인생의 목적지를 볼 수 있었습니다. 하나님이 내게 주신 것을 감사함으로 최선을 다해 사는 것이 정말 힘 있게 사는 그리스도인의 바른 태도임을 알게 되었습니다.

길에는 이정표가 있습니다. **분주한 30대에 만난 조만제 장로님은 제 인생 길 곳곳에 세워진 이정표였습니다.** 장로님의 올곧은 생각과 행동은 제대로 된 길에서 엇나가지 않도록 하는 안내판이 되었습니다. 장로님과 함께 읽은 책들은 이정표가 되어 제 삶의 곳곳에서 길을 걷는 즐거움이 되었습니다.

길을 걷다 보면 주변이 보입니다. 주변에 있는 것들을 들여다보게 됩니다. 그리고 궁금해집니다. **인생에 대한 궁금함이 생긴 40대에 만난 조만제 장로님은 길 해설사였습니다.** 해설사의 설명을 들으면 여행이 풍성해집니다. 장로님의 생각을 거쳐 나온 이야기들은 저의 인생 여정에 풍성한 볼거리와 먹을거리, 생각거리를 주었습니다. 또한 해야 할 일을 볼 수 있었습니다.

길을 걸을 때 함께 걷는 이가 있다면 행복합니다. **좋은 어른이 되고 싶은 50대에 들어서며 만난 조만제 장로님은 더할 나위 없이 좋은 길동무입니다.** 동무는 뜻이나 마음이 서로 통하여 가깝게 사귀는 사람입니다. 장로님과 이야기를 나누면 마음이 간질간질해집니다. 그렇구나 하고 무릎을 치며 좋아라 합니다. 그리고 다른 이들에게 말하고 싶어집니다. 장로님은 한국기독청소년교육원을 통해 저에게 제대로 된 길 위에서 함께 걸어갈 수 있는 많은 길동무를 선물해 주셨습니다.

긴 세월 동안 장로님과 가까이 있었기에 몰랐던 많은 감사함이 글을 쓰는 이 시간 마음 곳곳에서 솟아오릅니다. 1992년 2월 청소년 수련 과정에서 장로님이 해 주셨던 말씀이 생각납니다. "평생을 예수님과 함께 살 것인데 왜 이리 서둘러 예수님을 알려고 하는가?" 인생에 대한 깊은 관심과 정보도 없이 다급하게 엉성하게 결론 아닌 결론을 내려놓고 허덕이는 나의 모습을 발견했던 시간이었습니다.

지금 다시금 이 말을 되새겨 봅니다. 길 끝에는 하나님의 나라가 있습니다. 저는 조만제 장로님이라는 길을 만나 책과 노니는 행복한 여행자가 되었습니다. 조만제 장로님 고맙습니다. 참으로 고맙습니다.

걸어 다니는 바이블

마리아클럽 김은정 연구원

걸어 다니는 바이블　독서클럽 후 마지막 총평을 듣는 순간을 누구보다 기다렸습니다. 하나님의 말씀과, 독서, 경험을 통한 장로님의 주옥같은 말씀들을 놓칠 새라 꼼꼼히 받아 적었습니다. 그것이 저의 재산이 되었고, 무엇보다 신앙을 성장시켜 주시는 귀한 계기가 되었습니다. 오직 복음을 선포하시고, 그렇게 살아내심을 본으로 보여 주셨기에 어쩌면 친아버지보다도 더욱 아버지 같은 분이셨습니다.

작은 수첩과 지하철　지하철역에서 장로님을 만나는 시간은 어느 누구를 만날 때보다 가슴 뛰는 순간이었습니다. 그의 손에는 항상 읽을거리가 있었습니다. 한 순간도 허투루 보내지 않으시는 모습을 본받고 싶었습니다. 그의 자켓 안 주머니에는 항상 작은 수첩과 지우개, 그리고 연필이 있습니다. 스케줄 표는 빈칸이 없습니다. 독서 클럽마다 지하철로 이동하시고 홀로 언덕을 오르고, 계단을 오르시는 뒷모습을 잊을 수가 없을 것만 같습니다.

혼신의 강의　교육원에서 수많은 강의를 들었습니다. 누구보다 기다려지는 강의는 장로님의 강의였습니다. 한 순간도 잊을 수 없습니다. 부모 교육 첫 시간 '우리아이 천재인가 바보인가?'라는 강의는 부모로서 아이를 다시 바라볼 수 있는 선물 같은 시간이었습니다. 연구원 교육과정 중 '왜 신앙교육이 필요한가'라는 강의에서 하나님을 더하는 훈련을 죽을 때까지 해야겠다고 다짐했었고, 가정을 살리기 위해 몸부림치기를 기도했습니다. 독서 지도자 교육과정 중 '성경적 교육자상'이라는 강의를 통해 내가 얼마나 형편없는 교사인지를 인지하고, 삶으로 가르치는 교사가 되리라 다짐했고, '독서 지도자론'을 들은 후 성경 위에 가정과 교회를 지어야겠다고 다짐했습니다. 그외 많은 말씀과 강의마다 훈련을 강조하셨고, 훈련은 될 때까지 하는 것이라고 말씀하셨습니다. 그 말씀이 지금까지 교육원에 남아있는 이유가 되었습니다.

그의 말(명언)

– 모든 교육의 기초는 신앙교육이다. 모든 학습의 기초는 독

서다.

- 책은 생각하기 위해 읽는다. 책을 읽는 궁극적인 목적은 성경을 잘 읽기 위함이다.

- 지성은 알고 깨닫는 것이다. 감성은 나의 마음을 알고 가꾸는 것이다. 덕성은 자연, 사람과 사이좋게 지내는 것이다. 영성은 우리의 삶에 하나님을 더하는 것이다.

- 목표적 사고방식은 '자나 깨나 나는 오직 이 길을 간다.'는 생각이다.

- 적극적 사고방식은 '내가 안하면 누가하랴?'는 생각이다.

- 긍정적 사고방식은 '그럼에도 불구하고 할 수 있다.'라는 생각이다.

- 훈련은 될 때까지 하는 것이다.

- 칭찬은 보약이고, 잔소리는 사약이다.

- 배운 대로 가르치고, 배운 대로 살게 된다.

- (날마다 죽어라!) 죽어야, 산다! 이것이 부활 신앙이다.

- 가정, 교회, 학교는 배움터다.

- 교육이 정치를 낳는다.

- 사랑은 희생, 긍휼, 십자가다. 고통스럽더라도 섬겨야 한다. 기쁘게 주어야 한다. 그것이 누리는 것이다.

- 성공은 나를 창조하신 그대로 하나님을 기쁘시게 하는 것

이다.

- 믿음, 소망, 사랑의 지도자 = 글로컬 크리스천 리더를 키우자! (GCLS)

30대 초반에 장로님을 만났고, 지금은 40대가 되었습니다. 나의 30대를 아름답게 가꾸어 주신 장로님의 말씀들입니다. 자료를 찾지 않고 생각나는 대로 적어 보았습니다. 장로님의 말씀이 나의 생각이 되어 나도 모르게 살아내고 있었습니다. 그리고 누군가를 변화시키기 위해 이 말씀과 생각을 흘려보내고 있습니다. 하루아침에 되는 것이 아님이 분명합니다. 또, 살아 보니 깨닫는 순간(무릎을 탁! 치는 순간)이 선물처럼 주어집니다. 머리로 외웠던 말씀들이 삶으로 깨달아지는 것이, 하나님의 말씀과 닮아 있습니다. 늘 기도하시며 생각해 낸 것이라 틀림없다 느껴집니다. 이렇게 감사할 수가 없습니다.

그의 삶 그의 말과, 그의 자녀들이 그의 삶을 말해 줍니다. 장로님을 보면 예수님이 생각납니다. 우리의 삶에서 예수님이 나타나는 것이 그리스도인의 최종 목표입니다. 아브라함이, 모세가, 바울이 … 그들이 훌륭한 것이 아니라 그들을 만드시는 하나님이 훌륭하십니다. 우리 모두 예수님 닮기를 원합니다. 예수님을 닮아가도록 길을 만들어 주신 장로님이 예수님과 많이 닮아 있습니다. 그래서 그를 닮기를 원합니다. 그와 같이 자녀교육을 하고 싶고, 그와 같이 책을 읽고 싶고, 그와 같이 가르치고 싶고, 그와 같이 삶에서 예수님을 드러내고 싶습니다. 그래서 장로님이 참 좋은 것입니다. 그가 받은 하나님의 사랑으로 따듯하게 우리를 대해 주셨습니다. 그 사랑을 깨달을 때까지 우리들을 기다려 주셨습니다. 그 모습이 예수님과 아주 많이 닮아 있다고 고백하고 싶습니다.

그의 책　내 인생을 바꾼 책은 『책 읽는 젊은이에게 미래가 있다』입니다. 미래가 없이 살았던 제게 꿈과 희망, 그리고 성경을 읽게 한 책입니다. 『자녀의 삶에 하나님을 더하라』는 세 자녀를 어찌해야 할지 몰라 발을 동동 구를 때에 만난 책입니다. 자녀교육의 바이블이라 확신합니다. 또한 생각 없이 살던 내게 생각을 하게 만든 『사색』 시리즈(내일을 여는 사색, 꿈을 이루는 사색, 사색의 축복), 장로님을 더욱 깊이 알게 된 고희문집 『바위샘에 하늘의 뜻을 새기고』까지, 책은 작가와의 만남이라 얘기해 주신 장로님의 말씀처럼 장로님의 책들은 장로님을 더욱 깊이 만날 수 있게 해 주었습니다. 지금까지 소중한 만남을 선물해 주신 장로님, 정말 감사합니다. 받은 사랑을 나누며 한국기독청소년교육원을 지켜가겠습니다. 존경합니다! 사랑합니다!